项目组召开调研工作筹备会议

项目组召开供需调研研讨会

项目开题会议

项目组成员开展研讨交流

项目组赴广东建设职业技术学院调研

项目组在佛山环保产业协会年会上调研

供需调研问卷

第一场职业能力分析行业专家研讨会

第二场职业能力分析行业专家研讨会

专业课程体系建构教育专家研讨会

专业课程体系建构教育专家研讨会现场

项目组核心成员审核讨论课程标准

现代职业教育标准体系建设系列丛书

中高职衔接专业教学标准和课程标准：

环境治理技术专业（中职） 环境工程技术专业（高职）

广东省教育厅 编
广东省教育研究院

丛书编委会

主　　　任：魏中林
副　主　任：汤贞敏　陈亚林　郑　文
编委会成员（排名不分先后）：
　　　　　　吴艳玲　吴念香　王魏锋　李海东　杜怡萍
　　　　　　邓文辉　吴　晶　黄文伟　万　达
本书编委会成员（排名不分先后）：
　　　　　　钟真宜　李慧颖　林桂炽　李苑彬　钟剑平
　　　　　　余小玉　夏志新　张　栖　马承荣　王玉俊
　　　　　　麦茵茵　李鸿涛
本书执行主编：钟真宜　林桂炽　黄文伟

广东高等教育出版社
Guangdong Higher Education Press
·广州·

图书在版编目（CIP）数据

中高职衔接专业教学标准和课程标准：环境治理技术专业．中职　环境工程技术专业．高职/广东省教育厅，广东省教育研究院编．—广州：广东高等教育出版社，2017.6
（现代职业教育标准体系建设系列丛书）
ISBN 978-7-5361-5955-6

Ⅰ.①中…　Ⅱ.①广…　②广…　Ⅲ.①环境管理-职业教育-教学参考资料　②环境工程-职业教育-教学参考资料　Ⅳ.①G719.2

中国版本图书馆 CIP 数据核字（2017）第 153810 号

出版发行	广东高等教育出版社
	地　址：广州市天河区林和西横路
	邮政编码：510500　电话：(020) 87551597　87551077
	http://www.gdgjs.com.cn
印　　刷	佛山市浩文彩色印刷有限公司
开　　本	787 毫米 × 1 092 毫米　1/16
印　　张	17.25
插　　页	1
字　　数	409 千
版　　次	2017 年 6 月第 1 版
印　　次	2017 年 6 月第 1 次印刷
定　　价	48.00 元

序

  2016年12月，教育部部长陈宝生在现代职业教育发展推进会上提出，职业教育要"香""亮""忙""强""活""特"起来，加快推进职业教育现代化。"亮不亮，看质量"，职业教育"亮"起来，更多体现在职业教育质量上，而标准是质量的基础、依据与保证，是确保和提升我国职业教育质量水平所必需的。科学建立现代职业教育系列标准是擦亮职业教育品牌的关键，也是广东实施教育发展"十三五"规划、创建现代职业教育综合改革试点省、加快建设现代职业教育体系的重点领域和关键环节。其中中高职衔接的专业教学标准和课程标准研制更是重中之重。这是由于现代职业教育改革发展的突破口之一在于研制中高职衔接专业教学标准和课程标准，实现相关专业中职、高职、应用型本科在技术技能型、应用型人才培养的目标、课程体系、教材体系、教学安排、评价等方面有机衔接。而标准研制是一项富有挑战性的工作，难度极大。值得欣慰的是，广东职业教育工作者通过长期的学习借鉴和创造实践，形成了"能力核心、系统培养"的理念，按照设计框架、构建标准、分级培养、衔接贯通的思路，找到了中职、高职、应用型本科衔接的可行路径与科学方法。专业教学标准和课程标准作为相关专业中职、高职、应用型本科衔接的教学基本文件，是明确各层次培养目标和规格、加强专业建设、构建课程体系、开发教材和学习资源、组织实施教学和规范教学管理的基本依据，是评估教育教学质量的主要标尺，成为社会用人单位选用职业院校毕业生的重要参考。基于这样的认识和判断，广东省教育厅一直高度重视这项工作。

  2013年至2015年，广东省教育厅分别启动三批74个中高职衔接、高职本科衔接以及现代学徒制的专业教学标准和课程标准研制，第一批9个专业的中高职衔接专业教学标准和课程标准研制项目已于2015年完成，成果已出版，产生了很好的效果。第二批33个项目，在广东省教育研究院的组织指导下,在中职学校、高职院校、应用型本科院校和行业企业的共同努力下,经过2年的研制,也取得了喜人的工作成绩和丰硕的研制成果,其中30个项目成果于2017年3月通过了省级验收。现在展现在读者面前的是第二批30个项目组研制的系列中高职衔接、高职本科衔接专业教学标准和课程标准。我由衷地为研制标准而付出辛勤劳动、取得显著成绩的各有关方面特别是直接参与研制的全体工作人员点赞。我期望,各职业院校和各行各业能认真学习领会、积极贯彻实施标准成果,在参照执行过程中多提建设性意见和建议,共同完善标准,为推进建立健全广东现代职业教育标准体系做出应有贡献,为创建现代职业教育综合改革试点省添砖加瓦!

是为序。

广东省教育研究院
院长、党委书记

2017年3月29日

前　言

中高职衔接是构建现代职业教育体系的重要任务，中高职衔接专业教学标准和课程标准的研制对于构建现代职业教育体系至关重要。2015年2月，省教育厅立项了第二批中高职衔接专业教学标准和课程标准研制项目，其中"中高职衔接环境工程技术专业教学标准和课程标准研制项目"由广东环境保护工程职业学院牵头，联合广东省海洋工程职业技术学校和广东省环境保护产业协会，成立项目组共同开展研制工作。

在广东省教育厅、广东省教育研究院的指导下，通过中高职院校和行业企业的协同努力，顺利地完成了供需调研、职业能力分析、课程体系建构、专业教学标准和课程标准的编写等4个阶段的工作。项目组采取了文献研究法、访谈法、问卷调查法、统计调查分析法等调研方式，分别对环保行业企业、中高职院校及在校学生和毕业生开展了广泛深入的调研，共调研行业协会5家、企业66家、访谈企业人员87人；调研高职院校10所、中职技工学校7所，高职在校生540人、中职在校生322人，高职毕业生239人、中职毕业生378人，最终形成了《中高职衔接环境工程技术专业建设调研报告》。之后，项目组又召开了两场职业能力分析研讨会，邀请了20位行业企业专家进行职业能力分析，得到了7个目标岗位的34个工作项目、128项工作任务、501条职业能力，以及各个岗位通用的10项65条职业素养，形成了《中高职衔接环境工程技术专业职业能力分析报告》，并邀请教育专家对课程体系进行建构，按照职业生涯发展路径对中高职学生需掌握的职业能力进行区分和教学加工，开发出中高职贯通的专业课程体系，形成了对全省乃至全国具有指导意义的环境工程技术专业[①]中高职衔接专业教学标准与课程标准。全书分为上下两篇，上篇为"环境治理技术专业—环境工程技术专业中高职衔接专业教学标准"，下篇为"环境治理技术专业—环境工程技术专业中高职衔接课

[①]本书的专业在中职学段称为环境治理技术专业，高职学段称为环境工程技术专业，同时涵盖中职和高职两个学段时统称为环境工程技术专业。

程标准",共计 29 门课程。

  本书的出版凝结了项目组全体成员的心血及省内外专家同行们的经验和智慧。广东环境保护工程职业学院钟真宜主任负责全书的规划、大纲设计及全书统稿工作；广东环境保护工程职业学院李慧颖老师负责全书课程标准的统稿工作；广东省海洋工程职业技术学校林桂炽老师负责中职课程标准的统稿工作。钟剑平、余小玉、夏志新、张栖、马承荣、罗恩荣、姚伟卿、叶平、李建萍、李晓莉、李萍、麦茵茵等老师参与了专业教学标准和课程标准的撰写工作，因参与人数众多，恕不一一列举，在此一并表示衷心感谢。另外，项目组要特别感谢广东省教育研究院副院长李海东教授、职业教育研究室副主任杜怡萍研究员及其团队的大力指导与帮助。

  由于水平和时间有限，书中定有不妥和错漏之处，敬请读者和同行们不吝指正！希望本书的出版能够给广东乃至全国职业院校环境工程技术专业教学改革提供借鉴和参考。

环境工程技术专业
中高职衔接专业教学标准和课程标准研制项目组
2017 年 3 月

目 录

上篇　环境治理技术专业—环境工程技术专业中高职衔接专业教学标准

- 一、专业名称及代码 …………………………………………………………（ 1 ）
- 二、招生对象 …………………………………………………………………（ 1 ）
- 三、基本学制与学历 …………………………………………………………（ 1 ）
- 四、培养目标 …………………………………………………………………（ 1 ）
- 五、职业范围 …………………………………………………………………（ 2 ）
- 六、人才规格 …………………………………………………………………（ 4 ）
- 七、典型工作任务及职业能力分析 …………………………………………（ 5 ）
- 八、课程结构 …………………………………………………………………（ 6 ）
- 九、课程内容及要求 …………………………………………………………（ 8 ）
- 十、教学安排 …………………………………………………………………（ 23 ）
- 十一、教学基本条件 …………………………………………………………（ 26 ）
- 十二、教学实施建议 …………………………………………………………（ 33 ）
- 附录：开发团队 ………………………………………………………………（ 34 ）

下篇　环境治理技术专业—环境工程技术专业中高职衔接课程标准

- 中职学段：基础化学课程标准 ………………………………………………（ 37 ）
- 中职学段：物理课程标准 ……………………………………………………（ 45 ）
- 中职学段：电工基础课程标准 ………………………………………………（ 51 ）
- 中职学段：环境工程识图课程标准 …………………………………………（ 58 ）
- 中职学段：分析化学课程标准 ………………………………………………（ 65 ）

中职学段：环境工程微生物课程标准 …………………………………………………（74）
中职学段：环境工程基础课程标准 ……………………………………………………（80）
中职学段：环境法规与标准课程标准 …………………………………………………（90）
中职学段：水污染治理设施运营管理课程标准 ………………………………………（95）
中职学段：环保设备安装与维护课程标准 ……………………………………………（102）
中职学段：仪器分析课程标准 …………………………………………………………（108）
中职学段：环境监测技术课程标准 ……………………………………………………（114）
中职学段：化验室组织与管理课程标准 ………………………………………………（121）
高职学段：电工技术课程标准 …………………………………………………………（126）
高职学段：环境工程原理课程标准 ……………………………………………………（131）
高职学段：环境工程识图与 CAD 课程标准 …………………………………………（136）
高职学段：环境工程技术课程标准 ……………………………………………………（145）
高职学段：环保仪表与控制课程标准 …………………………………………………（158）
高职学段：环境监测课程标准 …………………………………………………………（167）
高职学段：水污染治理设施运营管理课程标准 ………………………………………（174）
高职学段：大气污染治理设施运营管理课程标准 ……………………………………（182）
高职学段：固体废物处理处置课程标准 ………………………………………………（189）
高职学段：环保设备调试与维护课程标准 ……………………………………………（198）
高职学段：仪器分析课程标准 …………………………………………………………（207）
高职学段：室内环境监测与治理课程标准 ……………………………………………（212）
高职学段：污染源在线监测技术课程标准 ……………………………………………（217）
高职学段：环境工程施工课程标准 ……………………………………………………（223）
高职学段：环境工程定额与预算课程标准 ……………………………………………（230）
高职学段：环保产品与技术营销课程标准 ……………………………………………（237）

附　录

附录1　环境工程技术专业职业能力分析表 …………………………………………（242）
附录2　项目结题证书 …………………………………………………………………（267）

上 篇
环境治理技术专业—环境工程技术专业中高职衔接专业教学标准

一、专业名称及代码

中职学段：环境治理技术（专业代码：022000）
　　　　　环境监测技术（专业代码：021800）
高职学段：环境工程技术（专业代码：520804）

二、招生对象

中职学段：初中毕业生及同等学力者。
高职学段：转段考核合格的中职学校环境治理技术专业等相应专业的正式学籍学生。

三、基本学制与学历

（一）学制

中高职衔接（"3+2"学制）：中职学段三年，高职学段二年。

（二）学历

中职学段学习合格取得中职教育学历，高职学段学习合格取得专科学历。

四、培养目标

（一）中职学段培养目标

本专业培养与我国社会主义现代化建设要求相适应，德、智、体、美全面发展，面向环境保护产业，能从事环境保护设施运营管理、环境监测等岗位工作，具备污染治理设施运营管理及设备日常维护、环境污染因子采样、预处理及分析化验等职业能力，具备爱岗敬业、诚实守信、吃苦耐劳、团队合作、环保意识、安全意识等职业素养，以及继续学习能力，在生产、建设、服务、管理第一线的初、中级高素质劳动者和技能型人才。

（二）高职学段培养目标

本专业培养与我国社会主义现代化建设要求相适应，德、智、体、美全面发展，面向环境保护产业，能从事环境保护设施运营管理，环境监测，环境工程初步设计及其施工、调试、管理，环保产品及技术营销等岗位工作，具备污染治理设施运营管理、运行监控及设备维护维修、环境污染因子监测、环境工程工艺设计、施工管理及工艺调试等职业能力，具备爱岗敬业、诚实守信、吃苦耐劳、团队合作、环保意识、安全意识、创新精神等职业素养，以及自主学习能力，在生产、建设、服务、管理第一线的发展型、复合型和创新型的高级技术技能人才。

五、职业范围

（一）职业生涯发展路径（见表1-1）

表1-1 环境工程技术专业职业生涯发展路径表

发展阶段	就业岗位		学历层次	发展年限（参考时间）	
	技术岗位	管理岗位		中职	高职
Ⅴ	总工程师	总经理	—	10年以上	10年以上
Ⅳ	主任工程师	经理	—	10年以上	5~10年
		厂（站）长			
		主管			
Ⅲ	设计工程师	经理助理	高职	5~10年	4~6年
	施工工程师	站长助理			
	监测工程师	运营主管助理			
Ⅱ	环境工程施工管理员		高职/中职	3~5年	1~4年
	环境工程设计员				
	化验主管助理（环境监测技术员）				
	环保设施运营技术员				
Ⅰ	环境工程业务员		高职/中职	1~3年	0.5~1年
	污水处理调试运营员				
	环保设施运营员				
	化验员（环境监测员）				

注：□代表中高职毕业生均有可能经历的职业生涯路径；■代表高职毕业生优先经历的职业生涯路径。

（二）中职学段面向职业范围（见表1-2）

表1-2　中职学段面向职业

序号	对应职业（岗位）	专业（技能）方向	职业资格证书举例
1	污水处理调试运营员	环保设施运营管理	污（废）水处理工；水处理工（中级）；分析工（中级）；电工上岗证；CAD绘图员；污水化验监测工（中级）
2	环保设施运营技术员	环保设施运营管理	
3	化验员（环境监测员）	环境监测	
4	化验主管助理（环境监测技术员）	环境监测	

1. 污水处理调试运营员

服从运行班组的工作安排，进行废水处理巡检并记录，设备操作、巡检及简单维护，药剂投放，完成中央监控、运行参数调整、池面卫生、生产运行报表记录等工作；能够进行简单的污水处理调试与验收工作，及时发现污水处理异常情况并简单分析和上报。

2. 环保设施运营技术员

进行废水、废气、固体废物等污染治理设施运营管理，通过中央控制室监控处理过程，能设定和调整运行参数，能进行现场调度和运行监控，能对设备进行维护和维修，能分析运行数据并有效解决异常运行情况。

3. 化验员（环境监测员）

服从运行班组的工作安排，能按照环境监测标准对环境常规、典型监测项目进行采样、保存、预处理和分析检测，正确进行数据记录和处理并进行简单分析；能对实验室进行日常管理和仪器保养。

4. 化验主管助理（环境监测技术员）

能够按照监测标准对环境介质中常规、典型监测项目进行采样、保存、预处理和分析检测，并能分析数据和编写检验报告；能够对监测质量进行控制和监督；能够完成实验室设备和仪器的维护、保养，以及药品仓库的管理；配合主管做好实验室的建设和管理工作。

（三）高职学段面向职业范围（见表1-3）

表1-3　高职学段面向职业

序号	对应职业（岗位）	专业（技能）方向	职业资格证书举例
1	环保设施运营技术员	环保设施运营管理	污（废）水处理工；污水化验监测工（中高级）；化学检验工（中高级）；电工上岗证；维修电工（中高级）；水污染连续自动监测工（中级）；烟尘、烟气连续自动监测工（中级）；废气处理工；固体废物处理工；绘图员（中级）
2	运营主管助理	环保设施运营管理	
3	化验员（环境监测员）	环境监测	
4	化验主管助理（环境监测技术员）	环境监测	
5	环境工程设计员	环境治理技术	
6	环境工程施工管理员	环境治理技术	
7	环境工程业务员	环境治理技术	

1. 环保设施运营技术员

进行废水、废气、固体废物等污染治理设施运营管理，通过中央控制室监控处理过程，能设定和调整运行参数，能进行现场调度和运行监控，能对设备进行维护和维修，能分析运行数据并有效解决运行异常情况。

2. 运营主管助理

配合运营主管开展废水、废气、固体废物等污染治理设施运营管理与指导工作，能进行日常环境管理以及污染事故应急管理。

3. 化验员（环境监测员）

服从运行班组的工作安排，能按照环境监测标准对环境常规、典型监测项目进行采样、保存、预处理和分析检测，正确进行数据记录和处理并进行简单分析；能对实验室进行日常管理和仪器保养。

4. 化验主管助理（环境监测技术员）

能够按照监测标准对环境介质中常规、典型监测项目进行采样、保存、预处理和分析检测，并能分析数据和编写检验报告；能够对监测质量进行控制和监督，能够完成实验室设备和仪器的维护、保养，以及药品仓库的管理；配合主管做好实验室的建设和管理工作。

5. 环境工程设计员

通过搜集资料及勘查现场了解客户需求，确定工艺路线，编制初步设计方案，完成环境工程初步设计，绘制设计和施工图，并协助现场施工和调试指导工作。

6. 环境工程施工管理员

能够分析管理设计图纸和合同，做好施工准备，能完成环境工程现场施工的安全、质量和进度管理，做好现场施工、工艺设备和电控安装、调试的指导和监理。

7. 环境工程业务员

通过调查市场了解市场需求，能够开拓环保技术和设备销售市场，组织协调编制环保技术和产品销售方案，组织商务谈判及签订合同，做好客户服务。

六、人才规格

（一）中职学段人才规格

1. 职业素养

（1）具有良好的职业道德，爱岗敬业、诚实守信、吃苦耐劳，能自觉遵守行业法规、规范和企业规章制度。

（2）具有良好的人际交往和团队协作能力，敢于担当，执行力强。

（3）具有生态环保、安全生产的职业意识。

（4）具有获取及处理信息的基本能力。

（5）具有继续学习的能力。

2. 专业能力

（1）掌握环境污染治理技术的常规方法和流程，能够查询环境标准并正确使用。

（2）按照操作规程进行环境污染治理设施操作和运营管理，能对设备进行简单调控和日常维护。

（3）熟悉监控设备及仪表，并正确操作。

（4）能按照环境监测标准对环境常规、典型监测项目进行采样、保存、预处理和分析检测，正确进行数据记录和处理并进行简单分析。

（5）能对实验室进行日常管理和仪器保养。

（6）熟悉安全知识、环境法律法规，严格安全操作。

（二）高职学段人才规格

1. 职业素养

（1）具有良好的职业道德，爱岗敬业、诚实守信、吃苦耐劳，能自觉遵守行业法规、规范和企业规章制度。

（2）具有良好的人际交往和团队协作能力，具有协调和策划组织能力。

（3）能有效处理信息，具备发现问题和解决问题的能力。

（4）具有生态环保、安全生产的职业意识。

（5）具有较强的自主学习和创业创新能力。

2. 专业能力

（1）能够完成环境污染治理设施的运营管理，能够有效解决运行异常问题。

（2）具备运行监控及设备维护维修能力。

（3）能够按照监测标准对环境介质中常规、典型监测项目进行采样、保存、预处理和分析检测，并能分析数据和编写检验报告。

（4）能够对监测质量进行控制和监督，能够完成实验室设备和仪器的维护、保养，以及药品仓库的管理。

（5）掌握计算机及常用绘图软件使用，能利用计算机辅助绘图。

（6）能够完成环境工程初步设计，能够编制初步设计方案和绘制设计图纸，并协助现场施工和调试指导工作。

（7）能够完成环境工程现场施工的安全、质量和进度管理，做好现场施工和设备安装、调试的指导和监理。

（8）具备环保技术和产品销售及相关业务开拓的能力。

（9）具有基本的企业日常环境管理以及应急管理的能力。

七、典型工作任务及职业能力分析

针对本专业中职、高职的环保设施运营技术员、化验主管助理（环境监测技术员）、环境工程业务员、环境工程设计员、环境工程施工管理员、污水处理调试运营员、污水处理化验员7个岗位，面向行业企业，运用"二维四步五解"、头脑风暴、文献研究、专家访谈、问卷调查、案例研究等方法，开展职业能力分析，获得34个工作项目、128项工作任务、501条职业能力及各岗位通用的10项65条职业素养，详见附录1。

八、课程结构

（一）中职学段课程结构（见表1-4）

表1-4 中职学段课程结构

课程模块		课程名称	课程性质
公共基础课程		职业生涯规划	必修课
		职业道德与法律	必修课
		经济政治与社会	必修课
		哲学与人生	必修课
		语文	必修课
		数学	必修课
		英语	必修课
		计算机应用基础	必修课
		体育与健康	必修课
		公共艺术	必修课
		历史	必修课
		……	
专业课程	专业核心课程	基础化学	必修课
		物理	必修课
		*电工基础	必修课
		*环境工程识图	必修课
		分析化学	必修课
		环境工程微生物	必修课
		*环境工程基础	必修课
		环境法规与标准	必修课
		项目实习	必修课
		……	

续上表

课程模块		课程名称	课程性质
专业课程	环保设施运营管理专业（技能）方向课程	*水污染治理设施运营管理	限选课
		*环保设备安装与维护	限选课
		……	
	环境监测专业（技能）方向课程	*仪器分析	限选课
		*环境监测技术	限选课
		化验室组织与管理	限选课
		……	
	……		选修课

注："*"表示中高职衔接课程；"……"表示由各院校自主选择的课程。

（二）高职学段课程结构（见表1-5）

表1-5 高职学段课程结构

课程模块		课程名称	课程性质
公共基础课程		思想品德修养与法律基础	必修课
		毛泽东思想和中国特色社会主义理论体系概论	必修课
		形势与政策	必修课
		高等应用数学	必修课
		英语	必修课
		计算机应用基础	必修课
		体育	必修课
		就业指导与职业生涯设计	必修课
		创新创业基础	必修课
		……	
专业课程	专业核心课程	*电工技术	必修课
		环境工程原理	必修课
		*环境工程识图与CAD	必修课
		*环境工程技术	必修课
		环保仪表与控制	必修课
		*环境监测	必修课
		顶岗实习	必修课
		……	

续上表

课程模块		课程名称	课程性质
专业课程	环保设施运营管理专业（技能）方向课程	*水污染治理设施运营管理	限选课
		大气污染治理设施运营管理	限选课
		固体废物处理处置	限选课
		*环保设备调试与维护	限选课
		……	
	环境监测专业（技能）方向课程	*仪器分析	限选课
		室内环境监测与治理	限选课
		污染源在线监测技术	限选课
		……	
	环境治理技术专业（技能）方向课程	环境工程施工	限选课
		环境工程定额与预算	限选课
		环保产品与技术营销	限选课
		……	

注："*"表示中高职的衔接课程；"……"表示由各院校自主选择的课程。

九、课程内容及要求

（一）中职学段课程内容及要求

1. 公共基础课程（见表 1-6）

表 1-6　中职学段公共基础课程内容及要求

序号	课程名称	主要教学内容和要求	参考学时
1	职业生涯规划	本课程依据《中等职业学校德育课课程教学大纲》开设，旨在引导学生树立正确的职业理想和职业观念，学生能够根据社会需要和自身特点进行职业生涯规划。课程分成四大模块：职业生涯规划与职业理想；职业生涯发展目标与措施；职业生涯发展与就业、创业；职业生涯规划管理与调整。通过课堂体验、活动探索形成生涯规划能力，树立正确的职业观、择业观和成才观	36
2	职业道德与法律	本课程依据《中等职业学校德育课课程教学大纲》开设，从了解文明礼仪开始，循序渐进地陶冶学生的道德情操，增强职业道德意识和法治观念，指导学生掌握与日常生活和职业活动密切相关的法律常识。教学中注重引导学生合作探究和实践学习，坚持贴近学生、贴近职业、贴近社会，增强德育教育的针对性、主动性和时代感，做到理论与实际相结合，知、信、行相统一	36

续上表

序号	课程名称	主要教学内容和要求	参考学时
3	经济政治与社会	本课程依据《中等职业学校德育课课程教学大纲》开设,从商品的交换与消费切入,透视企业的生产与经营、个人的收入与理财相关的经济现象;站在社会主义的基本经济制度和社会主义市场经济的立场上,坚持对外开放的基本国策,投身到小康社会的经济建设中;了解我国民主政治的发展道路,拥护社会主义政治制度;做到参与政治生活,依法行使民主权利,履行义务,承担责任,关注改善民生和国际社会,维护国家利益,明白建设和谐社会人人有责	36
4	哲学与人生	本课程依据《中等职业学校德育课课程教学大纲》开设,旨在运用唯物论原理,鼓励学生坚持从客观实际出发,脚踏实地、自强不息地促进人生发展。学生能用普遍联系、发展变化和矛盾观点辩证看问题,树立积极的人生态度;能坚持认识和实践的统一,懂得透过现象认识本质,提高明辨是非的人生发展能力;能做到顺应历史潮流,在掌握历史规律的基础上,明确人的本质与利己、利他的关系,凭着理想信念与意志责任,在社会劳动奉献中发展自我,创造人生价值,实现人的全面发展与个性自由	36
5	语文	本课程依据《中等职业学校语文教学大纲》开设,要求学生掌握语文基础知识,掌握日常生活和职业岗位需要的现代文阅读能力、写作能力、口语交际能力,具有初步的文学作品欣赏能力和浅易文言文阅读能力。本课程设置语文综合实践活动,通过创设生活情境和职业情境,提高学生综合运用知识、技能、方法的能力。学生掌握基本的语文学习方法,养成自学和运用语文的良好习惯。加强阅读与鉴赏经典作品的欣赏能力与基础写作能力,为学生的继续发展服务	162
6	数学	本课程依据《中等职业学校数学教学大纲》开设,要求学生掌握必要的数学基础知识,培养观察能力、空间想象能力、分析与解决问题能力和数学思维能力,为学习专业知识、掌握职业技能、继续学习和终身发展奠定基础。教学内容由基础模块与拓展模块两个部分构成:基础模块包括集合、不等式、函数、指数函数与对数函数、三角函数、数列、平面向量、直线和圆的方程、立体几何(选学)、概率与统计初步(选学);拓展模块包括:三角公式及应用、平面解析几何(椭圆、双曲线、抛物线)、概率与统计	162
7	英语	本课程依据《中等职业学校英语教学大纲》开设,以满足各专业学生就业与升学需求为目标,以融合文化素养、职业技能、语言知识为原则,巩固与延续初中基础英语知识,培养学生听、说、读、写技能,并初步形成日常生活和职业场景的英语应用能力。要求学生能听懂和说出简单指令;能读懂简单的应用文及进行简单写作;能理解语法项目的形式与意义,并应用于交际任务;能在交流中做到语音、语调基本达意	162

续上表

序号	课程名称	主要教学内容和要求	参考学时
8	计算机应用基础	本课程依据《中等职业学校计算机基础教学大纲》开设，要求学生学习计算机基础知识、Windows 桌面操作系统的功能及使用、办公软件的使用、计算机网络的基础知识及使用。通过学习，掌握计算机操作的基本技能，具有常用的文字处理能力、常用的数据处理能力和一定的演示文稿处理能力，具有一定的信息获取、整理、加工能力和网上交互能力，为以后的学习和工作打下基础	90
9	体育与健康	本课程依据《中等职业学校体育与健康教学大纲》开设，以"健康第一"为指导思想，传授体育与健康的基本文化知识、体育技能和方法。学生掌握两项以上体育技能，通过参与集体性体育活动，培养良好的人际关系和合作精神。学习与职业生涯相关的体育运动项目，认识体育对提高就业和创业能力的价值，提高综合职业素质，养成终身从事体育锻炼的意识、能力与习惯，提高生活质量，为全面促进学生身体健康、心理健康和社会适应能力服务	144
10	公共艺术	本课程依据《中等职业学校公共艺术课程教学大纲》开设，以审美教育为核心，通过艺术作品赏析和艺术实践活动，使学生了解或掌握各种艺术门类的基础知识、技能和原理，认识不同艺术类型的表现形式、审美特征，掌握欣赏艺术作品的方法、要领及规律，增强学生对艺术的理解与分析评判的能力，从而提高学生对艺术的鉴赏力及对美丑的分辨力，净化心灵，陶冶情操，丰富学生的人文素养和精神世界，拓宽学生的审美视野，发展创新思维与合作意识，形成正确的世界观、人生观和价值观，对提升学生今后的生活品质和文化品位有积极的促进作用	36
11	历史	本课程是中等职业学校开设的一门公共基础课程，是在义务教育阶段历史课程的基础上，结合中职学校实际情况，坚持唯物史观为指导，引导学生对中国及世界历史进行更加深入的学习，促进学生进一步拓展历史视野，培养历史意识，发展历史思维，提高历史素养；使学生能够从历史发展的角度理解并认同中华优秀传统文化，自觉培育和践行社会主义核心价值观，树立正确的历史观、世界观和人生观，为学生未来的学习、工作与生活奠定基础	36

2. 专业核心课程（见表1-7）

表1-7 中职学段专业核心课程内容及要求

序号	课程名称	对接职业能力	主要教学内容和要求	参考学时
1	基础化学	01-01-01、01-01-05、01-02-02、01-02-05、01-05、04-01-02、06-02-01、09-03-01、09-03-02、10-04-03、11-03、11-04-01、12、17-01-01、18-01-02、34	本课程要求学生掌握常用的化学基本概念，掌握常见金属、非金属单质及其化合物和常见有机化合物的基本物理、化学性质和相关反应；能够独立完成基本化学实验操作；具有细致、认真、严谨、求实的科学态度，不断提高自学能力和实践技能。通过本门课的学习，培养学生化学基础实验操作技能的能力，同时培养学生的职业素养，为学生的后续专业课的学习打下良好的基础	144
2	物理	02-01-02、02-01-04、03-03-05、04-01-03、04-03-01、05-04-06、31-01-02、34-04、34-05、34-08	本课程要求学生能对做单向匀变速直线运动的单一物体的运动和受力问题进行分析和计算。能按照实验指导书的要求独立进行实验操作；会观察实验的物理过程，会正确进行实验记录；会整理、分析实验结果，得出必要的结论。具有学习、与实验中的团队协作和小组合作的能力。为后续学习掌握环境工程、电工及环保设施运营管理等课程奠定良好的基础	72
3	*电工基础	01-03-02、03-04-05、09-02-02、34-01、34-04、34-05、34-06	本课程要求学生掌握电工技术基础理论，培养电工基本技能，掌握分析交直流电路的基本方法，学会使用各类电工仪表，能测量电路各相关的运行参数，能读懂简单电路图且具备一定的电路安装能力，可协助维修人员完成设备的检修及维护等工作，了解变压器与电动机相关知识，具有安全用电意识，掌握触电急救方法。同时，注意渗透思想教育，培养学生辩证思维，加强学生职业道德观念的养成。完成课程学习后，要求学生应具备本专业人才所需的较系统化的电工知识与技能，并形成分析与解决实际问题的专业能力，具有团队协作意识、良好的沟通能力与良好的职业道德素养，为本专业后续其他专业知识的学习和职业技能的培养打下扎实的基础	108

续上表

序号	课程名称	对接职业能力	主要教学内容和要求	参考学时
4	*环境工程识图	01-02-04、01-03-01、02-01-06、02-02-03、03-01、26-02、27-01、27-02、29-01、29-02、30-03、30-04-01、30-06-01、31-02-03、31-03、31-05、32-03、32-04	本课程要求学生了解工程制图国家标准的有关规定，掌握绘图工具的使用方法，掌握专业相关图纸的识图步骤和方法；能够识读中等复杂程度的工艺图样，读懂设计施工图纸和设计方案，初步具备专业的图纸内容表述能力；具备团队合作意识，树立严谨细致的作风	72
5	分析化学	01-02、01-03-05、02-04、09、10-03、10-04、10-05、10-06、10-07、11-01、11-03、12、14、16-01、22-04、31-04、34	本课程要求学生掌握定量化学分析的四大滴定（酸碱滴定、配位滴定、氧化还原滴定和沉淀滴定）、重量分析的原理和方法应用。通过教学，使学生能较熟练地掌握定量分析的基本操作、常用标准溶液的配制、物质的分离与提纯技术，并能依据样品与分析要求选择适当的分析方法，对分析试样进行相关项目的检验与分析及正确表达分析结果。坚持规范操作，具有较强的安全、节约和环保意识	144
6	环境工程微生物	01-01、01-02-03、01-05、02-01-05、02-02、09-03、12-01、31-03、31-04-01、34	本课程要求学生掌握环境中微生物的基本类群及其特点，掌握微生物对环境污染物质的降解转化机理与废水生物处理的原理和方法，掌握废水中微生物培养和驯化的基本技能；培养脚踏实地、实事求是的学风和热爱科学的创新意识与创新精神。通过本课程的学习，培养学生利用微生物进行环境污染控制工程设计和调试的能力，为从事环境治理工程实践和环境科学研究打下良好的基础	108

续上表

序号	课程名称	对接职业能力	主要教学内容和要求	参考学时
7	*环境工程基础	01-01、01-02、01-05、02、05、06、07、08-01、10-04	本课程要求学生掌握废水处理运营的基本知识，了解设备运行的基本原因；掌握焚烧概念、焚烧的类型、焚烧处理管理方法及系统工艺；熟悉布袋除尘器、静电除尘器、吸收塔、吸附塔等设备与系统的操作方法；会画典型废水、废气、固体废物等处理工艺方框图。树立保护地球环境、积极处理环境问题而产生的社会责任感，为后续"环境工程技术"课程打下基础	144
8	环境法规与标准	01-01、01-02、05-01、05-05、05-06-01、06-03、07-01-09、08-01-01、09、10、11、13-01-01、18-02、18-03、19-01、21、24-02-02、25-02-01、28、29、30、33、34	本课程要求学生熟悉环境法律法规及标准规范，能理解和运用环境法规与标准的基本知识；在实际工作中能遵纪守法，能运用环境法规和标准规范行为；培养依法办事的良好职业道德，为学生的可持续发展打下良好的基础	36
9	项目实习	01、02、03、04、07、08、09、10、11、12、14、15、18、34	本课程要求学生通过岗位实习，在一线直接承担工作项目与任务，具备污水厂设施运营和中央控制室监控的能力，能对污水设备进行维护与维修，熟悉污泥处理和台账处理；具备污水处理厂化学分析检测的能力，掌握样品管理和仓库管理的程序和要求；具备良好的职业素养、安全意识和综合素质，能够为后续高职阶段继续进修奠定基础	540

注：(1) "对接职业能力" 填写的职业能力编码与 "附录1　环境工程技术专业职业能力分析表" 的编码对应，学科课程除外；(2) "*" 表示中高职衔接课程。

3. 环保设施运营管理专业（技能）方向课程（见表1-8）

表1-8　中职学段环保设施运营管理专业（技能）方向课程内容及要求

序号	课程名称	对接职业能力	主要教学内容和要求	参考学时
1	*水污染治理设施运营管理	01、02、03、04、09-02、10、11、12、18、31、34	本课程要求学生理解污水处理的工艺原理；初步具备水污染设施的日常操作及维护能力；同时培养学生良好的安全生产意识，能够自觉按规程操作，具备独立并主动学习的能力，能发现水污染设施运营异常问题并解决问题，为学生的可持续发展打下良好的基础	144
2	*环保设备安装与维护	01-01、01-03、03、04、09、14、31-01、34	本课程要求学生了解环保设备的类型、结构，理解环保设备的工作原理；会安装常用的污水处理机械设备，初步了解其他环保设备的安装准备工作、安装中的注意事项、安装验收要点；同时培养学生自主学习的能力、团队合作的意识及与人沟通的能力，为学生的可持续发展打下良好的基础	72

注：(1)"对接职业能力"填写的职业能力编码与"附录1　环境工程技术专业职业能力分析表"的编码对应，学科课程除外；(2)"*"表示中高职衔接课程。

4. 环境监测专业（技能）方向课程（见表1-9）

表1-9　中职学段环境监测专业（技能）方向课程内容及要求

序号	课程名称	对接职业能力	主要教学内容和要求	参考学时
1	*仪器分析	01-02-05、01-03、11-01、12-01-05、12-02、12-03、13、14、16-01、16-02、31-04、34	本课程要求学生掌握各种各类仪器的工作原理，掌握可见分光光度法、紫外分光光度法、电位分析法等仪器使用和操作，了解各仪器的结构和保养、维护及故障排除方法；能进行部分常用仪器设备的日常维护和常规故障排除，具有一定的信息迁移能力，能根据不同型号的仪器说明书达到对该仪器的认知、操作；具有创新意识、安全意识、规范的操作习惯和环境保护意识	108

续上表

序号	课程名称	对接职业能力	主要教学内容和要求	参考学时
2	*环境监测技术	01-01、01-02-05、01-03、02-01、02-02、02-04、03、05-01-01、05-03、05-05、05-08-02、06-03、07-01、07-03、08、09-03、10、11、12、13、14、16、22-04、32-04、32-02、34	本课程要求学生理解环境监测中的基本概念、相关原则，掌握常规水体监测项目、大气监测项目、噪声监测项目的采样、保存、运输、分析测定方法和原理，熟悉监测结果的数据处理、数据分析和监测实验室质量保证控制程序；能够正确选择使用水体监测、大气监测、噪声监测、土壤及固体废物监测工作中常用的采样、分析测定仪器，初步具备环境监测方案制定能力；具有对分析监测仪器的操作能力，加强对学生分析问题、解决问题及创造性思维的能力，使之具有较强的操作动手能力，并能较快适应工作岗位	144
3	化验室组织与管理	01-02-11、01-05-01、03、09、10-03、11-01-01、11-01-02、11-01-04、11-02-03、11-02-04、12、13-02、14、15、18-01-02、34	本课程要求学生掌握化验室组织与管理的一般方法和手段，掌握化验室技术装备的管理基本知识；能了解并掌握化验室管理的基本流程和管理技能，具有对化验室仪器设备、化学试剂、技术资料的管理的能力，能处理化危品事故及化验室突发事件，具有样品的采集、管理和分析的能力；能对实验室质量及安全进行基本的管理和控制；具有良好的职业道德及较好的口头与文字表达能力以及数据分析和处理能力	72

注：(1)"对接职业能力"填写的职业能力编码与"附录1 环境工程技术专业职业能力分析表"的编码对应，学科课程除外；(2)"*"表示中高职衔接课程。

（二）高职学段课程内容及要求

1. 公共基础课程（见表1-10）

表1-10 高职学段公共基础课程内容及要求

序号	课程名称	主要教学内容和要求	参考学时
1	思想品德修养与法律基础	本课程是高校大学生进行思想道德和法制观念教育的必修课，通过该课程的理论学习和实践体验，帮助大学生形成正确的理想信念，弘扬爱国主义精神，树立正确的人生观和价值观，加强思想品德修养，增强学法、守法、用法的自觉性，全面提高思想道德素质和法律素质，使之成为品学兼优的社会主义现代化建设应用型人才	72

续上表

序号	课程名称	主要教学内容和要求	参考学时
2	毛泽东思想和中国特色社会主义理论体系概论	本课程主要对学生进行中国特色社会主义理论与实践教育，使学生能够正确地理解和掌握毛泽东思想、中国特色社会主义理论的科学体系、精神实质和立场、观点、方法，树立建设中国特色社会主义的坚定信念，培养运用马克思主义的立场、观点和方法分析和解决问题的能力，增强执行党的基本路线和基本纲领的自觉性和坚定性，积极投身全面建设小康社会的伟大实践	72
3	形势与政策	本课程主要讲解国际、国内形势，使学生全面正确认识党和国家面临的形势和任务，正确认识世情、国情、党情，正确理解并拥护党的路线、方针和政策；增加学生的爱国主义责任感和使命感，不断提高学生的爱国主义和社会主义觉悟；增强实现改革开放和社会主义现代化建设宏伟目标的信心和社会责任感，提高当代大学生投身于国家经济建设事业的自觉性，明确自身的人生定位和奋斗目标	36
4	高等应用数学	通过本课程各个环节的教学，使学生获得必需的数学知识，逐步培养学生的抽象思维能力、逻辑推理能力、空间想象能力和自学能力。主要内容包括函数、极限、连续，一元函数微分学，一元函数积分学，向量代数与空间解析几何学，多元函数微分学，多元函数积分学，无穷级数与常微分方程等。为学习后续课程和进一步获得数学知识奠定必要的数学基础	72
5	英语	本课程以培养学生实际应用英语的能力为目标，侧重职场环境下语言交际能力的培养，使学生逐步提高用英语进行交流与沟通的能力。同时，使学生掌握有效的学习方法和策略，培养学生的学习兴趣和自主学习能力，提高学生的综合文化素养和跨文化交际意识，为提升学生的就业竞争力及未来的可持续发展打下必要的基础	144
6	计算机应用基础	在中职计算机应用基础课程基础上，进一步学习计算机、计算机网络、信息安全等方面的基础知识和办公软件高级应用，学习多媒体基础知识及使用、网页基础知识及使用。通过学习，提高计算机应用综合素养，提高办公软件高级应用技能，具有简单处理图像、声音、视频等多媒体的能力及简单的静态网页制作与发布能力	72
7	体育	本课程以身体练习为主要手段，通过合理的体育与健康教育和科学的体育锻炼过程，达到增强体质、增进健康和提高体育素养的主要目标。课程主要涉及体育与健康的基本理论、田径、球类、武术、运动保健等内容。通过学习，学生掌握各专项运动的基本知识、技术和技能；加强身体全面训练，改善身体形态、机能，提高学生的身体素质和运动能力，增进健康；掌握科学锻炼身体的方法和保健养生及运动损伤预防常识	72

续上表

序号	课程名称	主要教学内容和要求	参考学时
8	就业指导与职业生涯设计	本课程是关于职业启蒙、职业目标、职业意识、求职技巧和创业准备的应用型课程，教学目的是培养学生的社会能力和方法技能，提高其可雇用能力。让学生理解职业与成才的关系、理解职业生涯设计的意义和基本内容；让学生学会认识自己和社会，初步完成职业生涯设计；让学生初步形成职业意识，学会初到企业的通用行为规范，学会处理企业中的人际关系，初步学会求职申请和面试的基本技巧	36
9	创新创业基础	本课程是创新创业梯级课程体系的基础启蒙课程，主要任务是培养学生创新精神与创业意识，教授学生创业知识、锻炼创业能力。以创业者素质要求→评估创业机会→创建企业→创业过程管理→创业企业发展为主线，通过本课程学习，学生掌握开展创业活动所需要的基本知识，认知创业的基本内涵和创业活动的特殊性，辩证地认识和分析创业机会、创业资源、创业计划和创业项目；具备必要的诚信力、决策力、管理力、创建力和社交力等素质，掌握创业资源整合与创业计划撰写的方法，熟悉新创企业的开办流程与管理，提高创办和管理企业的综合素质和能力；树立科学的创业观，主动适应国家经济社会发展和个体的全面发展需求，正确理解创新创业与职业生涯发展的关系，自觉遵循创新创业规律，积极投身创新创业实践	36

2. 专业核心课程（见表 1-11）

表 1-11 高职学段专业核心课程内容及要求

序号	课程名称	对接职业能力	主要教学内容和要求	参考学时
1	*电工技术	03-03-02、03-03-05、03-04-01、03-04-05、09-02-02、26-02-03、30-04、34-01、34-06、34-08	本课程要求学生具备电工基础知识，会测量电流、电压等运行参数，能熟练使用常见维修设备仪表，能协助维修人员完成设备的拆装、更换等工作，掌握用电、消防、防雷安全知识，具备基本的电控方面的知识、编制电控设计条件以及基本的电控安装能力，具有较强的安全意识、社会责任心及良好的职业道德和敬业精神，为后续的专业课学习及考取环境工程技术从业资格证奠定良好的基础	36

续上表

序号	课程名称	对接职业能力	主要教学内容和要求	参考学时
2	环境工程原理	01-01-04、01-02-06、01-03-03、01-03-04、02-01-06、02-02、03-01、03-03、03-04、04-01、04-02、04-03、05-07、06-01-01、06-01-02、06-01-10、07-01、30-03-06	本课程要求学生掌握废水处理、废气处理、固体废物处理常用处理工艺设备的基本原理及结构组成，掌握传热原理及换热器的结构组成；能够描述废水、废气、固体废物处理的主要设备的主要结构组成及工作原理；能进行流体输送简单计算，能根据不同工艺初步选择合适的设备、管道及阀门；有良好的团队合作和责任（安全）意识，具备查找资料、数据分析及信息处理的能力，为后续的环境治理专业方向课的学习奠定良好的基础	64
3	*环境工程识图与CAD	02-01-06、05-01、05-02、05-04、06-01-03、25-02、25-03、26、29-02、30-01、30-02、30-03、30-04-01、30-06-01、31-02-03、31-05-01、34	本课程要求学生熟练掌握CAD、土建、给排水、环境监测等方面基础知识，能够识读电气安装施工图纸，能够测量绘图并现场放线，能够分析、识读和设计施工图纸，具备团结合作、主动学习的意识和改革创新、解决问题的能力	90
4	*环境工程技术	01-01、01-02、01-05、02、04、05、06、07、08-01-03、18、20、22-05、25、29、30、31-04、31-05、32	本课程要求学生了解目前水污染治理、大气污染治理、噪声污染治理等环境污染治理方面的基本概念、基本理论和基本技能，同时，了解环境工程方面的相关新技术、新方法及相关法律法规及标准；具备污染物处理设备及构筑物的操作运行能力。能操作污染物处理设施、构筑物，进行设备、构筑物的常规维护、维修，具备对异常情况的处理能力；能对生产工艺进行分析，找出污染源并对污染物特点进行分析，进行处理工艺及方案的制订；具有继续学习和评估总结提升的能力，为学生系统地掌握环保方面的知识打下必要的专业基础	144

续上表

序号	课程名称	对接职业能力	主要教学内容和要求	参考学时
5	环保仪表与控制	01-03-05、03-03、03-04-05、06-01-09、07-01-05	本课程要求学生能够读懂并能规范地绘制常用带控制点的工艺流程图，熟练掌握环保仪表的操作与维护，会根据工艺与控制要求合理选择常用的温度、压力、流量和物位检测仪表，会准确读取压力表、差压变送仪、液位计、温度计的数值，会判断设备仪表运行工况及运行状态，会电控安装，会根据仪表技术说明书的维护要求，能对仪表的常见故障和线路故障合理分析。具备从事环境监测与治理相关职业活动所需要的工作方法及自主学习能力，具有良好的分析问题、解决问题的能力，为后续专业课程环保设备的安装与调试的学习奠定良好的基础	64
6	*环境监测	01-01-05、01-02、02-01-04、02-04-03、05-01-05、05-05、05-06-01、05-08-02、07-03-01、08-01-06、09-02、10~14、31-04-01、32-02、34-02、34-04、34-05、34-06	本课程要求学生理解环境监测中的基本概念、相关原则，了解不同环境因子中监测优化布点方法，熟知常规监测项目的采样方法、保存方法、分析测定方法；正确选择使用水体监测、大气监测、噪声监测、土壤及固体废物监测工作中常用的采样、分析测定仪器，掌握常规水体监测项目、大气监测项目、噪声监测项目的采样、保存、运输、分析测定方法和原理，初步具备环境监测方案制定能力；掌握实验室质量管理和控制的方法。加强对学生分析问题、解决问题及创造性思维能力的培养，为考取污水化验监测工以及日后在环境监测员（化验员）和化验主管助理等工作的开展奠定基础	108
7	顶岗实习	01~34	本课程要求学生通过岗位实习，在一线直接承担工作项目与任务，在工作任务实施中会环境污染设施运营、中央控制室监控，会设备维护与维修，会污泥处理、固体废物焚烧与填埋，会台账处理。会进行污水处理厂化学检测分析，会方案设计、绘制环境工程施工图、会项目报批，会商务谈判工作的准备与协助、会市场调查与客户维护，懂施工管理，会工程调试，会进行工程验收与移交，懂工程财会，会进行工程结算等	500

注：(1) "对接职业能力"填写的职业能力编码与"附录1 环境工程技术专业职业能力分析表"的编码对应，学科课程除外；(2) "*"表示中高职衔接课程。

3. 环保设施运营管理专业方向课程（见表1-12）

表1-12 高职学段环保设施运营管理专业方向课程内容及要求

序号	课程名称	对接职业能力	主要教学内容和要求	参考学时
1	*水污染治理设施运营管理	01~04、05-01、05-02、05-03、05-08、08-13、16、18、20、24~26、28、29-01、31、32-01、34	本课程要求学生深度掌握废水水质情况、废水排放标准及常见处理方法；独立分析污水水质，能比选废水处理方法，能配制四类废水常用的药剂，能处理废水处理过程中的常见问题；同时培养学生科学思维方法和故障排除能力，具备较强的沟通协调能力和一定的领导能力，为学生的职业生涯发展打下较好的基础	82
2	大气污染治理设施运营管理	03、06-03、07、08-01-01、08-01-03、09、18、25、34-04、34-05、34-07	本课程要求学生熟悉大气污染治理相关法规标准，掌握除尘、气态污染物的净化原理及影响因素，掌握大气污染治理常用设备原理、结构及设计步骤；能识别大气污染物排放重点行业的大气污染物，能进行初步的大气污染治理设计；为日后从事环保设施运营员、环境工程设计员等工作奠定扎实的基础	64
3	固体废物处理处置	05、06、08-01-03、09、18、25、27、28-03、34	本课程要求学生熟悉固体废物处理处置及规范化管理的法律法规、技术标准及运营规范，掌握典型固体废物利用处置技术的基础知识、处理处置典型工艺流程、主要设备及工艺参数控制；能对危险废物进行规范化管理；能设计利用处置工艺流程和编写利用处置初步方案；能对固体废物填埋场、焚烧发电厂进行运营管理。在教学中锻炼学生团队协作、创新意识、自主学习、独立分析和解决问题等能力	36
4	*环保设备调试与维护	01-01-10、01-03、01-04、02-01、02-02、03、04、06、07、09、14-03、18-01-01、27-02、30-03-05、34	本课程要求学生掌握环保设备的分类、结构、作用及工作原理，掌握环保设备的调试、维护和操作管理的要点；重点是水污染治理设备的运行原理，并在此基础上，掌握环保设备调试和维护保养技术，能够维护保养环保设备，能够发现、分析并解决其发生的常见故障；同时培养学生自主学习的能力、团队合作的意识、安全意识及与人沟通的能力，为学生的可持续发展打下良好的基础	64

注：（1）"对接职业能力"填写的职业能力编码与"附录1 环境工程技术专业职业能力分析表"的编码对应，学科课程除外；（2）"*"表示中高职衔接课程。

4. 环境监测专业方向课程（见表1-13）

表1-13 高职学段环境监测专业方向课程内容及要求

序号	课程名称	对接职业能力	主要教学内容和要求	参考学时
1	*仪器分析	01-02-05、01-03-05、03-04-06、11-04、12、34	本课程要求学生了解现代分析仪器技术的特点、应用、发展趋势，掌握光谱分析法、电化学分析法、色谱分析法原理及仪器结构与使用，旨在使学生全面掌握常用分析仪器的基本原理、仪器构造和分析技术，熟悉基本操作和简单维护，为后续专业课程的学习和化学检验工技能考证打下必要的基础，为毕业后从事实际分析研究工作培养扎实的实验技术基础	82
2	室内环境监测与治理	05-05、08-01-01、10、11、20、22、32-02	本课程要求学生能独自进行现场勘察、采样与现场检测，完成组织协调技术方案编制，能正确进行检测数据的整理和分析；重点培养学生会识别污染源、会做治理方案、会进行数据处理评价、会对污染进行相应的治理等技能；能掌握职业守则和室内环境治理员的接待礼仪，能对各工种技术熟练掌握，能与客户良好沟通、分析和开拓市场	64
3	污染源在线监测技术	02-01、02-02、02-04、03、05-03、06-03、07-03、08、12、13-01-01、16、18、19-01-03、34	本课程要求学生掌握污染源自动在线监测系统的基本结构、工作原理及运营管理基本内容，掌握污染源自动在线监测系统数据有效性审核的意义和审核办法；具备良好的职业道德，客观、实事求是地完成污染源连续自动监测系统运营管理，具备良好的表达与沟通能力；具备细致的观察能力和良好的逻辑分析能力，能主动思考，善于发现和解决问题	108

注：(1)"对接职业能力"填写的职业能力编码与"附录1 环境工程技术专业职业能力分析表"的编码对应，学科课程除外；(2)"*"表示中高职衔接课程。

5. 环境治理技术专业方向课程（见表1-14）

表1-14 高职学段环境治理技术专业方向课程内容及要求

序号	课程名称	对接职业能力	主要教学内容和要求	参考学时
1	环境工程施工	05-01、05-02、05-04-01、05-04-03、05-04-04、07-01-03、09、24、26-02-02、27、29-03-01、29-03-02、30、31、34-08	本课程要求学生掌握环境工程施工管理、施工技术、相关法律法规专业知识，具备施工质量、施工进度、施工安全管理能力，具备分析图纸，研读合同，指导施工，对工程进行调试，办理相关验收手续的能力。同时培养学生自主学习、沟通交流、解决问题的能力、团队合作的精神、责任意识和改革创新的职业素养	90
2	环境工程定额与预算	08-01-04、08-01-05、08-01-06、08-01-08、08-02-01、08-02-03、08-02-04、19-02、20-01、20-02、20-03、24、25-03-05、25-03-06、26-02-06、29-02、29-03、33-01-02、33-02	本课程要求学生了解台账处理的有关规范，掌握广联达计价软件的使用，掌握投标书的完整模板；具有查阅相关定额和主材价格的能力，会进行简单的台账处理并做好登记备案，会对方案中的工艺、预算及商务条款完成性进行审核，会协助完成环境工程项目的报价，会研读合同，会相应的财务技能并能配合完成结算工作；具有良好的信息保密意识、成本意识、奉献意识等职业意识，为后续的环境工程技术核心课程学习奠定良好的基础	36
3	环保产品与技术营销	08、17、18、19、21、22、28、29、33、34	本课程要求学生掌握环保产品工作基本原理、调研方法、市场营销的基本理论及商务谈判技巧；具备从专业的角度介绍环保产品与技术的能力，具有完成营销环境、市场需求、市场竞争、营销策略和营销绩效调研策划的能力；具备与人沟通交流的能力，便于以后进入环保设备营销行业后能够学以致用	64

注："对接职业能力"填写的职业能力编码与"附录1 环境工程技术专业职业能力分析表"的编码对应，学科课程除外。

十、教学安排

（一）中职学段教学安排（见表1-15）

表1-15 中职学段课程教学安排

课程类别		课程名称	学分	总学时	各学期周数、学时分配					
					1	2	3	4	5	6
					18	18	18	18	18	18
公共基础课程	必修课	职业生涯规划	2	36	2					
		职业道德与法律	2	36		2				
		经济政治与社会	2	36			2			
		哲学与人生	2	36				2		
		语文	9	162	4	2			3	
		数学	9	162	4	2			3	
		英语	9	162	4	2			3	
		计算机应用基础	5	90	3	2				
		体育与健康	8	144	2	2	2	2		
		公共艺术	2	36		2				
		历史	2	36				2		
		已安排课程小计	52	936	16	15	8	4	9	
	任选课	……	…	…	…	…	…	…	…	…
		小计		1 100						
专业课程	专业核心课程（必修课）	基础化学	8	144	5	3				
		物理	4	72		4				
		*电工基础	6	108				6		
		*环境工程识图	4	72			4			
		分析化学	8	144		4	4			
		环境工程微生物	6	108				6		
		*环境工程基础	8	144			4	4		
		环境法规与标准	2	36				2		
		项目实习	18	540						30
		已安排课程小计	64	1 368	5	11	12	18	0	30
		……	…	…	…	…	…	…	…	…
		小计		1 500						

续上表

课程类别		课程名称	学分	总学时	各学期周数、学时分配					
					1	2	3	4	5	6
					18	18	18	18	18	18
专业课程	环保设施运营管理专业（技能）方向课程	*水污染治理设施运营管理	8	144					4	4
		*环保设备安装与维护	4	72					4	
		已安排课程小计	12	216	0	0	0	4	8	0
		……	…	…	…	…	…	…	…	…
		小计		400						
	环境监测专业（技能）方向课程	*仪器分析	6	108					6	
		*环境监测技术	8	144				4	4	
		化验室组织与管理	4	72					4	
		已安排课程小计	18	324	0	0	0	4	14	0
		……	…	…	…	…	…	…	…	…
		小计		400						
	任选课	……	…	200	…	…	…	…	…	…
已安排课程合计			128/134	2 520/2 628	21	26	20	26	17/23	30
……			…	…	…	…	…	…	…	…
合计			≥170	3 200	28	28	28	28	28	30

注：（1）中职学段总学时数为3 200学时，公共基础课课时不少于1/3，专业核心课程占1 500学时，专业（技能）方向课程占400学时；（2）"*"表示中高职衔接课程；（3）"项目实习"由中高职对口院校共同商讨实习内容、形式和时间，包括项目工厂实习、工作室实习等多种形式，原则上安排在第六学期进行；（4）总学分不少于170；（5）"……"表示由各院校自行安排的必修课程、选修课程。

(二) 高职学段教学安排（见表1-16）

表1-16 高职学段课程教学安排

课程类别		课程名称	学分	总学时	各学期周数、学时分配			
					1	2	3	4
					18	18	18	18
公共基础课程	必修课	思想品德修养与法律基础	4	72	2	2		
		毛泽东思想和中国特色社会主义理论体系概论	4	72			4	
		形势与政策	2	36		2		
		高等应用数学	4	72	4			
		英语	8	144	4	4		
		计算机应用基础	4	72		4		
		体育	4	72	2	2		
		就业指导与职业生涯设计	2	36	1		1	
		创新创业基础	2	36	2			
		已安排课程小计	34	612	15	14	5	
		……	…	…	…	…	…	…
		合计		650				
专业课程	专业核心课程（必修课）	*电工技术	2	36	2			
		环境工程原理	3.5	64		4		
		*环境工程识图与CAD	5	90	5			
		*环境工程技术	8	144	4	4		
		环保仪表与控制	3.5	64		4		
		*环境监测	6	108			6	
		顶岗实习	18	≈500				26
		已安排课程小计	46	1 006	11	12	6	26
		……	…	…	…	…	…	…
		合计		1 100				
	环保设施运营管理专业（技能）方向课程	*水污染治理设施运营管理	4.5	82			4	
		大气污染治理设施运营管理	3.5	64			4	
		固体废物处理处置	2	36			2	
		*环保设备调试与维护	3.5	64			4	
		已安排课程小计	13.5	246	0	0	14	0
		……	…	…	…	…	…	…
		合计		300				

续上表

课程类别		课程名称	学分	总学时	各学期周数、学时分配			
					1	2	3	4
					18	18	18	18
专业课程	环境监测专业（技能）方向课程	*仪器分析	4.5	82			4	
		室内环境监测与治理	3.5	64			4	
		污染源在线监测技术	6	108			5	
		已安排课程小计	14	254	0	0	13	0
		……	…	…	…	…	…	…
		合计		300				
	环境治理技术专业（技能）方向课程	环境工程施工	5	90			6	
		环境工程定额与预算	2	36			2	
		环保产品与技术营销	3.5	64			4	
		已安排课程小计	10.5	190	0	0	12	0
		……	…	…	…	…	…	…
		合计		300				
任选课		……	…	200	…	…	…	…
已安排课程小计			93.5/94/90.5	1 864/1 872/1 808	26	26	25/24/23	26
总　　计			≥90	≈2 000	22~26	22~26	22~26	22~26

注：（1）高职学段总学时数约为 2 000 学时，公共基础课程约 20%～30% 课时，专业核心课程占 1 100 学时，专业方向课程占 300 学时；（2）"*"表示中高职的衔接课程；（3）"顶岗实习"包括毕业实习、毕业设计等多种形式，原则上安排在第六学期进行；（4）总学分不少于 90，含军训及入学教育、社会实践、毕业教育等活动的学分；（5）"……"表示由各院校自行安排的必修课程、选修课程；（6）可安排一周集中实训。

十一、教学基本条件

（一）师资条件

1. 中职学段

专任教师应具有环境工程技术专业及化学工程、给排水工程等相关专业本科及以上学历，具有中等职业学校教师资格证书，具有相关企业工作经验或企业顶岗锻炼经历，原则上应为"双师素质"教师。其中专业核心课程专任教师具有中级及以上职称和 3 年以上职业教育授课经历。专任教师应具备良好的师德和终身学习能力，适应行业企业发展需求，熟悉行业企业情况，积极开展教学改革。

聘请来自行业企业一线的工程技术人员、能工巧匠为兼职教师，具有一定的教学能力，能够承担专业课程、实训实习课程的教学任务，并参与专业建设和课程改革工作。

2. 高职学段

专业带头人一般应具有环境工程专业硕士及以上学位，具有高校教师资格证书和副高及以上专业技术职称的"双师素质"教师。

专任教师要求具有环境工程专业及化学工程、给排水工程等相关专业硕士及以上学位，具有高校教师资格证书，具有相关企业工作经验或企业顶岗锻炼经历，原则上应为"双师素质"教师。其中专业核心课程专任教师具有中级以上职称和3年以上职业教育授课经历。专任教师应具备良好的师德和终身学习能力，适应行业企业发展需求，熟悉行业企业情况，积极开展教学改革和科学研究。

聘请来自行业企业一线的工程技术人员、能工巧匠为兼职教师，具有丰富实践经验和一定的教学能力，能够承担专业课程、实训实习课程等实践教学任务，并参与专业建设和课程改革工作。

（二）实训实习条件

本专业应配备校内实训实习室和校外实训基地。

1. 校内实训室

中职校内实训实习必须具备化学实训室、化学分析实训室、仪器分析实训室、环境监测实训室、微生物实训室、环境工程实训室等。高职校内实训实习必须具备电工电子实训室、水污染控制实训室、大气污染控制实训室、固体废物处理处置实训室、物理污染实训室、环保设备安装实训室、课程设计室等。主要设施设备及数量见表1-17。

表1-17 校内实训室主要工具和设施设备

序号	学段	实训室名称	主要工具和设施设备		数量（生均台/套）
			名称	规格	
1	中职	化学实训室	常用化学试剂、物品，玻璃器皿和有关化学实验仪器	种类齐全，能够满足基本无机和分析常规化学实验的要求	0.5
2	中职	化学分析实训室	常用玻璃器皿	种类齐全，能够满足基本无机和分析常规化学实验的要求	若干
			电热恒温干燥箱	性能稳定，温度室温到350℃，恒温正负5℃	0.1
			沙浴电炉	性能稳定，温度室温到299℃，恒温正负2℃	0.1
			浊度计	功能正常，能完成浊度测量，测量范围0~200 NTU，分辨率1 NTU	0.2

续上表

序号	学段	实训室名称	主要工具和设施设备		数量（生均台/套）
			名称	规格	
2	中职	化学分析实训室	电极电位仪	性能稳定，可完成电极电位的测定	0.2
			电导仪	功能正常，可完成常规水体电导率的测定	0.2
			分析天平（1/10 000）	性能稳定，可完成精密称量的要求；称量范围 0～200 g，精度 0.1 mg	0.2
			酸度计（pH 计）	可完成 pH 的测量；pH 范围 0～14，稳定性 ±0.01 pH/3 小时	0.1
			可见光分光光度计	性能稳定，能完成可见光区的光度测定，波长范围 360～1 000 nm，最大允许波长误差 ±2	0.1
3	中职	仪器分析实训室	紫外分光光度计	性能稳定，能完成可见和紫外光区的光度测定，波长范围 200～1 000 nm，最大允许波长误差 ±2	0.1
			原子吸收分光光度计	功能正常，性能稳定，可完成常规金属元素的微量和痕量分析，含火焰和石墨炉	0.1
			水质常规项目快速检测仪	功能正常，可完成余氯、COD、硝酸盐等常规水质项目的快速检测	0.1
4	中职	环境监测实训室	常规指标样品测定仪	功能正常，可完成生产任务；满足教学需要	0.1
			监测器	功能正常，可完成生产任务；满足教学需要	0.1
			常规指标样品采样器	功能正常，可完成生产任务；满足教学需要	0.2
			噪声分析仪（声级计）	满足国家标准，如 GB 3096—2008/GB 12348—2008/GB 22337—2008 的要求	0.2
			BOD 培养箱	功能正常，可完成生产任务；满足教学需要	0.04
			冰箱	功能正常，可完成生产任务；满足教学需要	0.04

续上表

序号	学段	实训室名称	主要工具和设施设备		数量（生均台/套）
			名称	规格	
5	中职	微生物实训室	超净工作台	功能正常，可完成生产任务；满足教学需要	0.04
			生物培养箱	功能正常，可完成生产任务；满足教学需要	0.04
			生物显微镜	含微生物薄片	1
			大容量高压灭菌锅	功能正常，可完成生产任务；满足教学需要	0.04
6	中职	环境工程实训室	污（废）水污染治理实训模型装置	功能正常，可完成生产任务；满足教学需要	0.04
			大气污染治理实训模型装置	功能正常，可完成生产任务；满足教学需要	0.04
			固体废物处理处置实训模型装置	功能正常，可完成生产任务；满足教学需要	0.04
			噪声与振动等物理污染治理实训模型装置	功能正常，可完成生产任务；满足教学需要	0.04
7	高职	电工电子实训室	通用电工电子实验装置	功能正常，可完成生产任务；满足教学需要	0.2
			电工基本技能综合实训装置	功能正常，可完成生产任务；满足教学需要	0.2
			透明电机与变压器教学模型	功能正常，可完成生产任务；满足教学需要	0.04
			PLC单片机实训装置	功能正常，可完成生产任务；满足教学需要	0.2
			数字视听实训装置	功能正常，可完成生产任务；满足教学需要	0.04

续上表

序号	学段	实训室名称	主要工具和设施设备			数量（生均台/套）
			名称	规格		
8	高职	水污染控制实训室	上流式厌氧污泥床（UASB）实训装置	功能正常，可完成生产任务；满足教学需要		0.04
			间歇式活性污泥法（SBR）实训装置	功能正常，可完成生产任务；满足教学需要		0.04
			MBR实训装置	功能正常，可完成生产任务；满足教学需要		0.04
			离子交换实训装置	功能正常，可完成生产任务；满足教学需要		0.04
			接触氧化实训装置	功能正常，可完成生产任务；满足教学需要		0.04
			生物滤池实训装置	功能正常，可完成生产任务；满足教学需要		0.04
			反渗透（RO）实训装置	功能正常，可完成生产任务；满足教学需要		0.04
			氧化沟实训装置	功能正常，可完成生产任务；满足教学需要		0.04
			好氧生物流化床实训装置	功能正常，可完成生产任务；满足教学需要		0.04
			生活污水综合实训装置	AA/O工艺，可完成生产任务；满足教学需要		0.04
			MSBR综合实训平台	功能正常，可完成生产任务；满足教学需要		0.04
9	高职	大气污染控制实训室	在线脉冲袋式除尘器	功能正常，可完成生产任务；满足教学需要		0.04
			湿式除尘装置	功能正常，可完成生产任务；满足教学需要		0.04
			旋风除尘装置	功能正常，可完成生产任务；满足教学需要		0.04
			静电除尘器装置（6.4 m^2）	功能正常，可完成生产任务；满足教学需要		0.04

续上表

序号	学段	实训室名称	主要工具和设施设备		数量（生均台/套）
			名　称	规　格	
10	高职	固体废物处理处置实训室	焚烧炉模型	功能正常，满足教学需要	0.04
			城市垃圾填埋场模型	功能正常，满足教学需要	0.04
			城市垃圾堆肥处理工艺模型	功能正常，满足教学需要	0.04
			破碎、分选设备	功能正常，满足教学需要	0.04
			固化实验装置	功能正常，满足教学需要	0.04
11	高职	环保设备安装实训室	水泵结构实训设备	功能正常，可完成生产任务；满足教学需要	0.04
			风机结构实训设备	功能正常，可完成生产任务；满足教学需要	0.04
			阀门结构实训设备	功能正常，可完成生产任务；满足教学需要	0.04
12	高职	环境监测实训室	分光光度计	有紫外和可见光程，可以进行分光光度相关实验，性能稳定	0.1
			pH 计	pH 玻璃电极，可以测定 pH 和氧化还原电位，性能稳定	0.1
			COD 微波消解仪	功能正常，可以进行常规环境样品的消解，性能稳定，安全性高	0.1
			声级计	符合 2008 版新国家标准的要求，功能正常，可完成生产任务；满足教学需要	0.2
			有机玻璃水质采样器	带有绳索、温度计，底部进水，带有铅圈	0.1
			大气采样器	能够进行常规气体样品的采集，具备充电蓄电功能，性能稳定	0.1
			多孔筛板吸收管	需要同时配备棕色和透明玻璃吸收管	若干
			滴定管	能够进行常规的滴定	0.5
			碘量瓶	没有破损	若干
			火焰原子分光光度计	需要配备通风装置、燃气瓶、助燃气、抽气泵、多种元素空心阴极灯	1

续上表

序号	学段	实训室名称	主要工具和设施设备		数量（生均台/套）
			名称	规格	
12	高职	环境监测实训室	六孔水浴锅	可调节温度，数显，有多圈盖子，性能稳定	0.1
			全自动高压灭菌锅	可以进行温度设计，数显，一次可以转入大批量消解样品，性能稳定	1
			电子天平（万分之一）	性能稳定，准确度高	0.1
			玻璃干燥器	密闭性能好，干燥性能好	4
			烘箱	能够进行温度设定，定时，数显，性能稳定	2
			电加热板	最好配备相应的通风橱，加热稳定，能够数显，性能稳定，安全度高	3
			铝盒	带有盖子，密封性好	0.5
			常规监测项目药剂	根据实际需要，购买实验所需规格的药剂	数量不计
			常规实验玻璃仪器	根据实际需要，购买大小不同玻璃杯，三角烧瓶，铁架台，试管架，移液管，吸量管，量筒，蒸馏烧瓶，棕色透明的广口、带塞等试剂瓶，胶头滴管，大小规格容量瓶，大小规格比色管，不同量程比色皿，玻璃棒，漏斗等	数量不计
			常规配套耗材	橡皮筋，棉绳，标签纸，定性、定量滤纸，抹布，试管刷，擦镜纸，样品袋等	数量不计
13	高职	课程设计室	课程设计专用桌椅	功能正常，满足教学需要	1
			配套教学设备	功能正常，满足教学需要	若干

2. 校外实训基地

与环境保护相关行业企业开展深度合作建设校外实训实习基地，签订合作协议，满足学生的校外实训实习要求。校外实训基地应具有能够满足学生实习（实训）的场所和设备，具备必要学习条件及生活条件，能提供与学生专业实践教学和技能训练相关的工作岗位、工作任务及指导教师，能提供学生半年以上的项目实习和顶岗实习等。

十二、教学实施建议

（一）教学要求

公共基础课程在教学过程中，要符合教育部有关教育教学基本要求，应以提升学生基本科学文化素养、服务学生专业学习和终身发展为目标，突出"以学生为中心"理念，创新教学方法和模式，强调学生恪守职业道德，以及自主学习、互动学习、探究性学习等能力的培养，为学生综合素质的提升、职业能力的形成与个人可持续发展奠定基础。

专业课程的教学按照专业主要职业岗位（群）的能力要求，强化理实一体化，实践教学特色。在教学资源上，紧贴专业建设数字化教学资源、虚拟仿真资源、实物资源及模型资源等，满足专业教学要求。在教学方法上灵活应用行动导向教学法、任务教学法、项目教学法、案例教学法、小组协作学习、角色扮演教学法、自主学习法等多种教学方法，从而促使学生自学能力及职业能力的形成，有效培养学生逻辑思维能力、解决问题能力和可持续发展能力。通过理论学习、实践（实验）、实习等教学活动，不断提升学生的职业能力和职业素养，满足行业企业需求。

（二）教学评价

根据本专业培养目标和人才理念，建立科学的评价标准。教学评价应体现评价主体、评价方式、评价手段的多元化。采用校内校外评价结合、职业技能鉴定与学业考核结合、教师评价、学生互评和自我评价结合、过程性评价和总结性评价结合等方式。对课程考核应以过程性考核与终结性考核相结合的方式进行，关注学生在实践中运用所学技能解决问题的能力水平，重视实操考核中是否依规操作，是否形成安全文明生产等职业素养，同时结合本专业特点，考查学生是否养成节约资源、保护环境的意识与习惯。

评价考核包含笔试、实践技能考核、项目作业（任务）实施考核、课程设计（论文）、岗位绩效考核、职业技能鉴定、素质考核等多种方式。根据具体课程的特点，每门课程采取两种或多种考核方式相结合的形式进行，由过程性考核与终结性考核相结合，最后形成课程的总评成绩。

中高职衔接院校逐步推行专业课程学分互认制，学分互认课程教学评价实行教考分离。课程教学由中职学校实施，教学评价由高职院校组织实施。中高职衔接转段考核采取笔试、实操等方式进行，重点考核学生的综合素质及实践动手能力。

（三）教学管理

教学管理过程要具有规范性和灵活性，加强各项教学管理规章制度建设，教学管理文件规范，建立教学管理组织协调系统，合理调配师资、实训室等教学资源。加强教学过程的质量监控，形成教学督导、教师、学生、社会相结合的教学质量评价体系及完整的信息反馈系统。

中高职衔接院校在各自院校教学管理系统的基础上，由高职院校牵头，建立中高职教学质量管理体系，重点对中职学校日常教学过程进行管理和监控，保障人才培养过程的质量；建立基于职业核心能力培养的考核评价体系，保障人才培养结果的可信度。

附录：开发团队

（一）参与开发的行业技术专家团队（见表1-18）

表1-18 参与开发的行业技术专家团队

序号	姓名	单位	职称、职务
1	李苑彬	广东省环境保护产业协会	高级工程师、副秘书长
2	李鸿涛	广东省环境保护产业协会	高级工程师、部长
3	谢涤非	佛山市顺德区大门污水处理厂	工程师、厂长
4	吴奇志	东莞市豪丰环保投资有限公司	工程师、副厂长
5	张文斌	广州市环境保护技术设备公司	高级工程师、总工程师
6	吕丹丹	东江环保股份有限公司	工程师
7	曾林彬	广州绿由工业弃置废物回收处理有限公司	经理
8	姚玲爱	环境保护部华南环境科学研究所	工程师
9	李超	广州市建研环境监测有限公司	工程师、站长
10	冯新	广州水务环保技术有限公司	高级工程师、副部长
11	区尧万	广东新大禹环境工程有限公司	高级工程师、总工程师
12	吴玉立	东江环保股份有限公司佛山办事处	经理
13	谢洁云	广州市凯鹏水处理设备有限公司	工程师、总工程师
14	阳健	广东环院环境工程有限公司	高级工程师、总工程师
15	陈志环	佛山市南海环境工程有限公司	高级工程师、总工程师
16	秦江涛	广州宜源环保科技有限公司	工程师
17	伍志跱	广州市大坦沙污水处理厂	高级工程师、副厂长
18	桂琪	广州汇智源环保科技有限公司	高级工程师、总经理
19	欧国军	博罗县城污水处理有限公司	副厂长
20	李锋	东莞新能源科技有限公司	工程师
21	禤权机	广州市从化净水有限公司	助理工程师、化验员
22	林靖杰	四会碧洲电镀污水处理有限公司	运营主管

(二) 参与开发的学校教师团队 (见表1-19)

表1-19 参与开发的学校教师团队

序号	姓名	单 位	职称、职务
1	钟真宜	广东环境保护工程职业学院	副教授/高级工程师、系主任
2	李慧颖	广东环境保护工程职业学院	讲师/工程师、专业负责人
3	钟剑平	广东环境保护工程职业学院	讲师/工程师、专任教师
4	余小玉	广东环境保护工程职业学院	讲师、专任教师
5	夏志新	广东环境保护工程职业学院	讲师/工程师、专任教师
6	张 栖	广东环境保护工程职业学院	讲师、专任教师
7	马承荣	广东环境保护工程职业学院	讲师/工程师、系副主任
8	罗恩荣	广东环境保护工程职业学院	高级工程师、专任教师
9	姚伟卿	广东环境保护工程职业学院	讲师、专任教师
10	叶 平	广东环境保护工程职业学院	工程师、专任教师
11	彭丽花	广东环境保护工程职业学院	讲师、专任教师
12	王 静	广东环境保护工程职业学院	讲师、专任教师
13	王丽娜	广东环境保护工程职业学院	工程师、专任教师
14	刘 莹	广东环境保护工程职业学院	讲师、专任教师
15	李晨华	广东环境保护工程职业学院	讲师/工程师、专任教师
16	董金华	广东环境保护工程职业学院	讲师、专任教师
17	张兴红	广东环境保护工程职业学院	工程师、专任教师
18	陈建军	广东环境保护工程职业学院	工程师、专任教师
19	唐 菠	广东环境保护工程职业学院	讲师、专任教师
20	李润祺	广东环境保护工程职业学院	讲师、专任教师
21	陈 露	广东环境保护工程职业学院	讲师、专任教师
22	张小广	广东环境保护工程职业学院	高级工程师、教务部部长
23	董 佳	广东环境保护工程职业学院	讲师、教务部副部长
24	王固宁	广东环境保护工程职业学院	讲师、专任教师
25	莫家乐	广东环境保护工程职业学院	讲师、专任教师
26	钱 伟	广东环境保护工程职业学院	讲师、专任教师

续上表

序号	姓名	单 位	职称、职务
27	叶军林	广东环境保护工程职业学院	讲师、专任教师
28	刘华峰	广东环境保护工程职业学院	讲师、专任教师
29	苑丽红	广东环境保护工程职业学院	讲师、专任教师
30	刘浩宇	广东环境保护工程职业学院	讲师、专任教师
31	林桂炽	广东省海洋工程职业技术学校	高级讲师、专任教师
32	李建萍	广东省海洋工程职业技术学校	高级讲师、专任教师
33	李晓莉	广东省海洋工程职业技术学校	高级讲师、专任教师
34	李 萍	广东省海洋工程职业技术学校	高级讲师、专任教师
35	麦茵茵	广东省海洋工程职业技术学校	助教、专任教师
36	陈旭鹏	广东省海洋工程职业技术学校	讲师、专任教师
37	陈海健	广东省海洋工程职业技术学校	讲师、专任教师
38	胡 群	广东省海洋工程职业技术学校	高级讲师、专任教师
39	周秋燕	广东省海洋工程职业技术学校	助教、专任教师
40	李志明	广东省海洋工程职业技术学校	讲师、专任教师
41	王玉俊	广东省海洋工程职业技术学校	高级讲师、专任教师

下 篇
环境治理技术专业—环境工程技术专业中高职衔接课程标准

中职学段：基础化学课程标准

一、课程名称

基础化学。

二、适用专业

既适用于中高职衔接的环境治理技术及相关专业，也适用于中职的环境治理技术及相关专业。

三、课程性质

本课程是中高职衔接的中职环境治理技术专业的专业核心课程。

四、课程设计

教学过程中以学生为主体，选取了原子结构和元素周期表、溶液的配制、溶液的酸碱性及其测定、重要金属及其化合物、重要非金属及其化合物、氧化还原反应、重要有机化合物、重要生命的基本能源物质和高分子化合物、化学反应速率及化学平衡、粗盐的提纯等10个学习任务作为主要课程内容，将相关知识和技能融入选取的内容中，构建具有专业性、综合性和实用性的学习任务。每个学习任务围绕知识和技能学习过程中需要培养的能力整合、序化相关知识，循序渐进，逐步深入，并给学生提供充分的实践操作机会。以教师为主导开展理论实践一体化和"教、学、做"一体化教学，并将职业道德、操作规范等内容融入授课过程中，使学生通过实操掌握专业理论知识，培养化学基本操作能力，增强安全意识，提高沟通表达能力和团队协作能力。

五、课程教学目标

通过本课程的学习，达到如下目标：

（一）知识目标

（1）掌握常用的化学基本概念。

（2）掌握原子结构及元素周期表、溶液的酸碱性、化学反应速率和化学平衡、氧化还原反应等化学的基础知识。

（3）掌握常见金属、非金属单质及其化合物和常见有机化合物的基本物理、化学性质和相关反应。

（4）了解常见生命基本能源物质的种类和相关物理、化学性质，认知常见的高分子化合物。

（二）能力目标

（1）能够独立完成基本化学实验操作。

（2）会观察实验的化学现象并对实验现象进行初步解释；能正确进行实验记录；会整理、分析实验结果，得出必要的结论，并独立完成实验报告。

（3）能综合运用所学的化学知识、技能和方法，分析和解决与化学有关的问题，并联系实际探求环境污染发生的原因和治理方法。

（4）能运用观察、实验和查阅资料等多种手段获取信息和对信息进行加工。

（5）能对具体问题进行具体分析，从微观的角度对宏观反应现象进行正确的解释。了解从实验事实出发，经过分析、综合和归纳、演绎验证化学原理的科学方法。

（三）素质目标

（1）具有细致、认真、严谨、求实的科学态度，不断提高自学能力和实践技能。

（2）具有学习中的交流、沟通和提问的能力，敢于提出问题，能够虚心向同学、教师和同行请教。

（3）具有学习中的自我管理和约束能力，能够自主学习。

（4）具有学习、实验中的团队协作和小组合作的能力，具备敬业精神、创新意识。

（5）具有感受化学与人类生产、生活之间的联系的能力，逐步树立环保意识、安全意识和自我保护意识。

六、参考学时与学分

参考学时：144 学时。

参考学分：8 学分。

七、课程结构

课程结构见表 2-1。

表 2-1 基础化学课程结构

序号	学习任务	职业能力	知识、技能、态度要求	教学活动设计	学时
1	认知原子结构和元素周期表	01-01-01、01-05、10-04-03、18-01-02	（1）掌握原子组成，能够计算原子核内质子、中子、质量数 （2）掌握核外电子排布规律，能利用最外层电子数判断常见离子的价态 （3）能够区分离子键和共价键 （4）能够利用元素周期律、元素周期表判断性质递变情况 （5）具备实验室安全和责任意识，养成良好实验习惯，掌握一定的实验报告书写格式 （6）具备开展简单化学实验的操作能力，初步认识科学探究的一般方法	（1）计算原子核内质子、中子、质量数 （2）判断常见离子的价态 （3）判断离子键和离子化合物，共价键和共价化合物 （4）实验室基本技能训练 （5）推断元素的性质 （6）探究实验：同周期或同主族元素性质的递变规律	16
2	溶液的配制	01-05、04-01-02	（1）掌握物质的量及其单位——摩尔、摩尔质量、物质的量浓度等基本概念 （2）运用化学反应中物质的量的比例关系进行反应计算 （3）能够准确配制一定物质的量浓度溶液和稀释溶液 （4）具备一定的化学计算能力，能用计算器进行一定量的数据运算	（1）计算物质的量及物质的量浓度 （2）运用化学反应中各物质之间物质的量的比例关系进行简单计算 （3）配制一定物质的量浓度的溶液	18
3	溶液的酸碱性及其测定	01-02-02、01-02-05、06-02-01、12、34-01-06、34-01-02、34-05-02、34-05-06	（1）掌握强电解质和弱电解质，能够判断强、弱电解质 （2）理解弱电解质的解离平衡，能运用酸、碱解离平衡常数判断酸碱的强弱 （3）掌握水的离子积和溶液 pH 的有关概念；能够计算一元强酸强碱溶液的 pH （4）熟悉测量溶液的 pH 的方法 （5）会正确书写离子反应和离子方程式 （6）掌握强酸弱碱盐和强碱弱酸盐的水解，能够判断盐水解后溶液的酸碱性 （7）能独立完成溶液 pH 的测定；了解常见水质检测的药剂和仪器 （8）分析和解决与化学有关的问题，感受化学与人类的联系，逐步树立环保意识	（1）判别强电解质和弱电解质 （2）判断常用酸和碱的强弱 （3）计算一元强酸强碱溶液的 pH （4）书写离子方程式 （5）判断强酸弱碱盐和强碱弱酸盐水溶液的酸碱性 （6）实验：用 pH 试纸测定溶液酸碱度 （7）认识常用水质检测的药剂和仪器	18

续上表

序号	学习任务	职业能力	知识、技能、态度要求	教学活动设计	学时
4	识别重要金属及金属化合物	01-01-05、01-02-05、01-05-01、12、17-01-01、34-05-02、34-05-06	(1) 掌握金属的通性、金属单质的性质和常见金属的氧化物和氢氧化物的性质 (2) 能完成重要金属离子的检验实验,解释有关反应实验现象 (3) 掌握几种重要的盐的化学性质,了解消毒剂、絮凝剂等水处理药剂的性质及使用方法 (4) 掌握金属材料的广泛用途,了解重金属污染与防治 (5) 具备网络查找资料、分析、归纳和总结的能力 (6) 通过探究实验,体验科学探究的过程,树立科学探究的意识,了解科学探究的基本方法	(1) 收集典型金属单质在生产、生活中的应用 (2) 认知常见金属的理化性质 (3) 理解氧化铝、氢氧化铝的两性,以及铁的氧化物和氢氧化铁的性质;体验聚合氯化铝和三氯化铁等净水药剂的水处理效果 (4) 学习检验铁离子的方法 (5) 总结碳酸钠和碳酸氢钠,铁盐和亚铁盐的化学性质及其相互转变 (6) 认识铵盐和漂白粉的主要性质和用途 (7) 认识重金属污染的危害及其防治方法 (8) 了解常见合金及其特性、应用 (9) 几种未知物质的鉴别实验	20
5	识别重要非金属及非金属化合物	01-01-05、01-05-01、09-03-01、09-03-02、17-01-01	(1) 掌握非金属单质、非金属气态氢化物的性质 (2) 掌握几种重要的非金属氧化物及含氧酸的性质,能够解释和说明酸雨产生的原因 (3) 掌握金属材料的广泛用途,了解重金属污染与防治 (4) 能完成重要非金属离子的检验实验,解释有关反应实验现象 (5) 具备网络查找资料、分析、归纳和总结的能力 (6) 通过探究实验,体验科学探究的过程,树立科学探究的意识,了解科学探究的基本方法 (7) 能够通过调查,树立环保意识,辩证地认识化学对人类生活的影响	(1) 认知常见非金属单质的理化性质 (2) 认知常见非金属化合物的理化性质 (3) 卤素离子、硫酸根离子、铵根离子的检验实验 (4) 了解营养盐,水体的富营养化,酸雨等环境问题及其防治 (5) 了解生活中常见的水泥、玻璃、陶瓷、硅材料等无机非金属材料	20

续上表

序号	学习任务	职业能力	知识、技能、态度要求	教学活动设计	学时
6	认知氧化还原反应	01-05-01、12、18-01-02、34-02、34-03	(1) 掌握不同化合物中相同元素的不同价态判断方法 (2) 掌握氧化剂和还原剂的判别方法 (3) 掌握环境工程领域中常用的氧化还原反应，正确书写反应方程式	(1) 学习元素价态的计算 (2) 判别氧化剂和还原剂 (3) 认知氧化还原反应的概念，正确书写氧化还原反应	6
7	认知重要有机化合物	01-01-05、01-05-01、12、17-01-01、34-04、34-05-02、34-05-06	(1) 能够区别无机化合物和有机化合物 2. 掌握有机化合物的基本分类（烷烃、烯烃、炔烃、苯、醇、酚、醛、酸），能够正确命名简单的有机物 (3) 掌握典型代表物及官能团的书写、性质和鉴定方法 (4) 能够书写典型反应（如取代、加成、聚合）的化学方程式 (5) 具备网络查找资料、分析、归纳和总结的能力 (6) 能够通过小组探究实验，学习肥皂的制备过程 (7) 掌握高分子化合物的概念和特性，能够利用高分子化合物的知识介绍塑料、合成纤维、合成橡胶 (8) 能够通过调查，树立环保意识，辩证地认识化学对人类生活的影响 (9) 通过小组分工合作，调查了解与人类生活相关的石油和煤、食品添加剂	(1) 判别无机化合物和有机化合物 (2) 了解有机化合物的概念、特点和分类，以及有机化合物中常见的官能团 (3) 学习甲烷、乙烯、乙炔、苯、苯酚、乙醇、乙醛、乙酸等典型有机化合物的物理、化学性质、典型反应及其用途 (4) 利用系统命名法对烷烃进行命名 (5) 判断同系物 (6) 了解石油分馏、煤干馏的产品和用途及其在国民经济中的重要地位 (7) 了解肥皂与合成洗涤剂的结构与去污原理；通过查阅资料，正确使用食品添加剂	22

续上表

序号	学习任务	职业能力	知识、技能、态度要求	教学活动设计	学时
8	探索生命的基本能源物质和高分子化合物	17-01-01、34-04、34-07	（1）能够用葡萄糖、蔗糖、麦芽糖、淀粉、纤维素的知识认识和理解人类生活中糖的地位和作用 （2）能够检验还原糖的性质、完成糖类的水解和淀粉的鉴定等实验 （3）认识氨基酸的结构特点，能够鉴定氨基酸 （4）能够利用蛋白质的性质对生活中有关蛋白质的变化进行说明，能够建立合理的营养和膳食结构 （5）掌握高分子化合物的概念和特性，能够利用高分子化合物的知识介绍塑料、合成纤维、合成橡胶 （6）具备网络查找资料、分析、归纳和总结的能力，具有良好的语言表达能力和沟通能力 （7）能够通过调查，树立环保意识，辩证地认识化学对人类生活的影响 （8）通过小组分工，增强团队合作和协作的能力	（1）了解糖的基本性质和用途，学习单糖、低聚糖的性质和特点 （2）淀粉的鉴别试验 （3）学习氨基酸、蛋白质的结构、性质及氨基酸和蛋白质的关系 （4）了解塑料、合成纤维和合成橡胶三大有机合成材料及其用途 （5）了解高分子化合物的概念、结构特点和主要特性	12
9	解读化学反应速率和化学平衡	01-01-01	（1）利用化学反应速率、化学平衡的基本概念和原理，说明生活中有关现象 （2）掌握反应速率的影响因素和反应平衡转移的影响因素 （3）能够独立完成探究实验：影响化学反应速率和化学平衡的主要因素 （4）具备由实验现象总结规律的能力	（1）学习化学反应速率的表示方法及其影响因素 （2）学习化学平衡相关概念及平衡移动影响因素	6
10	粗盐的提纯	01-05、04-01-02、10-04-03、11-03、11-04-01、34	（1）具备通过收集资料进行实验准备，设计实验方案并完成实验的能力 （2）具备综合运用所学知识进行方案设计和说明的能力 （3）掌握化学实验基本操作，综合运用化学方法完成粗盐提纯的任务	（1）确定实验方案 （2）实验方案改进 （3）粗盐的提纯实验 （4）实验点评、实验结果说明和改进	6
			合计		144

注："职业能力"填写的职业能力编码与"附录1 环境工程技术专业职业能力分析表"的编码对应。

八、资源开发与利用

（一）教材编写与使用

教材编写要求知识、技能体系的模块化、单元化，兼顾学科体系的完整性，每个单元以典型项目、案例为载体，以"基于工作项目（任务）"来设计单元内容，列出每个学习任务对应的职业能力，以培养学生专业能力、社会能力和方法能力为目标，编写以学生为主体，"教、学、做"一体化的教材，形式上应符合中等职业学校学生的阅读心理与阅读习惯，图文并茂；名词术语、文字、符号、数字、公式、计量单位等的运用要准确、规范、统一，符合我国相关标准与规范。

（二）数字化资源开发与利用

应努力提供多介质、多媒体、满足不同教学需求的教材及数字化教学资源，开发一系列数字化资源，包括教学PPT、教学视频。如果有条件的应建立微课资源库，对典型教学案例和企业案例建立视频案例库，以数字化资源为基础，通过手机网络或电脑网络使学生能够充分利用数字资源进行搜索和自主学习，构建网络课程、精品资源共享课程和精品视频公开课，使学生能够在预习、学习和练习中都可以通过教学资源得到正确的指导。

九、教学建议

（一）教学方法

本课程在每个学习情境实施时，主要采取的教学法是案例教学法、任务驱动法、讲授法、引导文法、归纳法、演示法和角色扮演法等。教学手段主要是一体化教学，边讲授边练习，PPT演示和观看视频等。善于利用各种模型、图表和现代教育技术等辅助教学手段，帮助学生理解教学内容。

重视化学实验基本操作技能的训练，有意识地引导学生开展探究实验，培养学生分析和解决实际问题的能力，发挥化学实验的教育功能。

（二）教学条件

在多媒体教室内授课，要求有多媒体投影和电脑设备，具备进行基础化学实验的实验室，在有条件的情况下利用学校公共网络采用微课进行颠倒课堂的课堂学习，规范实验教学和理论教学。

十、教学评价

(一) 考核方式说明

本课程采用过程性考核和终结性考核相结合的形式。过程考核包括素质考核及任务考核,占本门课程考核的比例为70%。素质考核以小组学生的平时表现、工作态度、协作精神等方面作为评价标准,任务考核以学生完成每个工作任务的质量为标准。终结性考核采用笔试形式,考核内容侧重于学生掌握的化学理论和化合物性质,并运用化学知识和技能解决实际问题的能力等,占本门课程考核的比例为30%。

(二) 考核标准 (见表2-2)

表2-2 基础化学课程考核标准

考核方式	考核内容	权重	考核内容	实施方法
过程性考核(70%)	素质考核	10%	迟到、早退与旷课情况	教师评价
		10%	学习态度	小组自评+小组互评+教师评价
		10%	协作精神	小组自评+小组互评+教师评价
	平时表现	10%	作业情况	教师评价
		10%	课堂表现	小组自评+小组互评+教师评价
	实验实训	10%	操作和完成情况	小组自评+小组互评+教师评价
		5%	安全和维护意识	教师评价
		5%	实验报告	教师评价
终结性考核(30%)	课程内容	30%	期末综合试卷考试,一般包括标准题型和非标准题型;考试采取闭卷形式	教考分离、统一组织

(撰稿人:林桂炽 刘莹 彭慧莲)

中职学段：物理课程标准

一、课程名称

物理。

二、适用专业

既适用于中高职衔接的环境治理技术及相关专业，又适用于中职环境治理技术及相关专业。

三、课程性质

本课程是中高职衔接中职环境治理技术专业的专业核心课程。

四、课程设计

本课程依据职业能力标准和学科体系的要求，采用工作任务的形式设计各个单元（模块）。教学内容围绕工作过程中需要培养的能力为依据整合、序化物理知识，在授课过程中，可实现"教、学、做"相结合，理论与实践一体化。

五、课程教学目标

通过本课程的学习，达到如下目标：

（一）知识目标

（1）掌握单向匀变速直线运动的单一物体的运动和受力问题进行分析和计算的方法。

（2）掌握利用热力学第一定律、热运动与机械运动之间的相互转化解决工程实践中能量守恒定律的有关问题的方法。

（3）掌握一定质量理想气体的状态变化过程的定量分析，解决轮胎问题和晶体特性等知识。

（4）掌握全电路欧姆定律、串联电路的分压作用、并联电路的分流作用、相同电池的串并联等知识。

（5）熟悉实验指导书的要求，能独立进行实验操作。

（6）掌握常用测量工具和仪器（游标卡尺、数字计时器、气压计、弹簧秤、温度计、电流表、电压表等）测量常用物理量的方法。

（7）掌握原子结构的基础知识。

（二）能力目标

（1）能够正确使用计算器进行科学计数、幂指数等简单数学运算。

（2）会观察实验的物理过程，会正确进行实验记录；会整理、分析实验结果，得出必要的结论。

（3）能对实验误差进行初步分析，会作实验图线，会书写实验报告。

（4）会综合运用所学知识正确地分析问题、解决实际问题。

（5）能够采用不同的方法解决同一物理问题，具备思维的灵活性和创新性。

（6）能对具体问题进行具体分析，会正确运用抽象的方法进行合理的简化。

（三）素质目标

（1）具有学习、实验中的团队协作和小组合作的能力。

（2）具有学习中的交流、沟通能力，敢于提出问题，虚心向同学、老师请教的能力。

（3）具有学习中的自我管理和约束能力，能够自主学习。

（4）具有细致、认真、严谨的工作态度。

（5）具有良好的安全意识和自我保护意识。

六、参考学时与学分

参考学时：72 学时。

参考学分：4 学分。

七、课程结构

课程结构见表 2-3。

表 2-3　物理课程结构

序号	学习任务	职业能力	知识、技能、态度要求	教学活动设计	学时
1	认知直线运动	02-01-02、02-01-04、03-03-05、05-04-06	（1）能正确理解参考系、质点、路程、位移、时刻、时间、平均速度、瞬时速度、加速度等基本物理概念 （2）能正确掌握匀变速直线运动的公式 （3）掌握重力加速度知识，能利用所学知识解决自由落体运动问题 （4）沟通交流，团队合作完成实验及演示的能力	（1）百米测试和千米测试跑 （2）引入直线运动的有关概念并掌握相关概念 （3）学习匀变速直线运动公式 （4）解决加速、匀速和减速运动的典型问题 （5）体验自由落体运动，探究水井落石问题	16

续上表

序号	学习任务	职业能力	知识、技能、态度要求	教学活动设计	学时
2	深入物体受力运动	04-03-01、05-04-06、34-05-01、34-05-02、34-05-03、34-05-06	（1）能正确理解力、重力、弹力、滑动摩擦力、静摩擦力 （2）能利用力的合成和分解解决共点力问题 （3）能利用牛顿第一、第三运动定律解释有关受力问题 （4）能利用牛顿第二运动定律解决电梯问题 （5）能利用国际单位制中力学的基本量和基本单位进行运算 （6）正确运用抽象的方法进行合理简化的能力，掌握综合和归纳、演绎的科学方法	（1）通过活动体验各种力 （2）学习力、重力、弹力、滑动摩擦力等基本概念 （3）通过三人拔河比赛，让学生体会共点力平衡及力的合成和分解 （4）演示在平衡力作用下的物体运动，学习牛顿第一运动定律 （5）推车实验，学习牛顿第二运动定律 （6）解释电梯运动和受力问题 （7）作用力和反作用力体验及概念，学习牛顿第三运动定律 （8）学习国际单位制中力学的基本量和基本单位	12
3	解读机械能守恒定律	04-03-01、05-04-06、31-01-02	（1）能正确认识功、功率、动能、势能的基本概念 （2）能够运用动能定理、胡克定律和机械能守恒定律进行简单的运算 （3）能够解决汽车启动、子弹打击木板的有关问题 （4）对同一问题多途径解决的能力和创新思维的能力	（1）以过山车、荡秋千为例，引入重力做功的基本概念，认识功和能的转化关系 （2）学习和认识动能和势能的基本计算公式 （3）运用动能和势能的转化关系解决荡秋千问题	12
4	能量的守恒	02-01-02、34-04-01、34-04-03、34-04-07、34-05	（1）能够通过布朗运动认识分子的热运动的有关基本概念，包括分子动能和分子势能 （2）能够理解理想气体状态方程，并注意计算有关问题 （3）掌握温度的测量方法 （4）能用有关能量转化的概念解释自然界中各种能量转化过程 （5）具备资料查询和信息处理的能力	（1）观察布朗运动，引入分子运动的基本概念 （2）学习分子动能和分子势能的有关影响因子 （3）汽车爆胎问题，引入气体的有关参数，学习气体状态方程 （4）解决汽车爆胎问题的计算 （5）查询资料，认识第一类永动机，学习和认识有关能量转化的概念 （6）解释为什么第一类永动机不会存在	8

续上表

序号	学习任务	职业能力	知识、技能、态度要求	教学活动设计	学时
5	直流电路	02－01－02、03－03－05、31－01－02	（1）能够正确理解直流电路的有关概念 （2）能够利用欧姆定律和全电路欧姆定律进行简单的电路计算 （3）能够比较和说明串联电路和并联电路的特点，并进行简单计算 （4）能够判别电功率与灯光亮度的关系 （5）具备用电安全常识	（1）通过用电器的工作情况，引入直流电路的有关概念 （2）学习电流、电压和电阻的基本概念 （3）学习欧姆定律，解释超导现象 （4）学习串联、并联电路的基本计算公式 （5）电功与热功，学习焦耳定律，解释短路问题	16
6	电磁感应	31－01－02	（1）能够利用真空中的库仑定律计算点电荷之间的作用力 （2）能够理解匀强磁场的有关概念 （3）能够正确运用左手定则判断通电直导线的受力情况 （4）提高学生对较复杂的物理问题进行具体分析、正确运用抽象的方法进行合理简化的能力	（1）通过电机工作的过程演示，引入磁场的有关概念 （2）学习点电荷、磁场和安培定则的有关知识 （3）学习带电粒子及通电直导线在磁场中的受力情况 （4）解释电机工作原理	2
7	认知固体和液体	02－01－02、04－01－03	（1）能够区别晶体和非晶体 （2）能够理解物态变化的有关物理量 （3）提高学生对微观世界的理解能力，建立物质性质与微观结构的逻辑联系	（1）学习晶体和非晶体的特征 （2）学习物态变化的基本物理量 （3）利用物态变化解释"白气"、液化石油气、融化等物理现象	2
8	光和原子结构模型	02－01－04、34－08－07、34－08－08	（1）能够利用光谱说明彩虹现象 （2）能够说明日常生活中所接触的光谱本质 （3）能够解释卢瑟福α粒子散射实验 （4）认识核辐射的来源	（1）通过视频认识光谱在日常生活中的具体表现 （2）学习光谱本质及有关概念 （3）演示分光光度计的工作过程，学习其工作原理 （4）演示卢瑟福α粒子散射实验，引出原子结构模型 （5）学习基本核反应类型，认识放射性来源	4
合计					72

注："职业能力"填写的职业能力编码与"附录1 环境工程技术专业职业能力分析表"的编码对应。

八、资源开发与利用

(一) 教材编写与使用

教材编写要求知识、技能体系的模块化、单元化，每个单元以典型项目、案例为载体，以"基于工作项目（任务）"来设计单元内容，同时兼顾学科体系的完整性，列出每个学习任务对应的职业能力，以培养学生专业能力、社会能力和方法能力为目标，编写以学生为主体的"教、学、做"一体化教材。

(二) 数字化资源开发与利用

1. 多媒体教学

为方便学生学习，开发一系列数字化资源，包括教学PPT、全套的教学视频。如果有条件的建立微课资源库，对典型教学案列和企业案例建立视频案例库。

2. 网络资源的开发和利用

以一系列的数字化资源为基础，通过手机网络或电脑网络使学生能够充分利用数字资源进行搜索和自主学习，构建网络课程、精品资源共享课程和精品视频公开课，使学生能够在预习、学习、反复练习和复习中都能够得到正确的指导。

九、教学建议

(一) 教学方法

本课程在每个学习情境实施时，主要采取的教学法是案例教学法、任务驱动法、讲授法、引导文法、归纳法、演示法和角色扮演法等。

本课程的教学手段主要是一体化教学、边讲授边练习、PPT演示和观看视频等。

(二) 教学条件

在多媒体教室内授课，要求有多媒体投影和电脑设备，能够进行简单物理实验的物理实验室。利用现代化教学手段，如投影、幻灯片、电影、录像、计算机辅助教学软件等进行教学，并结合教学适当地组织学生开展一些物理课外活动。

十、教学评价

(一) 考核方式说明

（1）以过程考核为主，着重考核学生掌握所学的物理概念，并运用物理知识和技能解决实际问题的能力。

（2）教学的评价与考核采取阶段评价、过程评价和目标评价相结合，理论考核与实践考核相结合，单项能力考核与综合素质评价结合的多元评价形式。

过程性考核占总分比例的60%，包括课程学习态度、作业、课堂表现，其中课后研究报告贯穿整个学期，在每完成一个单元的若干任务后，需要完成一篇与教学内容相关的课后研究报告或现象分析报告。

（二）考核标准（见表2-4）

表2-4 物理课程考核标准

考核方式	考核内容	权重	考核内容	实施方法
过程性考核（60%）	素质考核	10%	迟到、早退与旷课情况	教师评价
		10%	学习态度、解决问题能力	小组自评+小组互评+教师评价
		10%	团结协作精神	小组互评
	任务考核	15%	任务完成情况	小组自评+小组互评+教师评价
		15%	工作过程情况	小组自评+小组互评+教师评价
终结性考核（40%）	课程内容	40%	基本概念、计算等	教考分离、统一组织

（撰稿人：胡 群 钟剑平 陈艺群）

中职学段：电工基础课程标准

一、课程名称

电工基础。

二、适用专业

既适用于中高职衔接的环境治理技术及相关专业，又适用于中职的环境治理技术及相关专业。

三、课程性质

本课程是中职环境治理技术专业的专业核心课程。

四、课程设计

电工基础是一门理论与实践性都较强的专业核心课程。结合环境工程技术专业的岗位群工作任务和职业能力调研分析的情况，设计课程时秉承"以就业为导向，以能力为本位"的理念，综合考虑个人与用人单位双层人才需求，确定了本课程的主要内容，使学生完成本课程学习后能掌握本专业所需的电工基础理论知识，具备一定的电工操作技能，为后续课程的学习和技能的培养及以后的职业发展奠定基础。

五、课程教学目标

通过本课程的学习，达到如下目标：

（一）知识目标

（1）掌握电路基本概念。
（2）掌握直流电路的分析方法。
（3）了解电容器相关知识。
（4）了解磁学相关知识。
（5）掌握交流电路的分析方法。
（6）了解三相电路有关的概念与知识。
（7）了解变压器与电动机的基本构造、原理。
（8）了解安全与节约用电的常识，具有安全用电与节约用电意识。

（二）能力目标

（1）能正确使用各类电工仪表。

(2) 会测量电路各运行参数（电阻、电流、电压等）。
(3) 能读懂简单电路图，具备一定的电路安装能力。
(4) 具备协助维修人员完成设备检修及维护等工作的能力。
(5) 能应用触电急救知识与急救方法进行急救处理。

（三）素质目标

(1) 具有专业思维模式，形成职业意识。
(2) 具有吃苦耐劳、锐意进取的敬业精神，形成优秀工作作风。
(3) 具有良好的自学能力、认真的工作态度、细致的工作习惯。
(4) 具有良好的职业规范与道德，形成诚信的职业品质。
(5) 具有从事本专业工作的安全意识与责任意识。
(6) 具有团队协作意识，会倾听、会沟通、会交流。

六、参考学时与学分

参考学时：108 学时。
参考学分：6 学分。

七、课程结构

课程结构见表 2-5。

表 2-5 电工基础课程结构

序号	学习任务	职业能力	知识、技能、态度要求	教学活动设计	学时
1	电路的基本知识概览	01-03-02、03-04-05、34-01-08、34-04、34-05、34-06	（1）理解电流、电压、电位、电动势、电阻、电能和电功率等电路的基本概念 （2）理解电路的结构及电路的状态 （3）理解欧姆定律的内容 （4）能比较电位与电压、电压与电动势、电能与电功率，具有计算电路基本物理量的能力 （5）会应用电阻定律、欧姆定律分析和解决生产、生活中的实际问题 （6）会使用仪表测量电流、电压、电阻、电能等基本物理量	（1）课程简介 （2）课件、动画、实验结合，讲授本章节内容 （3）安排实验，分组完成 （4）整理实验数据，编写报告 （5）习题课 （6）课后作业	20

续上表

序号	学习任务	职业能力	知识、技能、态度要求	教学活动设计	学时
2	直流电路	01-03-02、03-04-05、34-01-08、34-04、34-05、34-06	（1）掌握电阻串、并联电路的特点，理解分压、分流公式 （2）理解基尔霍夫定律，能熟练列出节点电流方程和回路电压方程 （3）理解电路的等效变换，掌握电流源与电压源的等效变换 （4）会应用电阻串、并联电路的特点分析和解决实际的简单电路问题	（1）课件、动画、实验结合，讲授本章节内容 （2）安排实验，分组完成 （3）整理实验数据，编写报告 （4）习题课 （5）课后作业	20
3	电容器	01-03-02、03-04-05、34-01-08、34-04、34-05、34-06	（1）理解电容和电容器的概念 （2）了解电容器充电、放电过程和电场能 （3）掌握电容器串、并联电路的特点 （4）能应用电容串、并联电路的特点分析简单电容电路 （5）会使用万用表测量电容器	（1）课件、动画、实验结合，讲授本章节内容 （2）安排实验，分组进行 （3）整理实验数据，编写报告 （4）习题课 （5）课后作业	10
4	磁与电	01-03-02、03-04-05、34-01-08、34-04、34-05、34-06	（1）了解磁场的基本知识 （2）理解电流磁效应和安培定则，理解电磁力与左手定则 （3）理解电磁感应现象和电磁感应定律，理解右手定则 （4）会应用安培定则判断电流产生的磁场方向 （5）会应用左手定则判断磁场对通电导体的作用力方向 （6）会应用右手定则判断感应电动势的方向	（1）课件、动画、实验结合，讲授本章节内容 （2）习题课 （3）课后作业	12
5	单相交流电路	01-03-02、03-04-05、34-01-08、34-04、34-05、34-06	（1）了解正弦交流电的概念，理解正弦交流电的三要素 （2）了解提高功率因数的意义和方法 （3）会分析单一元件交流电路 （4）会分析实际交流电路 （5）了解日光灯电路的原理 （6）会安装日光灯电路	（1）课件、动画、实验结合，讲授本章节内容 （2）安排实验，分组完成 （3）整理实验数据，编写报告 （4）习题课 （5）课后作业	18

续上表

序号	学习任务	职业能力	知识、技能、态度要求	教学活动设计	学时
6	三相交流电路	01-03-02、03-04-05、34-01-08、34-04、34-05、34-06	(1) 了解三相交流电的概念，理解相序的概念 (2) 了解三相电源星形连接的特点，了解我国电力系统供电制 (3) 了解三相对称负载星形、三角形接法的特点	(1) 课件、动画、实验结合，讲授本章节内容 (2) 安排实验，分组完成 (3) 整理实验数据，编写报告 (4) 习题课 (5) 课后作业	10
7	变压器与电动机	01-03-02、03-04-05、34-01-08、34-04、34-05、34-06	(1) 了解变压器基本原理、种类、功率和效率 (2) 认识常用变压器 (3) 了解异步电动机的结构、基本原理和应用 (4) 会应用变压器和电动机知识分析和解决实际问题	(1) 课件、动画、实验结合，讲授本章节内容 (2) 习题课 (3) 课后作业	10
8	安全用电与节约用电	01-03-02、03-04-05、09-02-02、34-01-08、34-04、34-05、34-06	(1) 了解电力系统电能的生产、输送和分配过程 (2) 了解人体触电的类型及常见原因 (3) 了解电气火灾，掌握防范及扑救常识 (4) 了解保护接地的原理及其应用 (5) 了解节约用电的基本常识 (6) 了解触电现场处理措施 (7) 能正确选择电气火灾现场处理方法	(1) 课件、动画、实验结合，讲授本章节内容 (2) 安排实验，分组完成 (3) 编写报告 (4) 习题课 (5) 课后作业	8
			合计		108

注："职业能力"填写的职业能力编码与"附录1　环境工程技术专业职业能力分析表"的编码对应。

八、资源开发与利用

（一）教材编写与使用

（1）本课程教材的编写贯彻"以职业能力培养为本位，以学生为主体，升学为导向"的理念，打破传统学科式教材编写框架，按照工作过程导向，以岗位工作任务为引领编制教学内容。引入新科技、新知识、新工艺、新方法的介绍，满足中职学生就业或升学的需要。

（2）教材的编写应遵循行业新标准，围绕人才新需求编制教学内容，通过基础知识传授、技能训练等环节加强对学生技能的训练。教材知识点的难易程度要与职业类学生学习能力相对应，再根据教材的课程体系，构建满足教学需求的实训条件和设施。

（二）数字化资源开发与利用

1. 多媒体教学

（1）理论课程结合内容开发与教材匹配的教学资源，如电子课件等，以提高教学的质量与效率。

（2）技能实训的课程可以开发相应的微课视频形成影像资料，方便学生自行学习。

（3）建设多媒体课室，配备交互软硬件，营造良好的教学气氛。

2. 网络资源的开发和利用

（1）建设电工基础网络课程网站，将本门课程所有教学资料（课件、教案、视频等）放置于网站中，方便学生随时下载观摩，自主学习。

（2）开发网上自我评测系统，在系统中为各项目内容设置自测题目，学生自行通过网络自行测评，了解自己对知识的掌握程度，同时可加强和巩固所学知识。

九、教学建议

（一）教学方法

在教学方法上主要采取多媒体教学与实验教学相结合的方式，将课堂搬到实训室或实验室，学生边看边学，边学边做。教学过程中，教师可结合具体工作任务，用实践法、演示法、讲授法等教学方法展开教学，而学生则多以小组合作形式通过分组讨论、团体协作等方法进行学习。此外，教师还应根据各单元内容的特点施教，多用启发式教学法搭建友好和谐的学习平台，提高学生学习兴趣，强化学生分析问题和解决问题的能力，磨炼相应的技能。

（二）教学条件

按要求配备多媒体课室和电工实验室及实验所需的各种实验器材。

十、教学评价

（一）考核方式说明

本课程采用过程性考核和终结性考核。其中，终结性考核采用笔试形式，考核内容为本门课程所有重点知识点，侧重于电路基础知识和交直流电路的分析等，终结性考核占本门课程考核的比例为30%。过程性考核包括素质考核、知识考核和能力考核，占本门课程考核的比例为70%。素质考核以小组学生平时表现、工作态度、协作精神等方面作为评价标准，知识考核以各项目知识点为考核内容，能力考核以小组完成各实验项目的质量为标准。

（二）考核标准（见表2-6）

表2-6　电工基础课程考核标准

考核方式	考核内容	权重	考核内容	实施方法
过程性考核（70%）	素质考核	5%	迟到、早退与旷课情况	教师评价
		5%	学习态度	小组自评+小组互评+教师评价
		5%	协作精神	
	知识考核	20%	各章节具体内容	自测考试
	能力考核	35%	分析问题、解决问题的能力	小组自评+小组互评+教师评价
终结性考核（30%）	课程内容	30%	本门课程内容	教考分离、统一组织

附：**家用照明电路学习任务设计鱼骨图（见图2-1）。**

（撰稿人：周秋燕　刘华峰　张　洪）

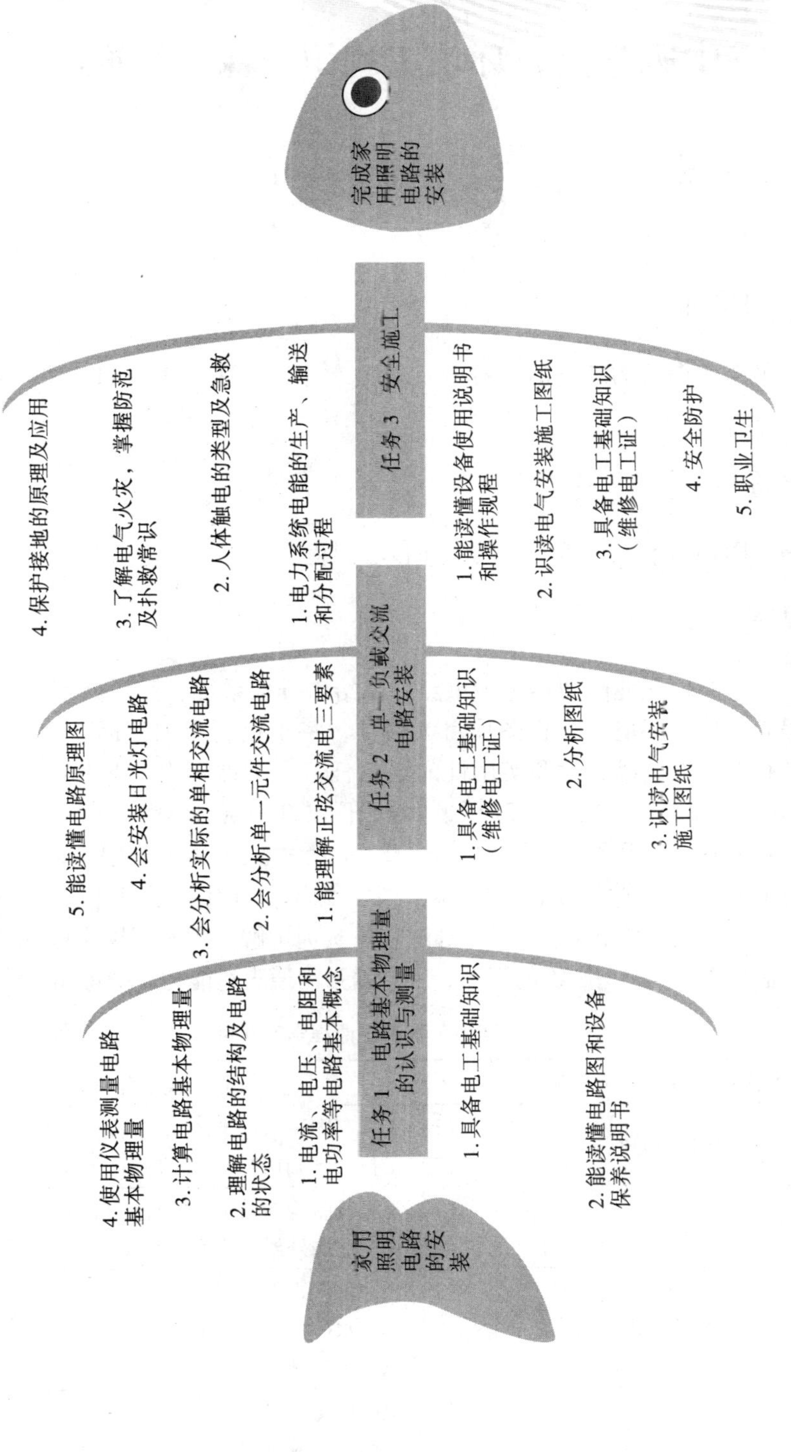

下 篇
环境治理技术专业—环境工程技术专业中高职衔接课程标准

任务 1 电路基本物理量的认识与测量
1. 具备电工基础知识
2. 能读懂电路图和设备保养说明书

家用照明电路的安装
1. 电流、电压、电阻和电功率等电路基本概念
2. 理解电路的结构及电路的状态
3. 计算电路基本物理量
4. 使用仪表测量电路基本物理量

任务 2 单一负载交流电路的安装
1. 具备电工基础知识（维修电工证）
2. 分析图纸
3. 识读电气安装施工图纸

1. 能理解正弦交流电三要素
2. 会分析单一元件交流电路
3. 会分析实际的单相交流电路
4. 会安装日光灯电路
5. 能读懂电路原理图

任务 3 安全施工
1. 能读懂设备使用说明书和操作规程
2. 识读电气安装施工图纸
3. 具备电工基础知识（维修电工证）
4. 安全防护
5. 职业卫生

1. 电力系统电能的生产、输送和分配过程
2. 人体触电的类型及急救
3. 了解电气火灾、掌握防范及扑救常识
4. 保护接地的原理及应用

完成家用照明电路的安装

图 2-1 家用照明电路学习任务设计鱼骨图

中职学段：环境工程识图课程标准

一、课程名称

环境工程识图。

二、适用专业

既适用于中高职衔接的环境治理技术及相关专业，又适用于中职环境治理技术及相关专业。

三、课程性质

本课程是中职环境治理技术专业的专业核心课程。

四、课程设计

本课程设计以岗位职业能力培养为重点，以给水排水系统、污水处理厂、工程施工、环境土建工程等典型的环境工程识图项目为引导，将工程制图国家标准的有关规定融贯其中，构建具有专业性、综合性和实用性的学习任务。本课程由"环境工程识图基础知识""给水排水系统识图""污水处理厂平面识图""工程施工识图"和"环境土建工程识图"等5个学习任务（项目）组成，如表2-7所示。教学过程中，以项目任务为引导，以学生为主体，以教师为主导开展"教、学、做"一体化教学，并在教学过程中融入职业道德和团队合作的工作作风，使学生通过项目实训了解工程制图国家标准的有关规定，初步掌握与专业相关的各类型图纸的识图，逐步增强沟通表达能力，锻炼团队协作精神。

表2-7 环境工程识图课程学习项目

序号	学习任务（或学习项目）	子任务（或子项目）
1	环境工程识图基础知识	（1）工程制图国家标准的相关规定认知 （2）正投影基础认知
2	给水排水系统识图	（1）常见设备构造及工作原理认知 （2）识读室内外给水排水工程图
3	污水处理厂平面识图	（1）识读水厂平面布置图 （2）识读水厂高程布置图 （3）识读水处理工艺流程图
4	工程施工识图	（1）识读厂房设备布置图 （2）识读物料流程图 （3）识读工艺管道及仪表流程图
5	环境土建工程识图	识读环境土建工程图

五、课程教学目标

通过本课程的学习,达到如下目标:

(一) 知识目标

(1) 了解工程制图国家标准的有关规定。
(2) 掌握绘图工具的使用方法。
(3) 掌握三视图的投影原理。
(4) 掌握专业相关图纸的识图步骤和方法。

(二) 能力目标

(1) 能够查阅有关标准。
(2) 能够识读中等复杂程度的工艺图样。
(3) 能够读懂设计施工图纸和设计方案。
(4) 能够初步表述专业的图纸内容。

(三) 素质目标

(1) 具有良好的信息保密意识、成本意识和奉献意识等职业意识。
(2) 具有良好的沟通表达能力、团队合作精神和爱岗敬业、吃苦耐劳的品质。
(3) 具有良好的计算机与外语应用能力,具有发现问题、解决问题的策略能力。

六、参考学时与学分

参考学时:72学时。
参考学分:4学分。

七、课程结构

课程结构见表2-8。

表2-8 环境工程识图课程结构

序号	学习任务	职业能力	知识、技能、态度要求	教学活动设计	学时
1	工程制图国家标准的相关规定认知	29-02-03	(1) 掌握查询标准图集的方法 (2) 熟记常用图纸标准 (3) 掌握图纸要素	(1) 介绍相关专业标准 (2) 讲授重点	2

续上表

序号	学习任务	职业能力	知识、技能、态度要求	教学活动设计	学时
2	正投影基础认知	26-02、31-02-03、30-03-01	（1）掌握正投影方法 （2）掌握点、线、面正投影画法	（1）介绍知识点 （2）分析基本体和组合体的投影角度 （3）习题练习	2
3	常见设备构造及工作原理认知	01-03-01、03-01、30-03	（1）掌握常见设备的构造原理 （2）能够读懂使用说明书	（1）分析项目任务 （2）讲授知识点 （3）结合问题分组识图 （4）总结点评	6
4	识读室内外给水排水工程图	30-06-01	（1）熟记常见给水排水图例 （2）掌握管线的表示方法 （3）能看懂管道的标注和编号 （4）初步了解室内外给排水管道系统图	（1）分析项目任务 （2）讲授知识点 （3）结合问题分组识图 （4）总结点评	6
5	识读水厂平面布置图	31-02-03、32-03、32-04	（1）能够根据图纸准确叙述概况 （2）初步掌握工程验收、移交步骤	（1）分析项目任务 （2）讲授知识点 （3）结合问题分组识图 （4）总结点评	8
6	识读水厂高程布置图	27-01、27-02、31-05	（1）能够根据图纸叙述高程内容，知道系统运行的步骤 （2）了解施工与调试程序	（1）分析项目任务 （2）讲授知识点 （3）结合问题分组识图 （4）总结点评	8
7	识读水处理工艺流程图	01-02-04、02-01-06、02-02-03、30-03	（1）掌握常见工艺流程原理和方法 （2）了解工艺参数的调整方法 （3）能够根据安装指导进行作业 （4）了解工艺安装施工图纸的画法	（1）分析项目任务 （2）讲授知识点 （3）结合问题分组识图 （4）总结点评	8
8	识读厂房设备布置图	26-02、29-02、30-03-01	（1）能够根据图纸描述设备安装及方位 （2）初步具备根据图纸指导安装的能力	（1）分析项目任务 （2）讲授知识点 （3）结合问题分组识图 （4）总结点评	8

续上表

序号	学习任务	职业能力	知识、技能、态度要求	教学活动设计	学时
9	识读物料流程图	27-01、27-02、30-04-01	（1）能够读懂图纸，描述物料流程中的来源及去向、设备的数量、名称及位号 （2）初步了解电气安装施工	（1）分析项目任务 （2）讲授知识点 （3）结合问题分组识图 （4）总结点评	8
10	识读工艺管道及仪表流程图	03-01、30-03-01、31-03-04	（1）掌握根据图纸叙述设备数量、名称及位号，看懂仪表安装位置的图形符号 （2）了解主要物料的工艺施工流程线	（1）分析项目任务 （2）讲授知识点 （3）结合问题分组识图 （4）总结点评	8
11	识读环境土建工程图	26-02、29-01、31-05-01	（1）了解图纸分类 （2）掌握读图要点 （3）能够根据图纸回答知识点问题	（1）分析项目任务 （2）讲授知识点 （3）结合问题分组识图 （4）总结点评	8
			合计		72

注："职业能力"填写的职业能力编码与"附录1　环境工程技术专业职业能力分析表"的编码对应。

八、资源开发与利用

（一）教材编写与使用

（1）教材内容应以完成任务的典型项目来驱动，采用递进和并列相结合的方式来组织，使学生在各种项目活动中学会识读专业图纸。

（2）教材应以学生为本，文字表达要突出重点、简明扼要，内容展现要图文并茂，突出专业性和实用性。要注重结合岗位开发实训项目，选用中等偏下难度的案例教学。

（3）教材内容应充分体现先进性、通用性、实用性，要与时俱进，及时将新标准等内容纳入教材中。

（二）数字化资源开发与利用

1. 多媒体教学

通过教学设计，合理选择和运用现代教学媒体，借助仿真软件、视频等各类电子辅助手段，尽量结合实际的工程案例图片、录像、视频等进行讲解授课，提高学生的感性认识和学习兴趣。

2. 网络资源的开发和利用

（1）建设电子课件库、题库和案例库。教案和习题电子文档应按照要求统一格式，内容至少要包括教学目标、重点和难点、教具准备、教学过程中的师生活动设计和设计意图、引用的教学参考资料。

（2）充分开发和利用教育部专业教学资源库、环境工程识图网络课程以及电子书籍、电子期刊、数字图书馆、专业网站等网络资源，促使教学内容从单一化向多元化转变，从而拓展学生知识和能力。

（3）注重3D软件的开发应用，如"模拟氧化沟工艺流程"等。

九、教学建议

（一）教学方法

（1）讲授法：主要运用于讲解学习任务的专业知识点。

（2）任务驱动法：主要在学习任务中引入项目，明确学习目标。

（3）分组讨论法：主要在实训中进行小组竞赛，提高学生参与的积极性，培养团队合作精神。

（二）教学条件

（1）多媒体教室：电脑、投影仪、音响与网络。

（2）环境工程实训室：常见工艺模型，每个学生一套制图工具和A4图纸。

十、教学评价

（一）考核方式说明

本课程采用过程性考核和终结性考核相结合的形式。过程考核包括素质考核及任务考核，占本门课程考核的比例为70%。素质考核以小组学生的平时表现、工作态度、协作精神等方面作为评价标准，任务考核以学生完成每个工作任务的质量和过程情况为标准。终结性考核采用期末笔试形式，考核内容侧重于制图基本知识、三视图的投影原理和专业相关工艺图纸的知识点问答等方面，占本门课程考核的比例为30%。

（二）考核标准（见表2-9）

表2-9 环境工程识图课程考核标准

考核方式	考核内容	权重	考核内容	实施方法
过程性考核（70%）	素质考核	5%	迟到、早退与旷课情况	教师评价
		5%	学习态度	小组自评+小组互评+教师评价
		5%	协作精神	小组自评+小组互评+教师评价
	任务考核	35%	各项任务掌握程度、对项目的叙述表达	教师评价
		20%	相关知识点问题回答	教师评价

续上表

考核方式	考核内容	权重	考核内容	实施方法
终结性考核（30%）	课程内容考核	30%	制图基本知识、三视图的投影原理和专业知识点	教考分离、统一组织

附：污水处理厂平面识图学习任务设计鱼骨图（见图2-2）。

（撰稿人：陈旭鹏　李晨华　陈　露　赵少贞）

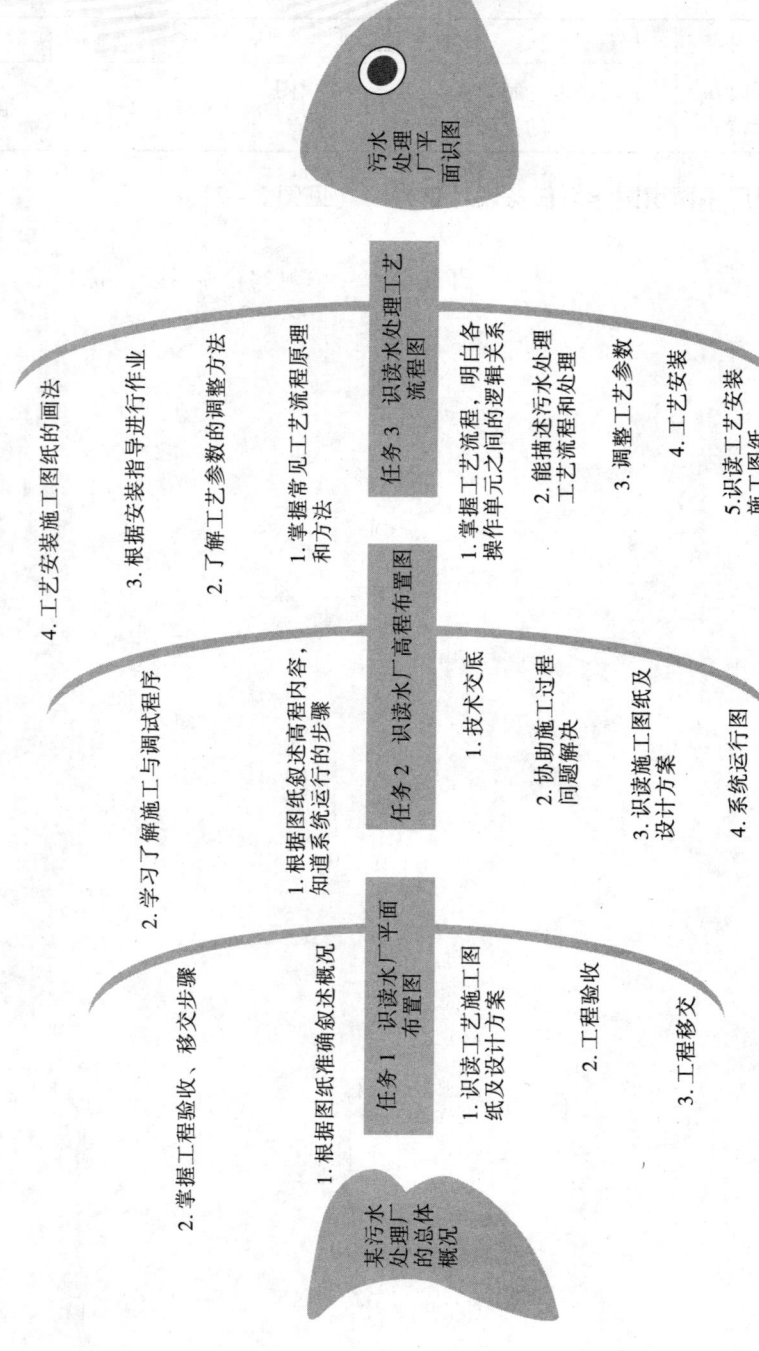

图 2-2 污水处理厂平面识图学习任务设计鱼骨图

中职学段：分析化学课程标准

一、课程名称

分析化学。

二、适用专业

既适用于中高职衔接的环境治理技术及相关专业，又适用于中职的环境治理技术及相关专业。

三、课程性质

本课程是中高职衔接的中职环境治理技术专业的专业核心课程。

四、课程设计

本课程采取任务驱动教学模式，主体设计为行动教学单元，由8个行动单元组成，覆盖分析化学基本知识与操作技能。以酸碱滴定法、配位滴定法、氧化还原滴定法以及沉淀滴定法等典型的分析化学项目为引导，将完成这些项目需要具备的知识技能融入任务中，循序渐进，逐步深入。

本课程由食醋中总酸度的测定，混合碱中各组分含量的测定，水的总硬度、钙硬度和镁硬度的测定，$CaCO_3$含量的测定，双氧水中H_2O_2含量的测定，水样中化学耗氧量（COD）和溶解氧（DO）的测定，药片中维生素C含量的测定，自来水中余氯含量的测定，水中SO_4^{2-}含量的测定等9个学习任务（项目）组成，如表2-10所示。学生在完成学习任务的过程中，融入监测标准、操作规程等职业能力，锻炼学生吃苦耐劳、踏实肯干、团队协作、创新意识、自主学习、独立分析和解决问题等职业素养。

表2-10 分析化学课程学习项目

序号	学习任务（或学习项目）	子任务（或子项目）
1	食醋中总酸度的测定	（1）溶液的配制 （2）滴定分析基础知识 （3）酸碱滴定原理 （4）滴定分析操作 （5）数据处理及结果表达
2	混合碱中各组分含量的测定	（1）溶液的配制 （2）滴定分析基础知识 （3）酸碱滴定原理 （4）滴定分析操作 （5）数据处理及结果表达

续上表

序号	学习任务（或学习项目）	子任务（或子项目）
3	水的总硬度、钙硬度和镁硬度的测定	（1）溶液的配制 （2）滴定分析基础知识 （3）配位滴定原理 （4）滴定分析操作 （5）数据处理及结果表达
4	$CaCO_3$含量的测定	（1）溶液的配制 （2）滴定分析基础知识 （3）酸碱滴定原理 （4）滴定分析操作 （5）数据处理及结果表达
5	双氧水中H_2O_2含量的测定	（1）溶液的配制 （2）滴定分析基础知识 （3）氧化还原滴定原理——高锰酸钾法 （4）滴定分析操作 （5）数据处理及结果表达
6	水样中化学耗氧量（COD）和溶解氧（DO）的测定	（1）溶液的配制 （2）滴定分析基础知识 （3）氧化还原滴定原理——间接碘量法 （4）滴定分析操作 （5）数据处理及结果表达
7	药片中维生素C含量的测定	（1）溶液的配制 （2）滴定分析基础知识 （3）氧化还原滴定原理——直接碘量法 （4）滴定分析操作 （5）数据处理及结果表达
8	自来水中余氯含量的测定	（1）溶液的配制 （2）滴定分析基础知识 （3）沉淀滴定原理 （4）滴定分析操作 （5）数据处理及结果表达
9	水中SO_4^{2-}含量的测定	（1）重量分析原理 （2）重量分析流程 （3）重量分析基本操作 （4）重量分析的结果表达

五、课程教学目标

通过本课程的学习,达到如下目标:

(一)知识目标

(1)掌握酸碱滴定法、配位滴定法、氧化还原滴定法、沉淀滴定法和重量分析法的原理和相关知识。
(2)掌握不同试样的采集与制备方法。
(3)掌握主要分析仪器如分析天平、容量瓶、移液管和滴定管等的使用方法。
(4)掌握实验结果的处理、判断方法和评价方法。
(5)了解各种分析仪器的结构、性能和维护方法。

(二)能力目标

(1)能使用各种常用仪器对产品指标进行分析检测。
(2)能进行仪器的保养和简单的维护。
(3)能准确地对实验数据进行分析与处理,并根据结果对产品进行评价。
(4)能针对不同的产品检测项目,选择合适的检测方法。
(5)能独立地配制各种化学试剂,并采用合适的仪器盛放,知道长期存放的方法。

(三)素质目标

(1)具有良好的职业道德和敬业精神,具有良好的社会实践能力和社会适应能力,具有刻苦耐劳、踏实肯干的工作精神。
(2)具有营造规范、整洁、有序的工作环境的能力。
(3)具有良好的学习能力和自我发展能力。
(4)具有良好的技术应用能力和素质。
(5)具有较强的安全、节约和环保意识,坚持规范操作。

六、参考学时与学分

参考学时:144 学时。
参考学分:8 学分。

七、课程结构

课程结构见表 2-11。

表 2-11 分析化学课程结构

序号	学习任务	职业能力	知识、技能、态度要求	教学活动设计	学时
1	配制溶液	01-03-05、09-01、09-02、09-03、14-01-01、14-02、14-03-01、16-01-01、34-01、34-02、34-03、34-04、34-06、34-07、34-08	(1) 了解化学中常用的量及其单位 (2) 会配制一定体积的质量分数、体积比和物质的量浓度的溶液 (3) 掌握台秤、电子天平、容量瓶等仪器的使用 (4) 初步形成职业认同感，养成认真踏实的工作态度	(1) 认识溶液的组成 (2) 配制已知质量和已知质量分数的 NaOH 溶液 (3) 配制已知体积和已知体积分数的 H_2SO_4 溶液 (4) 配制已知体积和已知物质的量浓度 NaCl 溶液 (5) 直接法配制邻苯二甲酸氢钾（$C_8H_5O_4K$）标准溶液	16
2	误差与数据处理	02-04	(1) 掌握定量分析中误差的分类、来源、消除方法及相关计算 (2) 掌握有效数字的确定和计算方法 (3) 了解用 Q 检验法进行可疑值的取舍	(1) 认识定量分析中误差的来源、分类及消除方法 (2) 会进行数据处理 (3) 会计算误差与偏差 (4) 会运用 Q 检验法对可疑值进行取舍 (5) 会表达分析结果	10
3	滴定分析基础知识	01-03-05、10-03、10-04、10-06-01、10-06-02、11-01-01、11-01-02、11-01-03	(1) 掌握滴定分析法的相关概念 (2) 了解试样的分析流程及结果评价方法 (3) 掌握滴定分析的基本操作技能 (4) 掌握等物质的量反应规则，能正确选取物质的基本单元及进行滴定分析的有关计算	(1) 认识滴定分析法的分类和常用的滴定分析方式 (2) 认识物质的定量分析过程 (3) 会依据化学反应方程式进行相关计算 (4) 掌握移液管、滴定管的正确使用	16

续上表

序号	学习任务	职业能力	知识、技能、态度要求	教学活动设计	学时
4	酸碱滴定分析	01-02-02、01-02-05、10-05、10-06-01、10-06-02、12、22-04、34-01、34-02、34-03、34-04、34-05、34-06、34-07、34-08	(1) 掌握常用溶液的pH计算 (2) 了解酸碱滴定的突跃范围和化学计量点pH计算方法 (3) 了解酸碱指示剂的作用原理及变色范围，掌握酸碱指示剂的选择原则 (4) 掌握常用酸碱标准溶液的配制与标定方法 (5) 掌握常用物质的测定方法和有关计算 (6) 养成求真务实、科学严谨的工作态度	(1) 会书写电解质溶液的电离及pH的计算 (2) 掌握常用酸碱指示剂的应用 (3) 能依据酸碱滴定曲线选择酸碱指示剂 (4) 会间接法配制常用酸碱标准溶液 (5) 会测定食醋中的总酸度 (6) 会测定混合碱中各组分的含量	30
5	配位滴定分析	10-03、10-04、10-05-01、10-06-01、10-06-02、12、34-01、34-02、34-03、34-04、34-05、34-06、34-07、34-08	(1) 了解配合物的相关概念及配位滴定对配位反应的要求 (2) 了解稳定常数的意义 (3) 掌握酸度对EDTA配位滴定的影响 (4) 掌握金属指示剂的作用原理及提高配位滴定选择性的方法 (5) 掌握配位滴定方式的适用范围及应用	(1) 认识配合物 (2) 认识EDTA配位滴定的相关概念 (3) 认识缓冲溶液 (4) 会EDTA标准溶液的配制与标定 (5) 会测定水的总硬度、钙硬度和镁硬度 (6) 会测定样品中$CaCO_3$的含量	20
6	氧化还原滴定分析	02-04-03、10-05-01、10-06-01、10-06-02、10-07、11-03-01、11-03-02、12、31-04-01、34-01、34-02、34-03、34-04、34-05、34-06、34-07、34-08	(1) 会利用能斯特方程进行电极电位的计算 (2) 掌握影响氧化还原反应方向和速率的因素 (3) 了解氧化还原滴定曲线和指示剂 (4) 掌握常用氧化还原滴定法的基本原理及应用	(1) 认识氧化还原反应 (2) 会用电极电位的大小判断反应进行的方向、次序、程度和速率 (3) 认识氧化还原滴定曲线和指示剂 (4) 掌握常用氧化还原滴定法的基本原理 (5) 会配制掌握常用氧化还原滴定法所需的标准溶液 (6) 会测定双氧水中H_2O_2含量 (7) 会测定水样中化学耗氧量(COD)和溶解氧(DO) (8) 会测定试样中维生素C含量	28

续上表

序号	学习任务	职业能力	知识、技能、态度要求	教学活动设计	学时
7	沉淀滴定分析	10-03、10-04、10-05-01、10-06-01、10-06-02、12、34-01、34-02、34-03、34-04、34-05、34-06、34-07、34-08	（1）了解沉淀滴定法的特点 （2）理解莫尔法和佛尔哈德法所用指示剂确定终点的原理 （3）掌握莫尔法应用范围与条件 （4）了解法扬司法的应用范围与应用条件	（1）认识沉淀溶解平衡及溶度积常数 （2）认识沉淀滴定法及其分类 （3）理解莫尔法所用指示剂确定终点的原理与应用条件 （4）会测定自来水中余氯的含量	14
8	重量分析	10-03、10-04、12、34-01、34-02、34-03、34-04、34-05、34-06、34-07、34-08	（1）了解重量分析方法的分类与特点 （2）掌握沉淀的条件及影响沉淀溶解度的因素 （3）掌握常用沉淀法的操作流程及结果计算 （4）养成认真、耐心、细心和精心的职业素养	（1）认识重量分析法的分类、特点及主要操作流程 （2）认识沉淀的条件及重量分析法对沉淀的要求 （3）会测定水中 SO_4^{2-} 的含量	10
	合计				144

注：“职业能力”填写的职业能力编码与"附录1　环境工程技术专业职业能力分析表"的编码对应。

八、资源开发与利用

（一）教材编写与使用

（1）教材编写应贯彻"以职业能力培养为本位，以学生为主体，升学为导向"的理念，打破传统学科式教材编写框架，按照工作过程导向，以岗位工作任务为引领编制教学情境。通过对项目实施过程的控制、注意事项的讲解、实施方法的引导，实施"教、学、做"一体化，更加注重学生技能的形成过程，满足中职学生就业或升学的需要。

（2）教材内容应充分体现先进性、通用性、实用性，要与时俱进，及时将新技术、新方法、新标准等内容纳入教材中。

（二）数字化资源开发与利用

1. 多媒体教学

根据教学目标和教学对象的特点，通过教学设计，合理选择和运用现代教学媒体，并与传统教学手段有机组合,共同参与教学全过程,以多种媒体信息作用于学生,形成合理的教学过程结构,达到最优化的教学效果。

2. 网络资源的开发和利用

建立"分析化学课程"和"分析化学课程资源库"学习网站,开发一系列数字化资源,包括教学 PPT、教学视频、课程大纲、电子讲义等,条件具备的可建微课资源库。网站既要体现本课程的基础知识,也要突出本课程的重点问题和热点问题,将专题学习、问题探究与实践训练融为一体,同时能满足课程学习与拓展学习的要求。

九、教学建议

(一) 教学方法

(1) 课程采用项目教学,以学生为中心,教师为引导,以典型工作任务为载体,以培养学生职业能力为目标,让学生在完成工作任务过程中进行专业实践,学会分析化学的基本知识及技能,提升综合职业能力。

(2) 教学过程中,应以学生为本,关注学生的学习兴趣和体验,注重"教"与"学"的互动。教师示范,学生操作;学生提问,教师解答和指导等,注重采用启发式、探究式、互动式、讨论式、问题导向式等教学方法,激励学生主动参与,乐于探究,勤于动手,培养学生发现、分析和解决问题以及沟通交流合作的能力。

(3) 教学过程中,可创设职业情境,借助现代信息技术,辅以多媒体,采用角色扮演、情境教学等方法,实现"教、学、做"一体化,教师在做中教,学生在做中学。

(4) 教学过程中,教师应积极引导学生提升职业素养,培养学生求真务实、科学严谨的工作态度,善于沟通和团队协作的工作品质。

(二) 教学条件

(1) 多媒体教室:电脑、投影仪、音响与网络。

(2) 校内实训室:可见分光光度计、电子天平、托盘天平、各类玻璃分析仪器设备等。

十、教学评价

(一) 考核方式说明

本课程采用过程性考核和终结性考核相结合的形式。过程性考核包括素质考核及任务考核,占本门课程考核的比例为70%。素质考核以小组学生的平时表现、工作态度、协作精神等方面作为评价标准,任务考核以学生完成每个工作任务的质量为标准。终结性考核采用期末笔试形式,考核内容侧重于基础理论和项目案例分析等,占本门课程考核的比例为30%。

（二）考核标准（见表2-12）

表2-12 分析化学课程考核标准

考核方式	考核内容	权重	考核内容	实施方法
过程性考核（70%）	素质考核	10%	迟到、早退与旷课情况	教师评价
		5%	学习态度	小组自评+小组互评+教师评价
		5%	协作精神	小组自评+小组互评+教师评价
	任务考核	5%	接受任务的态度	小组自评+小组互评+教师评价
		5%	任务的准备工作情况	小组自评+小组互评+教师评价
		25%	任务实施过程情况	小组自评+小组互评+教师评价
		15%	完成任务的质量	教师评价
终结性考核（30%）	综合试卷考核	15%	课程基础理论	教考分离、统一组织
		15%	检测项目案例分析	

附：食醋中总酸度的测定学习任务设计鱼骨图（见图2-3）。

（撰稿人：李建萍　王丽娜　胡　斌）

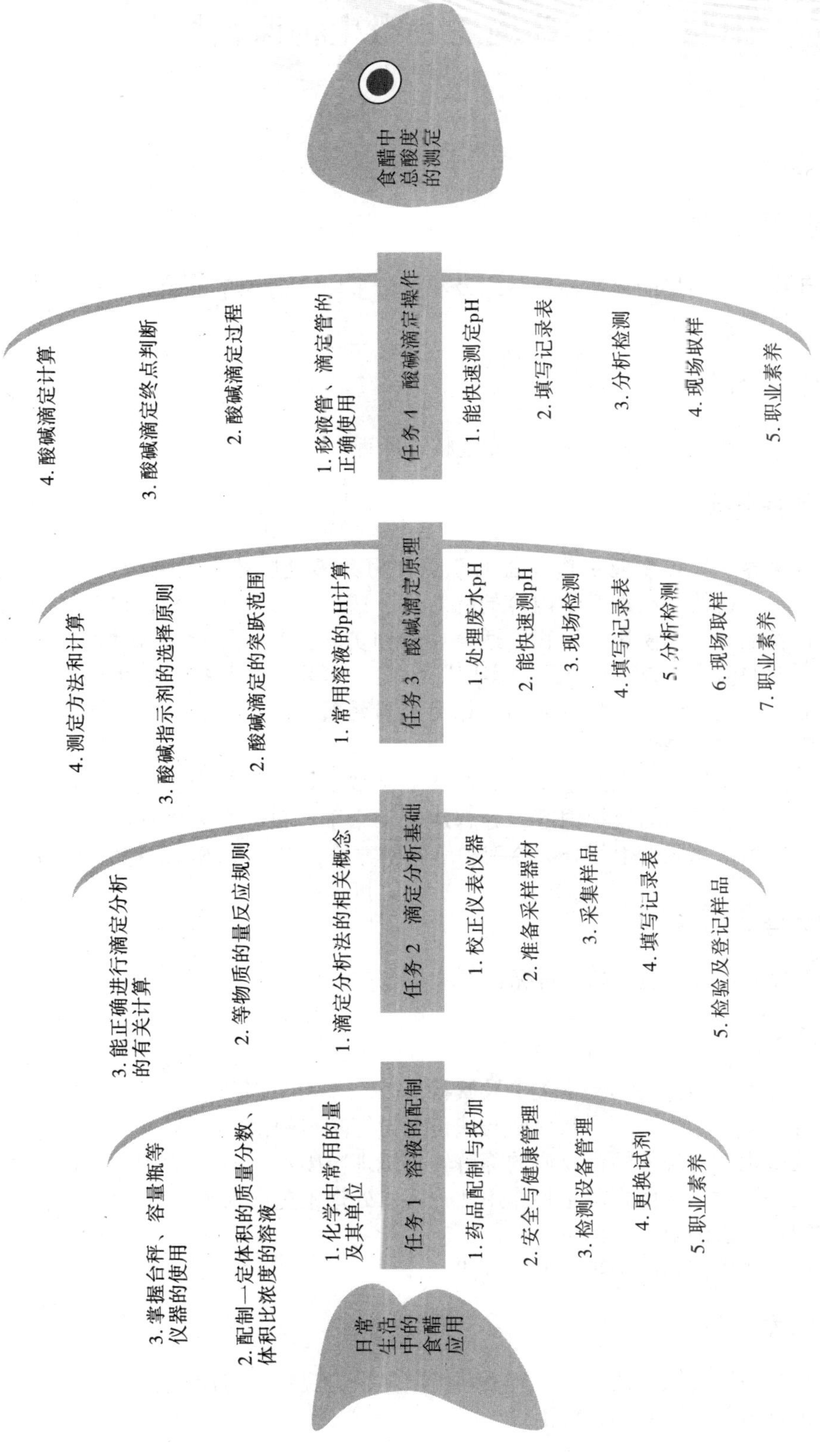

下 篇
环境治理技术专业—环境工程技术专业中高职衔接课程标准

食醋中总酸度的测定

任务4 酸碱滴定操作
1. 移液管、滴定管的正确使用
2. 酸碱滴定过程
3. 酸碱滴定终点判断
4. 酸碱滴定计算

子项：
1. 能快速测定pH
2. 填写记录表
3. 分析检测
4. 现场取样
5. 职业素养

任务3 酸碱滴定原理
1. 常用溶液的pH计算
2. 酸碱滴定的突跃范围
3. 酸碱指示剂的选择原则
4. 测定方法和计算

子项：
1. 处理废水pH
2. 能快速测pH
3. 现场检测
4. 填写记录表
5. 分析检测
6. 现场取样
7. 职业素养

任务2 滴定分析基础
1. 滴定分析法的相关概念
2. 等物质的量反应规则
3. 能正确进行滴定分析的有关计算

子项：
1. 校正仪表仪器
2. 准备采样器材
3. 采集样品
4. 填写记录表
5. 检验及登记样品

任务1 溶液的配制
1. 化学中常用的量及其单位
2. 配制一定体积的质量分数、体积比浓度的溶液
3. 掌握台秤、容量瓶等仪器的使用

子项：
1. 药品配制与投加
2. 安全与健康管理
3. 检测设备管理
4. 更换试剂
5. 职业素养

日常生活中的食醋应用

图2—3 食醋中总酸度的测定学习任务设计鱼骨图

中职学段：环境工程微生物课程标准

一、课程名称

环境工程微生物。

二、适用专业

既适用于中高职衔接的环境治理技术及相关专业，又适用于中职的环境治理技术及相关专业。

三、课程性质

本课程是中职环境治理技术专业的专业核心课程。

四、课程设计

本课程以培养学生在专业工作岗位的职业能力和满足后续专业课程对知识、技能、素质的要求为主要目的，注重教学内容的针对性、适用性以及实用性，将理论知识与实训操作内容相互配套形成模块化课程，适合理论和实验教学一体化的教学模式。理论知识在保证科学性的前提下以"够用""实用"为度，实验部分坚持以能力为核心，强化实训操作技能，强调理论知识与技能的互相衔接与融通，注重培养学生的综合应用能力及学生上岗就业的实际操作能力。

本课程的具体设计以认识微生物及其在环境领域发挥的作用为主线，按学生的认知特点，将本课程要求掌握的教学内容，分解成若干个子项目，在完成具体任务过程中安排学习项目，使学生掌握微生物分类鉴别和培养的方法，以及在环境治理方面的应用。

五、课程教学目标

通过本课程的学习，达到如下目标：

（一）知识目标

（1）掌握环境中微生物的基本类群及其特点。
（2）掌握微生物的生理、生长繁殖与遗传变异等基本理论。
（3）掌握微生物对环境污染物质的降解转化机理与废水生物处理的原理和方法。
（4）掌握利用微生物的指示生物作用评价污水处理工艺出水水质情况的方法。
（5）掌握饮用水的卫生细菌学。
（6）掌握固体废弃物的微生物处理方法。

（二）能力目标

（1）能正确使用显微镜的方法，具备环境微生物的观察、辨别能力。
（2）会进行培养基配制和灭菌消毒。

（3）能开展微生物的无菌操作、接种技术和培养。
（4）能进行微生物的分离与纯化。
（5）能测定出水中的细菌总数和大肠菌群。
（6）会有效地进行微生物的观察、计数、染色、接种和培养。
（7）能够在废水中培养和驯化微生物。
（8）能够有效地综合运用所学知识分析问题和解决问题。

（三）素质目标

（1）具有脚踏实地、实事求是的学风和热爱科学的创新意识与精神。
（2）具有可持续发展的理念，树立良好的职业道德意识。
（3）具有严谨求实、一丝不苟的实验态度。
（4）具有吃苦耐劳、开拓创新的精神。
（5）具有团队协作和小组合作的精神。
（6）具有职业的安全意识和自我保护意识。

六、参考学时与学分

参考学时：108 学时。
参考学分：6 学分。

七、课程结构

课程结构见表 2-13。

表 2-13 环境工程微生物课程结构

序号	学习任务	职业能力	知识、技能、态度要求	教学活动设计	学时
1	识别环境中的微生物类群	31-03-01、31-03-02、34-01	（1）了解微生物在分类系统中的地位、分类和命名 （2）了解细菌、放线菌、酵母菌和霉菌的基本形态、结构特点 （3）掌握细菌细胞的结构特点 （4）掌握细菌、放线菌、酵母菌和霉菌的菌落特征 （5）掌握原核微生物、真核微生物在水处理中的应用 （6）能说出显微镜的各部件名称，会使用显微镜观察微生物形态和结构 （7）学会生物图的绘制 （8）掌握微生物涂片、染色的基本技术，掌握细菌的单染色法、革兰氏染色法、芽孢染色法、荚膜染色法 （9）掌握无菌操作技术 （10）养成认真观察微观实验现象的实验态度	（1）讲解 （2）播放微生物结构图片及视频 （3）演示显微镜的使用操作以及绘制细菌细胞形态图 （4）学生实验： ①使用显微镜观察细菌的基本形态，绘出细菌细胞的形态 ②观察细菌染色和形态结构，包括简单染色法、革兰氏染色法、芽孢染色法、荚膜染色法 ③观察放线菌形态和结构 ④观察真菌形态和结构 ⑤观察霉菌形态和结构 ⑤绘制图像	18

续上表

序号	学习任务	职业能力	知识、技能、态度要求	教学活动设计	学时
2	解读微生物的生理	09－03、12－01－05、31－03－03	（1）了解微生物所需营养物质的种类及作用 （2）掌握微生物的营养类型 （3）知道微生物培养基的种类及其配制原则 （4）了解微生物群体生长的测定方法 （5）掌握影响微生物生长的环境因素 （6）了解微生物的遗传变异实质、类型以及菌种衰退的概念 （7）掌握微生物的消毒与灭菌概念 （8）掌握几种常用的菌种保藏方法 （9）掌握配制微生物培养基的基本技术 （10）掌握实验器皿的包扎及棉塞的制作技术 （11）掌握几种常见的消毒与灭菌方法 （12）初步培养微生物基本实验技能	（1）讲解 （2）演示配制培养基、包扎实验器皿及灭菌操作 （3）学生实验： ①配制肉汤蛋白胨培养基及灭菌 ②包扎实验器皿及灭菌	18
3	辨别微生物的生态	31－03	（1）了解微生物在环境中的分布状况 （2）了解微生物与其他生物之间的关系 （3）了解微生物在自然界碳素循环、氮素循环、硫素循环和磷素循环中所起的作用及降解与转化途径 （4）掌握微生物的接种、分离与培养方法 （5）建立无菌操作的概念，掌握无菌操作技术 （6）培养严谨细致的工作习惯	（1）讲解 （2）演示微生物的接种、分离与培养操作 （3）学生实验： ①练习微生物的接种操作 ②练习微生物的划线分离、涂布分离、倾注分离方法 ③将接种、分离后的微生物按一定条件进行培养 ④观察微生物菌落形态	18
4	微生物对环境的污染与危害认知	34－01－10、34－04、34－06、34－07	（1）掌握水体富营养化的概念 （2）了解水体富营养化的危害及影响因素 （3）了解导致水体富营养化的生物种类 （4）掌握水体富营养化的监测和控制方法	（1）讲解 （2）学生开展专题研究，制作关于"富营养化"的专题视频，分组展示、汇报研究成果	4

续上表

序号	学习任务	职业能力	知识、技能、态度要求	教学活动设计	学时
5	应用微生物处理污水	01－01－02、01－01－04、01－02－03、01－05、02－02、31－03－05、31－03－06、34－01－10、34－04、34－06、34－07	（1）了解污水的生物处理类型 （2）了解污水生物处理中出现的各类微生物及特点 （3）掌握活性污泥法的主要特征，活性污泥的微生物组成、作用原理以及原生动物在活性污泥运行中的监测作用、净化机理 （4）熟悉活性污泥的培养与驯化的方法 （5）掌握活性污泥法运行中的常规监测指标及出现问题的解决措施 （6）了解生物膜法、氧化塘法的作用原理、生物组成和类型 （7）掌握厌氧处理法的作用机理 （8）掌握利用微生物的指示作用评价污水处理工艺出水水质情况的方法	（1）讲解 （2）播放视频，展示污水的微生物处理工艺，展示活性污泥中的微生物 （3）学生实验：活性污泥（或生物膜）及其生物相的观察 （4）现场参观污水处理厂，了解污水的微生物处理工艺	18
6	应用微生物处理固体废物	02－01－05、31－03、34－04、34－06、34－07	（1）了解高温堆肥技术和厌氧发酵方法 （2）了解城市生活垃圾的生物处理方法 （3）了解污水厂污泥生物处理技术的发展趋势	（1）讲解 （2）现场参观垃圾填埋场及污水处理厂	6
7	水的卫生细菌学检验	31－04－01、34－01－10、34－02、34－04、34－06、34－07	（1）了解水中的主要病原菌 （2）掌握水中细菌总数的测定方法 （3）掌握利用多管发酵法测定大肠菌群的方法 （4）熟悉生活饮用水的细菌标准 （5）通过检测结果与卫生标准比对，能够对饮用水以及水源水的安全性做出判断 （6）了解水中微生物污染的控制方法 （7）培养团队协作和小组合作的精神 （8）树立微生物实验的安全意识和自我保护意识	（1）讲解 （2）演示检测水中细菌总数及大肠菌群的关键操作 （3）学生实验： ① 水中细菌总数的检测 ② 水中大肠菌群的检测	26
			合计		108

注："职业能力"填写的职业能力编码与"附录1 环境工程技术专业职业能力分析表"的编码对应。

八、资源开发与利用

（一）教材编写与使用

（1）教材的编写应贯彻"以职业能力培养为本位，以学生为主体，升学为导向"的理念，打破传统学科式教材编写框架，按照工作过程为导向，以岗位工作任务为引领编制教学情境。

（2）在确定教材编写体例时，将理论基础知识和实操项目协调整合成模块，每个模块以典型项目、案例为载体，以"基于工作项目（任务）"来设计模块内容，列出每个学习项目对应的职业能力，以培养学生的综合职业能力为目标，编写"教、学、做"一体化的教材。

（3）在选择教材内容时，密切联系行业实际情况，注重内容的针对性、适用性以及实用性，理论知识在保证科学性的前提下以"够用""实用"为度，实验部分坚持以能力为核心，强化实训操作技能，培养学生上岗就业的实际操作能力。

（二）数字化资源开发与利用

1. 多媒体教学

按本课程的特点充分运用现代教育手段，将细菌个体形态、菌落特征、DNA、RNA、产能代谢、基因、生物技术等比较抽象和个体微小的形态制成图片或动画，运用 VCD、录像片等教学资料，使学生能够清楚了解微生物的微观现象。扩大知识面给学生带来更广泛的信息与智慧，以期不断提高教学效果和教学质量。

2. 网络资源的开发和利用

建立微课资源库，对典型教学案例和企业案例建立视频案例库，以数字化资源为基础，通过手机网络或电脑网络使学生能够充分利用数字资源进行搜索和自主学习，构建网络课程、精品资源共享课程和精品视频公开课，使学生能够在预习、学习、反复练习和复习中都能够得到正确的指导。

九、教学建议

（一）教学方法

环境工程微生物研究的对象是肉眼不可见的微小生物，教学涉及的内容较微观、抽象，并且涉及多学科，具有知识面广、信息量大、实验性强、概念抽象等特点，授课时采用理论、实操一体化的教学模式，采用讲授法、案例教学法、讨论式、互动式、头脑风暴、演示实验、现场参观等多种教学方法，调动学生的学习积极性与兴趣，加深对理论知识的理解；重视微生物实验，强化学生的实验操作技能，培养学生分析和解决实际问题的能力，以及学生上岗就业的职业能力。

为了强化学生对微生物细胞特征、生长、繁殖等基础知识的认识，在教学中充分利用现代化的教学手段，收集较多的图片、动画和音像资料，编入教学课件中，融入课堂教学中。

（二）教学条件

（1）能满足"理实一体化"教学的多功能课室。
（2）无菌操作实验室。

十、教学评价

（一）考核方式说明

本课程采用过程性考核和终结性考核相结合的形式。终结性考核采用笔试形式，考核内容侧重于环境工程微生物的基本理论等，占本门课程考核的比例为30%。过程考核包括素质考核及任务考核，占本门课程考核的比例为70%。素质考核以小组学生的平时表现、工作态度、协作精神等方面作为评价标准，任务考核以学生完成每个工作任务的质量为标准。

（二）考核标准（见表 2-14）

表 2-14 环境工程微生物课程考核标准

考核方式	考核内容	权重	考核内容	实施方法
过程性考核（70%）	素质考核	10%	迟到、早退与旷课情况	教师评价
		5%	学习态度	小组自评+小组互评+教师评价
		5%	协作精神	小组自评+小组互评+教师评价
	任务考核	5%	计划及准备	教师评价
		5%	方案合理性	教师评价
		20%	操作水平	教师评价
		10%	完成质量	教师评价
		10%	报告的正确性、完整性	教师评价
终结性考核（30%）	教学内容考核	30%	基本理论及应用	教考分离、统一组织

（撰稿人：李晓莉　李润祺　邓小玲）

中职学段：环境工程基础课程标准

一、课程名称

环境工程基础。

二、适用专业

既适用于中高职衔接的环境治理技术及相关专业，又适用于中职环境治理技术及相关专业。

三、课程性质

本课程是中职环境治理技术专业的专业核心课程。

四、课程设计

本课程总体设计思路是以中职环境治理技术及相关专业相关工作任务和职业能力分析为依据确定课程目标，设计课程内容，以工作任务为线索构建任务引领型课程。

本课程的具体设计是以废水、废气、固体废物等处理技术为主线，按学生的认知特点，将本课程要求掌握的教学内容，分解成若干个子项目，在完成具体任务过程安排学习项目，使学生掌握环境污染处理技能的基本操作要领，以及正确记录各种工艺的运行参数，掌握常规的监测方法并能准确判断处理结果的能力。

课程内容的选取紧紧围绕完成工作任务的需要循序渐进，同时又充分考虑中等职业教育对理论知识学习的需要，融合获取相应职业资格证书对知识、技能和态度的要求。

每个项目的学习都精心设计了教学活动、教学过程，采取到实验室、工作现场上课和课堂教学交替进行模式，以实验室、工作现场上课为主，充分开发学习资源，给学生提供丰富的实践机会，为提高学生的就业能力奠定基础，以满足学生职业生涯发展的需要。学习任务如表 2-15 所示。

表 2-15 环境工程基础课程学习项目

序号	学习任务（或学习项目）	子任务（或子项目）
1	水污染防治认知	（1）水污染及其防治认知 （2）污水防治技术认知
2	污水处理方法与设计	（1）典型污水处理流程设计 （2）废水的化学和物理化学处理
3	大气污染物的认知	大气污染物扩散因素认知

续上表

序号	学习任务（或学习项目）	子任务（或子项目）
4	废气的处理方法	（1）废气的处理 （2）排烟脱硫方法技术认知 （3）排烟脱硝（氮）技术方法认知
5	固体废物的认知及处理	（1）固体废物污染的控制及技术政策认知 （2）固体废物的处理
6	企业实践参观	（1）参观某市政污水处理厂 （2）参观某食品加工厂 （3）参观某化工厂 （4）参观某电镀废水处理站 （5）参观某水泥厂 （6）参观某垃圾焚烧厂

五、课程教学目标

通过本课程的学习，达到如下目标：

（一）知识目标

（1）掌握废水处理运营的基本知识，了解设备运行的基本原因。
（2）了解废水预处理的方法。
（3）掌握废水处理工艺流程，明白各操作单元之间的逻辑关系。
（4）掌握重金属、pH、电导率等常见指标的测定方法。
（5）掌握监控方法以及数据处理方法。
（6）掌握填埋概念。
（7）掌握焚烧概念、焚烧的类型及焚烧处理管理方法及系统工艺。
（8）熟悉布袋除尘器、静电除尘器、吸收塔、吸附塔等设备与系统的操作方法。

（二）能力目标

（1）能看懂工艺流程图。
（2）会画典型废水、废气、固体废物等处理工艺方框图。
（3）能正确记录各设备的运行状况。
（4）能正确记录各工艺运行参数。
（5）能根据实际情况调整操作参数。
（6）能按照实验室安全操作规程进行常规的监测实验。
（7）能根据国家排放标准判断处理结果。
（8）能对废水异常情况进行处理。

（三）素质目标

（1）具有积极处理环境问题的社会责任感。
（2）具有正确的环境伦理道德观。
（3）具有环境保护素质。

六、参考学时与学分

参考学时：144 学时。
参考学分：8 学分。

七、课程结构

课程结构见表 2-16。

表 2-16 环境工程基础课程结构

序号	学习任务	职业能力	知识、技能、态度要求	教学活动设计	学时
1	水污染及其防治认知	02-01-01、02-04-03	（1）掌握水体的概念 （2）掌握水体污染的定义 （3）了解水中主要污染物及其危害 （4）掌握水体自净的概念，了解其净化机制 （5）了解水体自净过程中污染物的转归及 BOD 和 DO 的关系	（1）图片、影像资料引入介绍水体污染现象，进一步介绍相关专业知识 （2）案例引入	8
2	污水防治技术认知	01-02、01-05-04、02-01-01、02-01-04、02-01-05、02-02、02-03、02-04、08-01-03	（1）掌握常见污水水质指标 （2）废水的处理方法与工艺：物理处理、生物处理、化学处理、物理化学处理 （3）工业废水、城市废水的处理方法 （4）环境工程仿真 （5）能针对水处理做简单的计算	（1）分析水质报告，熟悉废水的水质指标，判断水质质量 （2）测定废水处理前后处理效率 （3）观看录像	20

续上表

序号	学习任务	职业能力	知识、技能、态度要求	教学活动设计	学时
3	典型污水处理流程基础设计	01-02-04、08-01-03	（1）能够写出城市污水的处理流程 （2）能够写出食品行业污水的处理流程 （3）能够写出化工废水的处理流程	（1）引入生活污水处理案例、食品行业生产废水案例以及维尼纶厂生产污水案例 （2）分组讨论案例，并画出工艺流程 （3）上台介绍工艺流程 （4）教师点评、讲解	12
4	大气污染防治认知	07	（1）了解大气的组成 （2）掌握大气污染的概念 （3）掌握大气污染源的种类及其主要污染物 （4）了解大气污染物的转归 （5）了解大气污染侵入人体的主要渠道及主要危害	（1）观看纪录影片 （2）小组讨论，针对影片中的信息进行总结 （3）小组发言 （4）教师点评，介绍相关知识点	4
5	大气污染物扩散因素认知	10-04	（1）掌握影响大气污染物扩散的气象因素 （2）掌握影响大气污染物扩散的地理因素 （3）了解影响大气污染物扩散的其他因素	（1）大气污染物扩散模型介绍 （2）讨论气象因素、地理因素和其他因素分别对污染物扩散造成的影响	4
6	废气的处理	07-01-01、07-01-07、07-03、08-01-03、10-04	（1）粉尘性质的测定 （2）机械式除尘器测定净化效率 （3）电式除尘器测定净化效率 （4）湿式除尘器测定净化效率 （5）过滤式除尘器测定净化效率 （6）气态污染物的吸收处理 （7）气态污染物的吸附处理 （8）气态污染物的其他处理方法	（1）粉尘的密度、安息角的测定 （2）分别用液体沉降法与筛分测定粉尘的粒径 （3）旋风除尘器的除尘操作及净化效率的测定 （4）电除尘器的操作及净化效率的测定 （5）文丘里洗涤器的操作及除尘效率的测定 （6）袋式除尘器的操作及净化性能的测试 （7）观看有关录像片：国内外先进的大气污染处理工艺、设备及国内外先进的管理方法	36

续上表

序号	学习任务	职业能力	知识、技能、态度要求	教学活动设计	学时
7	排烟脱硫方法技术认知	07-01-07、08-01-03	（1）掌握烟气脱硫的原理和原则 （2）掌握干法脱硫的特点、方法 （3）掌握湿法脱硫的特点及常用方法	（1）引入案例 （2）讲述脱硫原理 （3）讲述干法和湿法脱硫过程	6
8	排烟脱硝（氮）技术方法认知	07-01-07、08-01-03	（1）掌握烟气脱硝的原理 （2）掌握吸收法、吸附法、非选择性催化还原法、选择性催化还原法和氧化还原法等烟气脱硝的方法	（1）引入案例 （2）讲述脱硝原理 （3）讲述烟气脱硝过程	6
9	固体废物污染的控制及技术政策认知	05-06、06-01-02、06-02	（1）掌握固体废物的概念 （2）了解固体废物的分类和污染途径 （3）了解固体废物的危害 （4）掌握控制固体废物污染的途径 （5）了解控制固体废物污染的技术政策	（1）结合固体废弃物污染的数据资料、图片和视频，引出固体废物、危险废物的概念、主要来源和分类方法 （2）小组讨论：固体废物的主要污染危害和常见的日常管理方法 （3）通过游戏了解我国废物管理的管理体系、法律政策、技术规范等 （4）讨论填埋和焚烧管理	8
10	固体废物的处理	05-06、06-01-02、06-02、08-01-03	（1）了解固体废弃物预处理 （2）了解固体废弃物填埋处理 （3）了解固体废弃物堆肥处理 （4）了解固体废弃物焚烧处理 （5）了解污泥处理	（1）现场参观压实、破碎、分选等垃圾预处理工艺流程 （2）通过录像了解垃圾填埋整个过程 （3）现场观看垃圾渗沥水及填埋气体的收集处理过程 （4）现场参观污泥处理工艺过程	16

续上表

序号	学习任务	职业能力	知识、技能、态度要求	教学活动设计	学时
11	参观某市政污水处理厂	01-01-05、01-02、01-05-04、02-01-04、02-01-05、02-02、02-03、02-04、08-01-03	（1）了解污水处理工艺流程 （2）熟悉工艺流程及每个工艺单元的作用 （3）了解污泥处理流程 （4）了解典型设备的型号、原理 （5）了解污水处理厂运营数据、相关运行参数及水质参数	去某市政污水处理厂参观学习	4
12	参观某食品加工厂	01-01-05、01-02、01-05-04、02-01-04、02-01-05、02-02、02-03、02-04、08-01-03	（1）了解污水处理工艺流程 （2）熟悉工艺流程及每个工艺单元的作用 （3）了解污泥处理流程 （4）了解典型设备的型号、原理 （5）了解污水处理运营数据、相关运行参数及水质参数	去某食品加工厂参观学习	4
13	参观某化工厂	01-01-05、01-02、01-05-04、02-01-04、02-01-05、02-02、02-03、02-04、08-01-03	（1）了解污水处理工艺流程 （2）熟悉工艺流程及每个工艺单元的作用 （3）了解污泥处理流程 （4）了解典型设备的型号、原理 （5）了解该化工厂污水处理车间运营数据、相关运行参数及水质参数	去某化工厂参观学习	4

续上表

序号	学习任务	职业能力	知识、技能、态度要求	教学活动设计	学时
14	参观某电镀废水处理站	07-03、08-01-03、10-04	（1）掌握该企业废气治理设施的基本原理及操作流程 （2）了解该企业电镀废水处理流程 （3）掌握治理设施的安装、运行与维护管理的基本方法	去某汽车零部件有限公司参观学习	4
15	参观某水泥厂	07-01-01、07-01-07、07-03、08-01-03、10-04	（1）掌握该企业废气治理设施的基本原理及操作流程 （2）掌握治理设施的安装、运行与维护管理的基本方法	去某水泥厂参观学习	4
16	参观某垃圾焚烧厂	06-01-02、06-02、08-01-03	（1）熟悉焚烧处理管理 （2）熟悉系统工艺 （3）了解物料搭配 （4）熟悉处理处置工艺流程，焚烧设备的型号及运行参数	去某垃圾焚烧厂参观学习	4
	合计				144

注："职业能力"填写的职业能力编码与"附录1 环境工程技术专业职业能力分析表"的编码对应。

八、资源开发与利用

（一）教材编写与使用

（1）必须依据本课程标准编写教材，教材应充分体现任务引领、实践导向的课程设计思想。

（2）应将本专业职业活动分解成若干典型的工作项目，按完成工作项目的需要和岗位操作规程，结合职业标准要求组织教材内容。要通过各种废水、废气、固体废物处理的操作，引入必需的理论知识，加强操作训练，体现理论在实践过程中的应用。

（3）教材应图文并茂，提高学生的学习兴趣，以加深学生对废水、废气、固体废物处理技术的理解。教材表述必须精练、准确、科学。

（4）教材内容应体现先进性、通用性、实用性，要将本专业新技术、新工艺、新设备及时纳入教材，使教材更贴近本专业的发展和实际需要。

（5）教材中活动内容的设计要具体，并具有可操作性。

（二）数字化资源开发与利用

1. 多媒体教学

通过教学设计，合理选择和运用现代教学媒体，借助仿真软件、视频等各类电子技术辅助手段，尽量结合实际的工程案例图片、录像、视频等进行讲解授课，提高学生的感性认识和学习兴趣。

2. 网络资源的开发和利用

为了方便学生学习，开发一系列的数字化资源，包括教学PPT、教学全套视频、教学案例视频、典型案例库，以一系列的数字化资源为基础，构建网络课程、精品资源共享课程和精品视频公开课程。

九、教学建议

（一）教学方法

（1）采用基于工作过程的项目导向、任务驱动等教学模式，通过任务（项目）来引导教学过程，通过给学生布置具体工作任务驱动学生自主学习。

（2）针对不同的教学任务采用课堂教学、现场教学、案例教学、分组教学、专题讲座等教学方法。

（3）充分利用信息化手段及各种优秀数字化资源辅助教学，充分利用校内外实训资源，对部分技术案例可在实际的行业企业中进行现场授课，采用真实情景下的教学模式。

（二）教学条件

（1）多媒体教室：电脑、投影仪、音响与网络。

（2）实训条件：环境工程技术专业实训室、环境工程仿真软件。

十、教学评价

（一）考核方式说明

（1）改革传统的学生评价手段和方法，采用阶段评价、目标评价、项目评价、理论与实践一体化评价模式。

（2）关注评价的多元性，结合课堂提问、学生作业、平时测验、社会实践、考试等情况，综合评定学生成绩。

（3）应注重对学生的社会活动和实践中分析问题、解决问题能力的考核，学生在学习和实践中有创新的理念和方法的应给予特别鼓励，要综合评价学生的能力。

（4）本课程采用过程性考核和终结性考核相结合的方式。终结性考核占本门课程考核的比例为60%。过程性考核包括素质考核及任务考核，占本门课程考核的比例为40%。过程性考核采取以教师为主，小组长配合的考核方式，满分100分。

（二）考核标准（见表 2-17）

表 2-17　环境工程基础课程考核标准

考核方式	考核内容	权重	考核内容	实施方法
过程性考核（40%）	素质考核	5%	迟到、早退与旷课情况	教师评价
		5%	课堂行为	教师评价
	作业	10%	作业质量、工艺流程正确性	教师/小组长
	操作规范	10%	仪器操作规范、爱护设备/仪器	教师/小组长
	参观报告	10%	工艺流程绘画准确性	教师/小组长
终结性考核（60%）	期末考试	60%	水、气、固知识点	教考分离、统一组织

附：水污染防治技术认知及基础设计任务设计鱼骨图（见图 2-4）。

（撰稿人：王玉俊　余小玉）

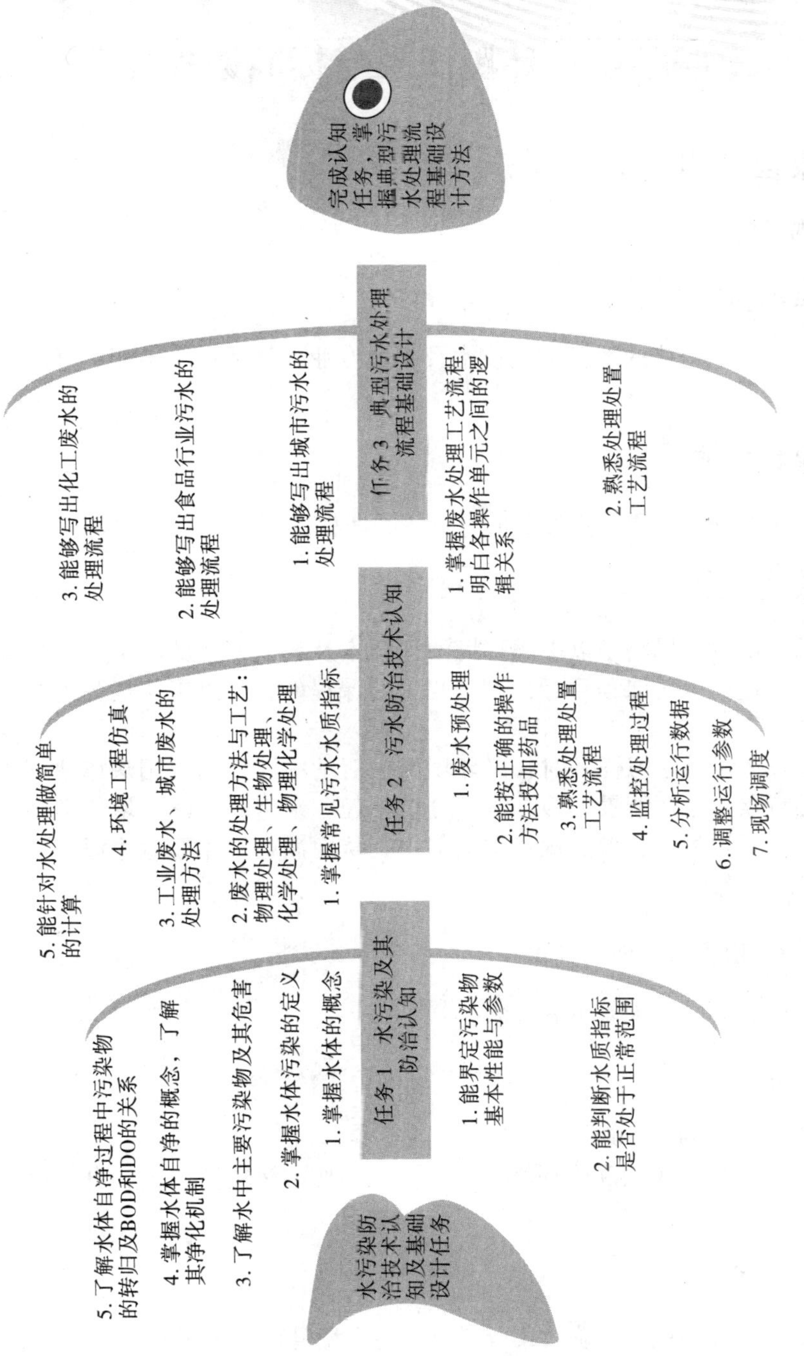

下篇 环境治理技术专业—环境工程技术专业中高职衔接课程标准

水污染防治技术认知及基础设计任务

任务1 水污染及其防治认知
1. 能界定污染物基本性能与参数
2. 能判断水质指标是否处于正常范围

1. 掌握水体污染及其概念
2. 掌握水体污染的定义
3. 了解水中主要污染物及其危害
4. 掌握水体自净的概念，了解其净化机制
5. 了解水体自净过程中污染物的转归及BOD和DO的关系

任务2 污水防治技术认知
1. 废水预处理
2. 能按正确的操作方法投加药品
3. 熟悉处理处置工艺流程
4. 监控处理过程
5. 分析运行数据
6. 调整运行参数
7. 现场调度

1. 掌握常见污水水质指标
2. 废水的处理方法与工艺：物理处理、生物处理、化学处理、物理化学处理
3. 工业废水、城市废水的处理方法
4. 环境工程仿真
5. 能针对水体处理做简单的计算

任务3 典型污水处理流程基础设计
1. 能够写出城市污水的处理流程
2. 能够写出食品行业污水的处理流程
3. 能够写出化工废水的处理流程

1. 掌握废水处理工艺流程，明白各操作单元之间的逻辑关系
2. 熟悉处理处置工艺流程

完成认知任务，掌握典型污水处理流程基础设计方法

图2-4 水污染防治技术认知及基础设计任务设计鱼骨图

中职学段：环境法规与标准课程标准

一、课程名称

环境法规与标准。

二、适用专业

既适用于中高职衔接的环境治理技术及相关专业，又适用于中职的环境治理技术及相关专业。

三、课程性质

本课程是中职环境治理技术专业的专业核心课程。

四、课程设计

本课程的总体设计思路是以中职环境治理技术及相关专业的相关工作任务和职业能力分析为依据，进而确定课程目标，设计相关的课程内容，以工作任务为线索构建任务引领型课程。

本课程在具体设计学习任务时，以环境保护活动中涉及的常用法律法规为主线，根据学生的认知特点，通过情景模拟、案例分析等任务来组织教学，培养学生在项目活动中学会查找环境保护相关法律法规依据的能力，从而满足学生职业生涯发展的需要。本课程采取任务驱动教学模式。

五、课程教学目标

通过本课程的学习，达到如下目标：

（一）知识目标

（1）掌握环境法的基本知识。
（2）掌握《中华人民共和国环境保护法》及主要的污染防治法、自然保护法的基本法规。

（二）能力目标

（1）能宣传环境法规，正确收集资料及撰写环境管理等应用文书。
（2）能利用环境法律知识参与环境执法以及环境管理和环境案件的处理、协调工作。

（三）素质目标

（1）具有实事求是的学风和崇高的职业道德。
（2）具有法治思维和法治意识。

六、参考学时与学分

参考学时：36 学时。

参考学分：2 学分。

七、课程结构

课程结构见表 2-18。

表 2-18　环境法规与标准课程结构

序号	学习任务	职业能力	知识、技能、态度要求	教学活动设计	学时
1	环境保护法基本内容	18-02、24-02-02、25-02-01	（1）能理解环境、环境问题及环境保护 （2）能运用环境保护法的基本原则解决相关的实际问题 （3）能按环境法的基本制度进行扫关操作 （4）了解环境民事法律责任、环境刑事责任、环境行政法律责任	（1）通过观看录像，对环境问题的危害进行分析 （2）通过典型案例分析，了解相关环境保护法中的行为与后果	12
2	环境污染防治法基本内容	06-03、18-03-01	（1）掌握水污染防治法基本内容 （2）掌握大气污染防治法基本内容 （3）掌握噪声污染防治法基本内容 （4）掌握固体废弃物污染防治法基本内容	（1）通过若干典型的水污染事件的处理情况分析，掌握我国水污染防治法的有关规定，了解违反水污染防治法应承担的法律责任 （2）通过若干典型的气体污染事件分析，掌握我国大气污染防治法的有关规定，了解违反大气污染防治法应承担的法律责任 （3）通过若干典型的噪声污染事件分析，掌握我国噪声污染防治法的有关规定，了解违反噪声污染防治法应承担的法律责任 （4）通过典型案例分析，掌握我国固体废弃物污染防治法的有关规定，了解违反固体废弃物污染防治法应承担的法律责任	12

续上表

序号	学习任务	职业能力	知识、技能、态度要求	教学活动设计	学时
3	环境标准	05-01-04、05-05-02、05-06-01、08-01-01、18-03-01、25-02-01	（1）掌握水环境标准与水污染排放标准 （2）掌握大气环境质量标准 （3）掌握噪声污染控制标准 （4）掌握固体废弃物排放标准	（1）通过水源的调查分析，对照水环境标准，对水源的水质做出评价 （2）参考大气环境质量标准，选择几个点，对其大气质量情况进行评价 （3）参考噪声污染控制标准，选取几个主要的交通路口，对其噪声情况进行测量，评价其噪声是否超标 （4）列举常见的生活垃圾，根据垃圾分类标准对其进行分类实践	6
4	执法与管理	01-01-02、01-02-03、05-01-02、05-05-01、07-01-09、09-02-01、09-02-04、09-03-01、10-05-01、10-07-01、11-01-01、11-03-01、13-01-01、19-01-01、21-01-03、21-02-01、28-01-01、28-02-01、29-02-02、29-02-03、30-05-01、33-01-02、34-08-08	（1）培养综合分析判断能力，能正确收集解决环境案件相关的资料 （2）具备环境法规的宣传和口头表达能力 （3）理解环境纠纷行政调解处理的程序和调解技巧 （4）提高综合分析、判断及应变能力，掌握环境法规在行政执法中的具体方法	（1）环保模拟法庭的应用实训：选择一个典型案例，让学生组建模拟法庭，并担任相应角色 （2）把班级分成学习小组，各学习小组收集有关环境违法事件的典型案例，并进行交流和分析	6
合计					36

注："职业能力"填写的职业能力编码与"附录1　环境工程技术专业职业能力分析表"的编码对应。

八、资源开发与利用

（一）教材编写与使用

（1）必须依据本课程标准编写教材，并应充分体现任务引领、实践导向的课程设计思想。

（2）应将本专业职业活动分解成若干典型的工作项目，按完成学习任务的难易程度和行政执法、调解等工作要求，引入环境标准和法规以及必需的理论知识，强调理论在实践过程中的应用，结合职业的岗位要求组织编写教材。

（3）教材应图文并茂，以提高学生的学习兴趣，加深学生对环境标准与法规的认识。教材必须精练、准确、科学。

（4）教材内容应体现先进性、通用性、实用性，使教材更贴近本专业的发展和实际需要。

（5）教材中的活动设计内容要具体，并具有可操作性。

（二）数字化资源开发与利用

为了方便学生学习，开发一系列的数字化资源，包括教学 PPT、教学全套视频、教学案例视频、典型案例库，以一系列的数字化资源为基础，构建网络课程、精品资源共享课程和精品视频公开课程。

九、教学建议

（一）教学方法

本课程教学过程中，利用微信平台、QQ 平台、精品资源共享课网站、优秀微课程等教学资源，针对不同特点的学生，不同的教学内容，采用不同的教学方法，因材施教。具体使用的教学方法有以下几种：任务驱动法、讲授法、案例教学法、情景教学法、讨论法、激励与鼓励教学法。

（二）教学条件

（1）多媒体教室：电脑、投影仪、音响与网络。
（2）模拟法庭：参照法庭布置的学生模拟演练场地。

十、教学评价

（一）考核方式说明

本课程采用过程性考核和终结性考核相结合的形式。终结性考核采用笔试形式，考核内容侧重于环境保护法的基本内容、污染防治法、环境标准等。终结性考核占本门课程考核的比例为30%。过程性考核包括素质考核及任务考核，占本门课程考核的比例为70%。素质考核以小组学生的平时表现、工作态度、协作精神等方面作为评价标准，任务考核以学生完成每个工作任务的质量为标准。

（二）考核标准（见表2-19）

表2-19　环境法规与标准课程考核标准

考核方式	考核内容	权重	考核内容	实施方法
过程性考核（70%）	素质考核	10%	迟到、早退与旷课情况	教师评价
		5%	学习态度	小组自评+小组互评+教师评价
		5%	协作精神	小组自评+小组互评+教师评价
	任务考核	25%	不同工作情境对应完成的项目任务	小组互评+教师评价
	案例考核	25%	环境保护法、污染防治法、环境标准的分析与运用	教师评价
终结性考核（30%）	理论考核	30%	环境法规与标准知识要点	教考分离、统一组织

（撰稿人：麦茵茵　黄　兰　戴　苗）

中职学段：水污染治理设施运营管理课程标准

一、课程名称

水污染治理设施运营管理。

二、适用专业

既适用于中高职衔接的环境治理技术及相关专业，又适用于中职的环境治理技术及相关专业。

三、课程性质

本课程是中职环境治理技术专业的方向课程。

四、课程设计

本课程依据职业能力标准和学科体系的要求，采用工作项目（任务）的形式设计各个单元（模块）。教学内容围绕工作过程中需要培养的能力，在授课过程中实现"教、学、做"一体化。

本课程由水污染治理基础知识、水污染治理附属设施的运营与管理、污水处理设施的运营与管理、污水厂运行成本控制与安全生产等4个学习任务（项目）组成，如表2-20所示。学生在完成学习任务的过程中，融入法规政策、设计规范、操作规程、安全环保等职业能力，锻炼学生吃苦耐劳、踏实肯干、团队协作、创新意识、自主学习、独立分析和解决问题等职业素养。

表 2-20 水污染治理设施运营管理课程学习项目

序号	学习任务（或学习项目）	子任务（或子项目）
1	水污染治理基础知识	（1）污水的性质与特征分析 （2）污水基本指标化验
2	水污染治理附属设施的运营与管理	（1）污水泵站的运营与管理 （2）污水处理机械设备操作与维护 （3）仪表与电器控制
3	污水处理设施的运营与管理	（1）物理化学法污水处理设施的运营与管理 （2）活性污泥法污水处理设施的运营与管理 （3）生物膜法污水处理设施的运营与管理 （4）污泥处理设施的运营与管理
4	污水厂运行成本控制与安全生产	污水厂运行成本控制与安全生产

五、课程教学目标

通过本课程的学习,达到如下目标:

(一)知识目标

(1)理解污水处理的工艺原理。
(2)掌握化验基本知识、化验项目及操作及质量保证。
(3)掌握泵站的运行及维护。
(4)掌握水污染设施的仪表与电器控制。
(5)掌握水污染设施的日常操作与维护。

(二)能力目标

(1)能独立完成一定的污水化验任务。
(2)能熟练操作水处理机械操作,能对相应设备进行常规的检修与维护。
(3)能发现水污染设施的异常故障并能及时上报。

(三)素质目标

(1)具有良好的安全生产意识,能够自觉按规程操作。
(2)具有分析问题、解决问题的能力。
(3)具有良好的团队协作精神,主动适应团队工作要求。
(4)具有良好的职业道德和社会责任心。
(5)具有自学能力、独立工作能力和团结协作能力。

六、参考学时与学分

参考学时:144 学时。
参考学分:8 学分。

七、课程结构

课程结构见表 2-21。

表 2-21 水污染治理设施运营管理课程结构

序号	学习任务	职业能力	知识、技能、态度要求	教学活动设计	学时
1	污水的性质与特征	02-01-01、18-02、18-03、31-06、34-04	(1)了解污水的性质与特征、排放标准 (2)掌握污水处理的基本方法 (3)理解污水的消毒处理 (4)掌握污泥处理方法 (5)学会分析污水的水质	(1)以某生活污水厂为原型,分析水质,并介绍污水处理方法 (2)以某工业污水处理厂为原型,分析工业污水水质,并介绍污水处理方法	12

续上表

序号	学习任务	职业能力	知识、技能、态度要求	教学活动设计	学时
2	污水的化验	01-02-05、10、11、31-06、34-01、34-04	（1）会检测常用水质指标及运行工艺参数，会做微生物镜检分析并出数据报告 （2）对异常数据进行分析并记录、报告上级 （3）学会规范、安全操作	（1）开展水质指标实验项目，做微生物镜检实验，规范演示、指导学生完成 （2）填写实验报告 （3）异常数据分析	20
3	污水泵站的运营与管理	01-03、02-01-02、31-06	（1）污水泵站组成、分类及工艺特点 （2）了解泵站中的辅助设备 （3）掌握泵站的运营维护及泵站管理，会填记录表 （4）学会泵站的应急处理	（1）应用某泵站平面及工艺图纸，按照泵站启动、运行、停止、异常故障、维护保养的顺序说明泵站的运行 （2）记录运行工况	8
4	污水处理机械设备操作与维护	04-01、04-02、31-06	掌握离心泵、蝶阀、格栅除污机、罗茨鼓风机、离心式鼓风机、移动桥、曝气转刷、刮泥机、脱水机等设备的操作与维护	（1）以图片、模型、视频、动画、仿真等形式，让学生直观了解污水处理机械设备的操作过程 （2）填写操作、维护保养记录	6
5	仪表与电器控制	02、12、31-06	（1）了解常见的工艺参数在线仪表 （2）了解继电控制常用的低压电器及常见的控制方式 （3）了解PLC及中央控制系统等	（1）以实物来介绍、认识仪表和电器元件 （2）以PLC控制实例来说明控制方式 （3）识别现场控制箱元件 （4）介绍模拟中央控制系统	10
6	物理化学处理设施的运营与管理	01-02-01、01-02-02、01-02-06、01-04、01-05、31-02、31-06	（1）掌握格栅池、沉砂池、沉淀池、调节池、过滤池的运营管理 （2）了解中和法、气浮法、吸附法、离子交换法、氧化还原法、混凝法等处理方法设施的运营管理	以图片、实物、仿真等形式介绍设施的运营与管理，并分组让学生主动演示、讲解	12

续上表

序号	学习任务	职业能力	知识、技能、态度要求	教学活动设计	学时
7	活性污泥法处理设施的运营与管理	01-03、02-01-04、02-01-06、02-02-03、02-02-04、02-03、02-04、03、31-03、34	（1）掌握活性污泥的培养与驯化 （2）掌握活性污泥法处理设施的调试、试运行及日常运营管理 （3）发现活性污泥法处理设施的异常故障并提出可能的解决办法	（1）认识、判断活性污泥性状 （2）进水、曝气、出水、污泥回流等设施的调节控制 （3）填写日常记录表 （4）异常故障判断	30
8	生物膜法处理设施的运营与管理	01-03、02-01-04、02-01-06、02-02-03、02-02-04、02-03、02-04、03、31-03、31-06、34	（1）掌握生物膜的培养与驯化 （2）掌握生物膜法处理设施的调试、试运行及日常运营管理 （3）发现生物膜法处理设施的异常故障并提出可能的解决办法	（1）认识、判断污泥性状 （2）进水、曝气、出水、污泥回流等设施的调节控制 （3）填写日常记录表 （4）异常故障判断	30
9	污泥处理设施的运营与管理	01-05、04、31-06、34	了解污泥储存、污泥输送、污泥浓缩、污泥脱水设施的运营与管理	（1）记录运营情况 （2）配药、投药操作 （3）设施维护	10
10	污水厂运行成本控制与安全生产	09-02、31-06、34	（1）了解污水厂运行成本组成，分析并提出节能降耗措施 （2）了解并掌握安全生产措施 （3）养成安全、节约习惯	（1）记录并分析污水厂运行成本 （2）学习污水厂安全生产制度	6
	合计				144

注："职业能力"填写的职业能力编码与"附录1 环境工程技术专业职业能力分析表"的编码对应。

八、资源开发与利用

（一）教材编写与使用

（1）依据本课程标准选用和编写教材，充分体现任务引领，实践导向的课程设计思想。

（2）教材应以污水治理设施运营与管理项目工作任务、污水治理设施工艺设计案例、岗位操作规程和运营管理规范等组织教材内容，在不同任务中融入相应知识点及技能要求，通过对项目及任务的描述、各子任务的实施过程控制及实施方法引导，实施"教、学、做"一体化，更加注重学生技术、技能的形成过程。教材知识点的难易程度与职业类学生学习能力相对应，同时为满足中职学生就业或升学的需要，教材应对相关知识及项目进行拓展。

（3）教材编写尽量选择实际工程案例图片，做到图文并茂，提高学生学习兴趣；教材表达力求清楚精练、科学准确；教材内容要具体，具有可操作性。

（4）教材内容应充分体现先进性、通用性、实用性，要与时俱进，切实与目前行业发展相吻合，及时将新技术、新工艺、新标准等内容纳入教材中。

（二）数字化资源开发与利用

1. 多媒体教学

通过教学设计，合理选择和运用现代教学媒体，借助仿真软件、视频等各类电子技术辅助手段，尽量结合实际的工程案例图片、录影、视频等进行讲解授课，提高学生的感性认识和学习兴趣。

2. 网络资源的开发和利用

（1）积极利用现代化信息技术开发建立网络课程和手机 APP，建立包括课程标准、教学方法与手段、学习项目、学习指南、教学用多媒体课件、考核项目及评分标准、案例分析、模拟试题、职业资格认证的标准规范和试题、在线学习等教学和学习资源，搭建起多维、动态、活跃、自主的课程训练平台，促进学生积极自主地完成课程的学习。

（2）充分开发和利用教育部环境工程专业教学资源库、水污染治理设施运营管理网络课程以及电子书籍、电子期刊、数字图书馆、专业网站等网络资源，促使教学内容从单一化向多元化转变，从而拓展学生知识，提升学生综合能力。

九、教学建议

（一）教学方法

（1）采用基于工作过程的项目导向、任务驱动等教学模式，通过任务（项目）来引导教学过程，通过给学生布置具体工作任务驱动学生自主学习。

（2）针对不同的教学任务采用课堂教学、现场教学、案例教学、分组教学、专题讲座等教学方法。

（3）充分利用信息化手段及各种优秀数字化资源辅助教学，充分利用校内外实训资源，对部分技术案例可在实际的行业企业中进行现场授课，采用真实情景下的教学模式。

（二）教学条件

（1）多媒体教室：电脑、投影仪、音响与网络。

(2) 水处理处置实训室：水质检测室、水污染实训室等。
(3) 稳定的校外实训基地等。

十、教学评价

（一）考核方式说明

本课程采用过程性考核和终结性考核相结合的形式。过程性考核包括素质考核及任务考核，占本门课程考核的比例为60%。素质考核以小组学生的平时表现、工作态度、协作精神等方面作为评价标准，任务考核以学生完成每个工作任务的质量和过程情况为标准。终结性考核采用期末笔试形式，考核内容侧重于废水处理的基础知识、管理法律法规、废水处理与会用典型工艺和技术等，占本门课程考核的比例为40%。

（二）考核标准（见表2-22）

表2-22　水污染治理设施运营管理课程考核标准

考核方式	考核内容	权重	考核内容	实施方法
过程性考核（60%）	素质考核	10%	迟到、早退与旷课情况	教师评价
		10%	学习态度、解决问题能力	小组自评+小组互评+教师评价
		10%	团结协作精神	小组互评
	任务考核	15%	任务完成情况	小组自评+小组互评+教师评价
		15%	工作过程情况	小组自评+小组互评+教师评价
终结性考核（40%）	课程内容考核	40%	基本概念、管理制度、处理处置工艺技术等	教考分离、统一组织

附：水污染治理设施运营管理课程设计鱼骨图（见图2-5）。

（撰稿人：李志明　夏志新　张建辉）

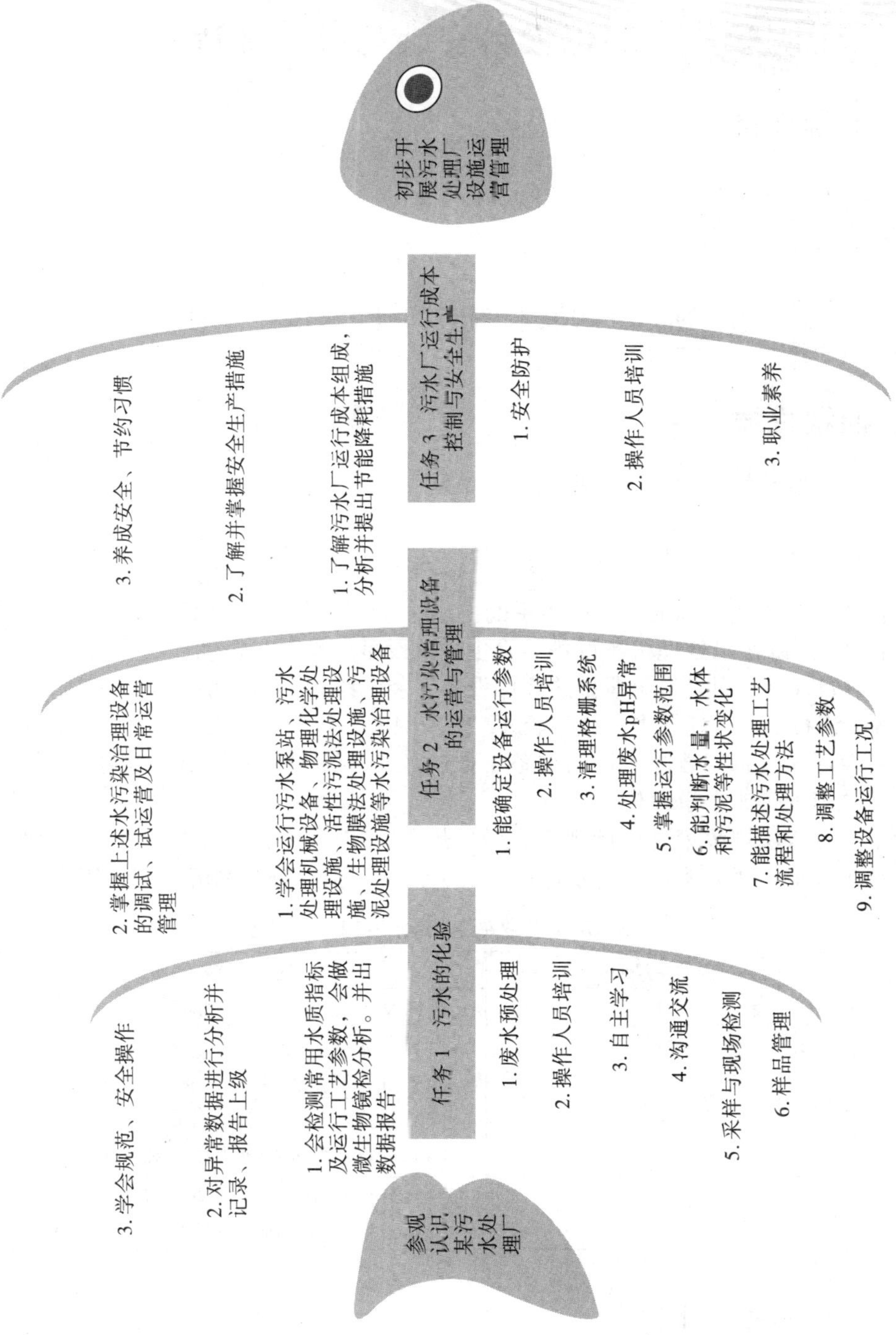

图 2-5 水污染治理设施运营管理课程设计鱼骨图

中职学段：环保设备安装与维护课程标准

一、课程名称

环保设备安装与维护。

二、适用专业

既适用于中高职衔接的环境治理技术及相关专业，又适用于中职的环境治理技术及相关专业。

三、课程性质

本课程是中职环境治理技术专业的方向课程。

四、课程设计

本课程依据职业能力标准和学科体系的要求，采用工作项目（任务）的形式设计各个单元（模块）。以污水处理机械设备、除尘脱硫设备、噪声与振动控制设备、固体废弃物处理设备以及环保附属设备等典型的环保设备安装与维护项目为引导，将完成这些项目需要具备的知识技能融入任务中，循序渐进，逐步深入，并实现"教、学、做"一体化。

本课程由环保设备安装与维护的准备工作、各类环保设备的安装与维护、环保附属设备的安装与管理等3个学习任务（项目）组成，如表2-23所示。学生在完成学习任务的过程中，融入法规政策、设计规范、操作规程、安全环保等职业能力，培养学生吃苦耐劳、踏实肯干、团队协作、创新意识、自主学习、独立分析和解决问题等职业素养。

表2-23 环保设备安装与维护课程学习项目

序号	学习任务（或学习项目）	子任务（或子项目）
1	环保设备安装与维护的准备工作	环保设备安装与维护的准备工作
2	各类环保设备的安装与维护	（1）污水处理机械设备安装与维护 （2）除尘脱硫设备安装与维护 （3）噪声与振动控制设备安装与维护 （4）固体废弃物处理设备安装与维护
3	环保附属设备的安装与管理	（1）环保机械设备附属电气安装 （2）安装应急措施与安装后的设备管理

五、课程教学目标

通过本课程的学习，达到如下目标：

（一）知识目标

（1）了解环保设备的类型、结构。

（2）掌握环保设备的工作原理。
（3）掌握环保设备的安装。
（4）了解环保设备的日常维护周期、维护要点、维护操作步骤。

（二）能力目标

（1）会正确使用安装工具。
（2）会安装常用的污水处理机械设备。
（3）能协助完成其他环保设备的安装准备工作，熟悉安装中的注意事项、安装验收要点。

（三）素质目标

（1）具有良好的安全生产意识，能够自觉按规程操作。
（2）具有分析问题、解决问题的能力。
（3）具有良好的团队协作精神，主动适应团队工作要求。
（4）具有良好的职业道德和社会责任心。
（5）具有自学能力、独立工作能力和团队协作能力。

六、参考学时与学分

参考学时：72 学时。
参考学分：4 学分。

七、课程结构

课程结构见表 2-24。

表 2-24 环保设备安装与维护课程结构

序号	学习任务	职业能力	知识、技能、态度要求	教学活动设计	学时
1	环保设备安装与维护的准备工作	01-01-10、01-03-01、09、14-01、14-03、14-04、14-05、34-01-01、34-01-02、34-01-04、34-01-08、34-01-09、34-08、34-09-01	（1）介绍环保机械设备，重点是水污染治理设备 （2）了解环保设备的类型、结构 （3）理解常用环保设备的工作原理 （4）了解机械设备安装基础、主要的安装工序、准备工作、安装方法等 （5）了解通用环保机械设备制作加工技术（制作、焊接、测量技术） （6）了解并会使用安装机具 （7）学会使用测量仪器	（1）主要以图片为主，介绍水污染治理设备 （2）学生举行环保设备识图活动 （3）学生为主体，解说典型设备的工作原理 （4）利用水泵基础模型或现浇一个水泵基础，让学生了解设备基础 （5）放样、下料、连接、装配练习 （6）焊接技术演示 （7）测量技术实训 （8）机械设备安装机具识图练习	24

续上表

序号	学习任务	职业能力	知识、技能、态度要求	教学活动设计	学时
2	污水处理机械设备安装与维护	01－01－04、01－03－06、03－01、03－02－01、03－02－02、03－03－01、03－03－05、03－03－06、03－03－07、03－03－09 04、31－01	（1）掌握常用污水处理工艺典型污水处理机械设备安装方案、要求与维护 （2）能处理简单的安装问题 （3）能做常用机械设备的维护保养并做记录	（1）以一个成熟的污水厂机电设备安装方案为例，分组讨论、学习污水处理机械设备安装方案 （2）学会填写维护保养记录表	24
3	除尘脱硫设备安装与维护	01－01－04、01－01－10、03－03	了解几种除尘脱硫设备的安装方案、要求与维护	（1）介绍除尘脱硫设备安装要求 （2）展示除尘脱硫设备现场图片	4
4	噪声与振动控制设备安装与维护	01－03－01、03－03－06、03－03－07、03－03－09	了解消声器、减振与隔振装置的安装方法、要求与维护	（1）主要讲解鼓风机房、发电机房、水泵房的噪声处理方法 （2）实地参观发电机房，了解消声、隔声维护	8
5	固体废弃物处理设备安装与维护	01－03－01、03－04－04	了解输送、分选、焚烧设备的安装要求	实地参观垃圾处理厂或焚烧厂	4
6	环保机械设备附属电气安装	03－03－02	了解电缆的敷设要求、电气安装要求、自控设备的安装要求	利用电工实训室，PLC实训室说明电气安装知识	4

续上表

序号	学习任务	职业能力	知识、技能、态度要求	教学活动设计	学时
7	安装应急措施与安装后的设备管理	09、14-01、14-04、14-05、31-01、34-01-01、34-01-02、34-01-04、34-08、34-09-01	（1）掌握安装应急措施，会准备、收集竣工资料 （2）建立设备档案 （3）掌握安全措施，养成安全意识	（1）利用知识问答形式，学习应急措施、安全措施 （2）模拟竣工资料的准备、交接 （3）填写设备档案表，并归档	4
合计					72

注："职业能力"填写的职业能力编码与"附录1　环境工程技术专业职业能力分析表"的编码对应。

八、资源开发与利用

（一）教材编写与使用

教材编写要求知识、技能体系的模块化、单元化，每个单元以典型项目、案例为载体，以"基于工作项目（任务）"来设计单元内容，同时兼顾学科体系的完整性，列出每个学习任务对应的职业能力，以培养学生专业能力为目标，编写以学生为主体的"教、学、做"一体化教材。

（二）数字化资源开发与利用

1. 多媒体教学

通过教学设计，合理选择和运用现代教学媒体，借助仿真软件、视频等各类电子技术辅助手段，尽量结合实际的工程案例图片、录像、视频等进行讲解授课，提高学生的感性认识和学习兴趣。

2. 网络资源的开发和利用

为方便学生学习，开发一系列数字化资源，包括教学PPT、全套的教学视频，如果有条件应建立微课资源库，对典型教学案例和企业案例建立视频案例库。以一系列的数字化资源为基础，通过手机网络或电脑网络使学生能够充分利用数字资源进行搜索和自主学习，构建网络课程、精品资源共享课程和精品视频公开课。使学生能够在预习、学习、反复练习和复习中都能够得到正确的指导。

九、教学建议

（一）教学方法

（1）采用基于工作过程的项目导向、任务驱动等教学模式，通过任务（项目）来引导教学过程，通过给学生布置具体工作任务驱动学生自主学习。

（2）针对不同的教学任务采用课堂教学、现场教学、案例教学、分组教学、专题讲座等教学方法。

（3）充分利用信息化手段及各种优秀数字化资源辅助教学，充分利用校内外实训资源，对部分技术案例可在实际的行业企业中进行现场授课，采用真实情景下的教学模式。

（二）教学条件

（1）多媒体教室：电脑、投影仪、音响与网络。
（2）实训条件：电工实训室、设备拆装实训室等。

十、教学评价

（一）考核方式说明

本课程采用过程性考核和终结性考核相结合的形式。终结性考核采用笔试形式，考核内容侧重于操作技能、解决实际问题能力等，占本门课程考核的比例为30%。过程性考核包括素质考核及任务考核，占本门课程考核的比例为70%。素质考核以小组学生的平时表现、工作态度、协作精神等方面作为评价标准，任务考核以学生完成每个工作任务的质量为标准。

（二）考核标准（见表2-25）

表2-25　环保设备安装与维护课程考核标准

考核方式	考核内容	权重	考核内容	实施方法
过程性考核（70%）	素质考核	10%	迟到、早退与旷课情况	教师评价
		10%	学习态度	小组自评+小组互评+教师评价
		10%	协作精神	小组互评+教师评价
	任务考核	40%	任务完成情况、质量	小组长+教师评价
终结性考核（30%）	课程内容	30%	基本概念、环保设备安装与维护技术等	教考分离、统一组织

附：环保设备安装与维护课程鱼骨图（见图2-6）。

（撰稿人：李志明　马承荣　张兴红）

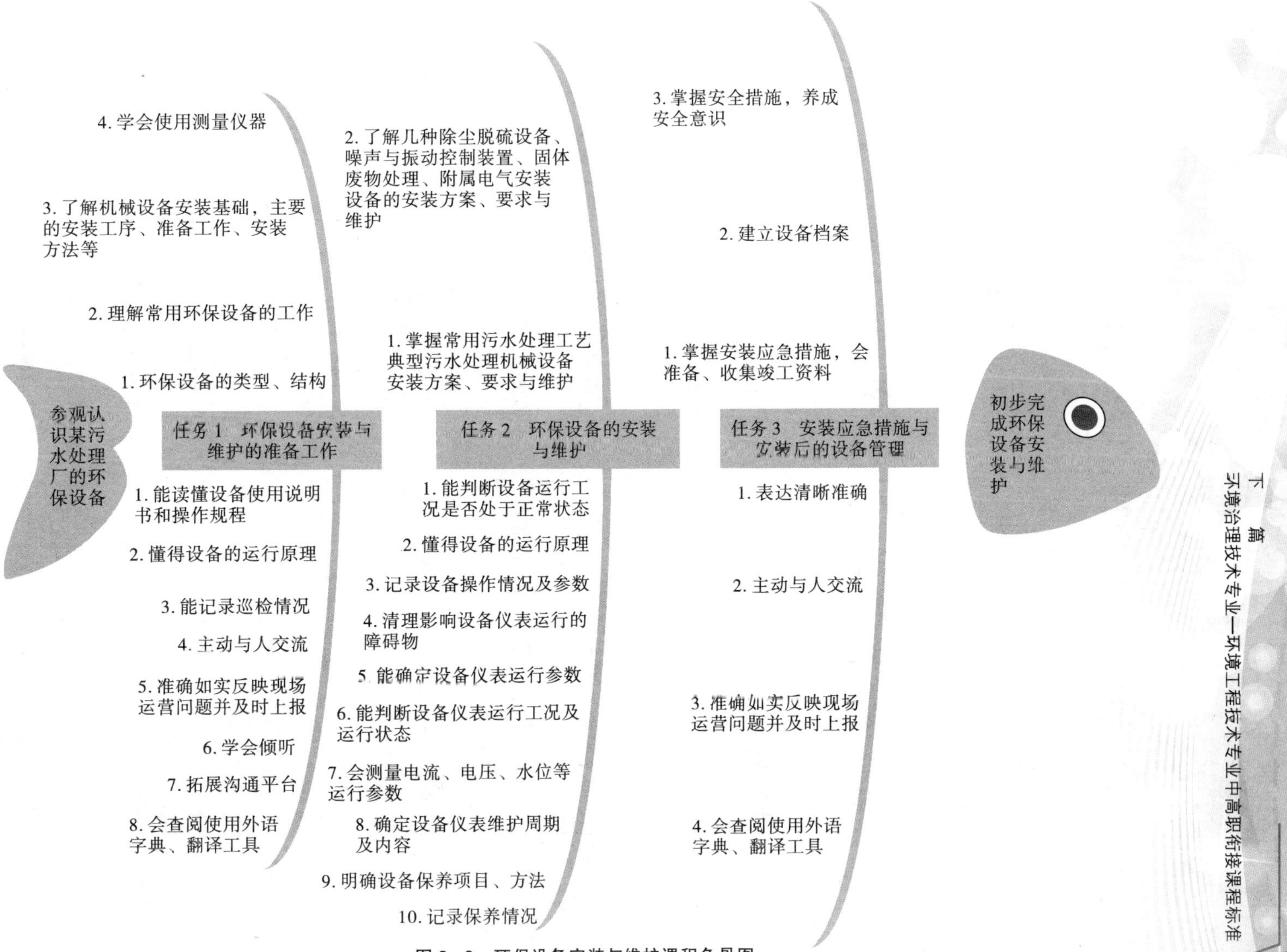

下 篇
环境治理技术专业—环境工程技术专业中高职衔接课程标准

初步完成环保设备安装与维护

任务3 安装应急措施、交寄后的设备管理
1. 掌握安装应急措施、会收集竣工资料
2. 建立设备档案
3. 掌握安全措施、养成安全意识
4. 学会使用测量仪器

1. 表达清晰准确
2. 主动与人交流
3. 准确如实反映现场运营问题并及时上报
4. 会查阅使用外语字典、翻译工具

任务2 环保设备的安装与维护
1. 掌握常用污水处理工艺典型安装方案、安装方案
2. 了解几种除尘脱硫设备、噪声与振动控制装置、固体废物处理附属装置、废气安装设备的安装方案、要求与维护
3. 了解机械设备安装基础、主要的安装工序、准备工作、安装方法等

1. 能判断设备运行工况是否处于正常状态
2. 懂得设备操作情况及参数
3. 记录设备仪表运行情况及参数
4. 清理影响设备运行的障碍物
5. 能判断设备仪表运行状态
6. 能确认设备仪表运行参数
7. 会测量电流、电压、水位等运行参数
8. 确定设备仪表维护周期及内容
9. 明确设备保养项目、方法
10. 记录保养情况

任务1 环保设备安装与维护的准备工作
1. 能读懂设备使用说明书和操作规程
2. 懂得设备的运行原理
3. 能记录巡检情况
4. 主动与人交流
5. 准确如实反映现场运营问题并及时上报
6. 学会倾听
7. 拓展沟通平台
8. 会查阅使用外语字典、翻译工具

1. 环保设备的类型、结构
2. 理解常用环保设备的工作原理

参观认识某污水处理厂的环保设备

图2-6 环保设备安装与维护课程鱼骨图

中职学段：仪器分析课程标准

一、课程名称

仪器分析。

二、适用专业

既适用于中高职衔接的环境治理技术及相关专业，又适用于中职的环境治理技术及相关专业。

三、课程性质

本课程是中高职衔接中职环境治理技术专业的方向课程。

四、课程设计

本课程以项目教学法为导向，以工作任务为中心组织课程内容，并让学生在完成具体项目的过程中学会完成相应的工作任务，并构建相关的理论知识，发展职业能力。以职业培养为重点，与行业企业合作，根据行业企业发展需要和完成检验工作任务所需要的知识、能力、素质要求。

五、课程教学目标

通过本课程的学习，达到如下目标：

（一）知识目标

（1）掌握各种各类仪器的工作原理，掌握可见分光光度法、紫外分光光度法、电位分析法等仪器的使用和操作。

（2）了解原子吸收光谱分析法、气相色谱分析法及液相色谱分析法。

（3）了解各仪器的结构和保养、维护及故障排除方法。

（4）了解数据处理的方法及检验报告的标准格式和要求。

（二）能力目标

（1）能进行部分常用仪器设备的日常维护和常规故障排除。

（2）能对数据处理分析并上报。

（3）能根据不同型号的仪器说明书达到对该仪器的认知、操作。

（三）素质目标

（1）具有良好的语言表达能力和人际交往能力。

(2) 具有较强的动手操作能力，能较好地完成实验室分析工作，能正确地进行数据的分析和处理。

(3) 具有较强的自主学习能力，分析问题、解决问题及创造性思维的能力。

(4) 具有创新意识、安全意识、规范的操作习惯和环境保护意识。

六、参考学时与学分

参考学时：108 学时。

参考学分：6 学分。

七、课程结构

课程结构见表 2-26。

表 2-26　仪器分析课程结构

序号	学习任务	职业能力	知识、技能、态度要求	教学活动设计	学时
1	认知仪器分析	34-03、34-08、34-09、34-10	(1) 了解仪器分析中各种分析方法，了解仪器分析涉及面广、内容丰富以及在工业生产和科学研究中的重要地位 (2) 理解仪器分析特点和仪器分析与化学分析之间的密切关系 (3) 掌握仪器分析的分类、定量分析方法的评价指标 (4) 熟练掌握仪器分析的概念、特点和分类、定量分析方法的评价指标	阅读材料，图示，案例，参观	8
2	紫外可见分光光度法的应用	01-02-05、01-03、11-01、12-01-05、12-02、12-03-01、13-03-03、14、16-01、16-02、31-04、34-05、34-08	(1) 了解紫外分光光度法在工业生产和科学研究中的应用，了解分子吸收光谱与物质结构的关系 (2) 理解紫外分光光度计的基本组成及主要作用和测定方法 (3) 掌握有机化合物跃迁类型及影响因素	视频、演示、图片、技能竞赛；实验：铁的测定，铜的测定，钴的测定，磷的测定等	38

续上表

序号	学习任务	职业能力	知识、技能、态度要求	教学活动设计	学时
3	原子吸收法测金属离子	01-02-05、01-03、11-01、12-01-05、12-02、12-03-01、13-03-03、14、16-01、16-02、31-04、34-05、34-08	（1）了解原子吸收分光光度法在工业生产和科学研究中的应用 （2）理解原子吸收分光光度计的基本组成及各部分的作用；理解干扰及其抑制方法 （3）掌握测定方法；掌握原子吸收分光光度法的基本原理	视频、演示、图片；实验：铜的测定，铁的测定等	18
4	电位分析的测定	01-02-05、01-03、11-01、12-01-05、12-02、12-03-01、13-03-03、14、16-01、16-02、31-04、34-05、34-08	（1）了解电位分析法的应用、玻璃电极和氟电极的结构 （2）理解膜电位的产生过程 （3）掌握一般离子选择性电极（玻璃电极、氟电极）的膜电位的计算、选择性系数含义和测定离子浓（活）度的方法 （4）掌握电位滴定终点的判断方法和指示电极的选择 （5）掌握定量分析方法	视频、演示、图片；实验：pH的测定，氟离子含量的测定等	24
5	气相色谱分析	01-02-05、01-03、11-01、12-01-05、12-02、12-03-01、13-03-03、14、16-01、16-02、31-04、34-05、34-08	（1）了解气相色谱特点和在工业生产及科学研究中的应用以及高效液相色谱的类型、常用气相色谱检测器的工作原理 （2）掌握气相色谱分离原理和仪器流程、流出曲线的相关术语、气相色谱分析法的定性、定量方法	视频、演示、图片、参观、案例	20
			合计		108

注："职业能力"填写的职业能力编码与"附录1 环境工程技术专业职业能力分析表"的编码对应。

八、资源开发与利用

（一）教材编写与使用

（1）教材的编写应贯彻"以职业能力考养为本位，以学生为主体，升学为导向"的理念，打破传统学科式教材编写框架，按照工作过程导向，以岗位工作任务为引领编制教学情境。通过对项目实施过程的控制、注意事项的讲解、实施方法的引导，实施"教、学、做"一体化，更加注重学生技能的形成过程，满足中职学生就业或升学的需要。

（2）教材编写以仪器分析相关检测项目为单元，以岗位需求为任务驱动，融合大量实际监测案例，通过基础知识、案例模拟、实操训练等环节加强对学生技能的培训。教材知识点的难易程度要与职业类学生学习能力相对应，再根据教材的课程体系，构建满足教学需求的实训条件和设施。

（二）数字化资源开发与利用

1. 多媒体教学

根据教学目标和教学对象的特点，通过教学设计，合理选择和运用现代教学媒体，并与传统教学手段有机组合，共同参与教学全过程，以多种媒体信息作用于学生，形成合理的教学过程结构，达到最优化的教学效果。

2. 网络资源的开发和利用

建立"仪器分析课程"的学习网站，开发一系列数字化资源，包括教学 PPT、教学视频、课程大纲、电子讲义等，条件具备的创建微课资源库。网站既要体现本课程的基础知识，也要突出本课程的重点问题和热点问题，将专题学习、问题探究与实践训练融为一体，同时能满足课程学习与拓展学习的要求。

3. 仿真教学

利用仿真实训室的仿真软件辅助教学。

九、教学建议

（一）教学方法

（1）注意因材施教。教师从学生的实际出发，对学生分层指导，设计不同层次的思考题让学生思考，设置不同难易程度的习题让学生练习。

（2）要善于采取灵活的教学方法，创设问题情境，不仅可以设置悬念，还可以激发学生强烈的求知欲。一般情况是教师先讲授理论课之后再安排学生做实验。

（3）利用多媒体调动学生的学习兴趣。多媒体教学使仪器分析抽象问题具体化，枯燥的问题趣味化，静态的问题动态化。这些都可以大大提高学生的学习兴趣以及抽象思维能力。在仪器分析实验教学中引入多媒体教学，可通过改变实验参数来观察分析过程和分析结果，从而让学生有机会可以主动地摸索和探究改变实验参数对分析过程的影响，养成科学的态度，逐步增强自觉学习的意识与能力。

（4）根据岗位目标加强训练。从社会或企业中寻找对应岗位，根据岗位要求设置分析项目及项目要求，师生共同探讨岗位性质、特点，确定实训内容及要求，然后有目的地进行实训。让学生进行岗前模拟训练，从训练中获得知识，寻找突破。

（5）校企合作开发课程。课程是学校与环保行业企业实践专家合作开发的，由教师与企业专家组成专业指导委员会，召开实践专家访谈会，共同确定典型工作任务，进行职业能力分析，确定工作领域，开发学习领域课程，从职业岗位需要出发选择教学内容和教学程序。

（二）教学条件

（1）多媒体教室：电脑、投影仪、音响与网络。
（2）实训条件：分光光度计、pH计、离子计、原子分光光度计、气相色谱仪、液相色谱仪、常规实验玻璃仪器和常规配套耗材等。

十、教学评价

（一）考核方式说明

本课程采用过程性考核和终结性考核相结合的形式。过程性考核包括素质考核及任务考核，占本门课程考核的比例为60%。素质考核以小组学生的平时表现、工作态度、协作精神等方面作为评价标准，任务考核以学生完成每个工作任务的质量为标准。终结性考核采用笔试形式，考核内容侧重于理论与实践等，占本门课程考核的比例为40%。

（二）考核标准（见表2-27）

表2-27 仪器分析课程考核标准

考核方式	考核内容	权重	考核内容	实施方法
过程性考核（60%）	素质考核	5%	迟到、早退与旷课情况	教师评价
		5%	学习态度	小组自评+小组互评+教师评价
	平时实验	20%	各项目实验	项目实验
	实操考核	30%	考核实验	实验考核
终结性考核（40%）	理论考试	40%	理论知识	教考分离、统一组织

附：水体中铁含量的测定学习任务设计鱼骨图（见图2-7）。

（撰稿人：陈海健 张 栖）

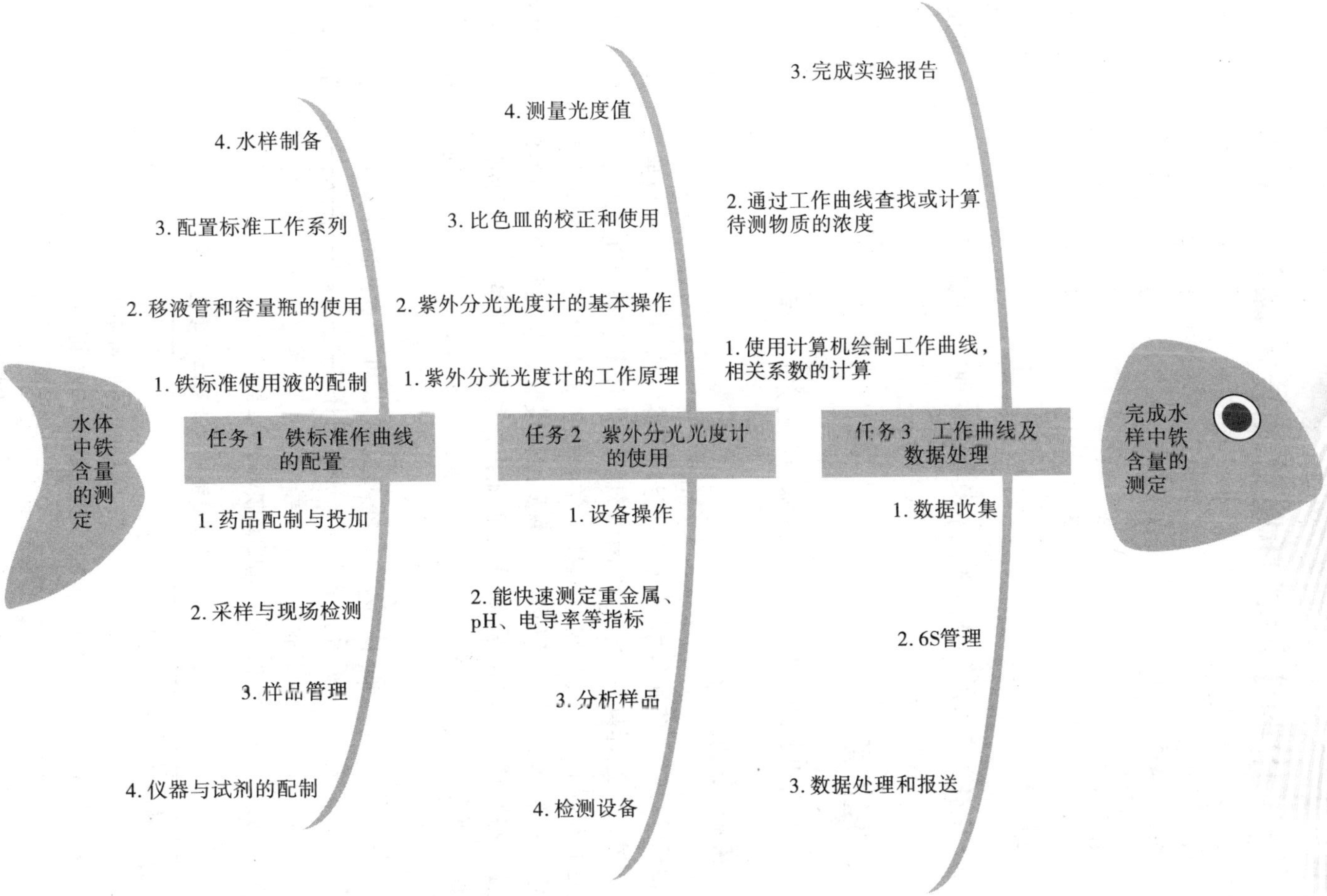

图 2-7 水体中铁含量的测定学习任务设计鱼骨图

主题： 水体中铁含量的测定 → 完成水样中铁的含量测定

任务 1 铁标准曲线的配置
1. 铁标准使用液的配制
2. 移液管和容量瓶的使用
3. 配置标准工作系列
4. 水样制备

任务 2 紫外分光光度计的使用
1. 紫外分光光度计的工作原理
2. 紫外分光光度计的基本操作
3. 比色皿的校正和使用
4. 测量光度值

任务 3 工作曲线及数据处理
1. 使用计算机绘制工作曲线，相关系数的计算
2. 通过工作曲线查找或计算待测物质的浓度
3. 完成实验报告

下方附加内容：

任务1相关：
1. 药品配制与投加
2. 采样与现场检测
3. 样品管理
4. 仪器与试剂的配制

任务2相关：
1. 设备操作
2. 能快速测定重金属、pH、电导率等指标
3. 分样品
4. 检测设备

任务3相关：
1. 数据收集
2. 6S管理
3. 数据处理和报送

中职学段:环境监测技术课程标准

一、课程名称

环境监测技术。

二、适用专业

既适用于中高职衔接的环境治理技术及相关专业,又适用于中职的环境治理技术及相关专业。

三、课程性质

本课程是中高职衔接中职环境治理技术专业的方向课程。

四、课程设计

本课程设计以环境监测技术岗位职业能力培养为重点,采用岗位典型工作任务(项目)驱动的模式,选择具有代表性的岗位典型工作任务进行系统化加工,构建具有培养学生职业能力和职业素养的环境监测技术学习任务,充分体现课程设计的职业性、实践性和开放性。以废水、废气、噪声、土壤及固体废物、应急监测等典型的环境监测技术项目为引导,将完成这些项目需要具备的知识技能融入任务中,循序渐进,逐步深入。学生通过调查研究、设计方案、实验验证、实地参观等完成教师安排的学习任务,实现"教、学、做"一体化。

本课程由环境监测基础知识认知、环境监测认知、应急监测认知等3个学习任务(项目)组成,如表 2-28 所示。学生在完成学习任务的过程中,融入法规政策、设计规范、操作规程、安全环保等职业能力,培养学生吃苦耐劳、踏实肯干、团队协作、创新意识、自主学习、独立分析和解决问题等职业素养。

表 2-28 环境监测技术课程学习项目

序号	学习任务(或学习项目)	子任务(或子项目)
1	环境监测基础知识认知	(1) 认知环境监测及其分析方法 (2) 编写环境监测报告 (3) 环境监测质量控制
2	环境监测认知	(1) 废水水质监测 (2) SO_2 和 NO_x 的监测 (3) 噪声监测 (4) 土壤及固体废物监测
3	应急监测认知	应急监测

五、课程教学目标

通过本课程的学习,达到如下目标:

(一)知识目标

(1)理解环境监测中的基本概念、相关原则。
(2)掌握常规水体监测项目、大气监测项目、噪声监测项目的采样、保存、运输、分析测定方法和原理。
(3)熟悉常规监测项目的采样方法、保存方法、分析测定方法。
(4)了解不同环境因子中监测优化布点方法。
(5)熟悉监测结果的数据处理、数据分析和监测实验室质量保证控制程序。

(二)能力目标

(1)能够正确选择使用水体监测、大气监测、噪声监测、土壤及固体废物监测工作中常用的采样、分析测定仪器。
(2)能够正确进行监测数据的整理、分析和处理。
(3)能协助制定环境监测方案。

(三)素质目标

(1)具有以职业能力为本位,通过专业知识和素质教育相结合,获得现实职业工作场所需要的实践能力。
(2)具有较佳的语言表达能力、与人合作能力、实验室分析操作能力和数据分析及处理能力、对环境问题的思维能力。
(3)具有对分析监测仪器的操作能力,加强对学生分析问题、解决问题及创造性思维的能力。

六、参考学时

参考学时:144 学时。
参考学分:8 学分。

七、课程结构

课程结构见表2-29。

表2-29 环境监测技术课程结构

序号	学习任务	职业能力	知识、技能、态度要求	教学活动设计	学时
1	认知环境监测及其分析方法	34-08、34-09、34-10	（1）对环境监测及其发展有初步了解及认识 （2）了解环境监测的程序和原则	（1）阅读材料 （2）介绍环境监测知识 （3）总结环境监测的程序和步骤	4
2	废水水质监测	01-01-05、01-01-07、01-01-08、01-02-05、01-03、02-01-04、02-02、02-04-03、03、05-01-01、05-03、05-05、05-08-02、06-03、09-03、10-05-02、11-04、12-01、13、14-01、14-02、14-03、31-04-01、32-02	（1）掌握水质污染与监测，水质监测方案的制定、水样的采集和保存以及水样预处理 （2）一般掌握物理指标检验、金属化合物的测定 （3）熟悉非金属无机物的测定，有机污染物的测定 （4）了解底质监测和活性污泥性质的测定 （5）在线监控数据的上报与归档 （6）现场取样；现场分析；准确快速检测常用的水质指标（COD、pH、微生物的检测） （7）监测采样	（1）知识点讲授、案例分析与课堂提问相结合 （2）开展物理性指标、金属化合物等的测定实训项目：pH的测定、水中溶解氧的测定、水中高锰酸盐指数的测定、水中COD的测定、水中总铁的测定、水中六价铬的测定、原子吸收法测定底质中的铜	66
3	SO_2和NO_x的监测	05-08-02、06-03、07-01、07-03-01、10-05-02、11-04、12-01、22-04	（1）了解空气质量标准 （2）熟悉大气污染监测方案的制定 （3）掌握气体样品的采集 （4）掌握二氧化硫和二氧化氮的测定	（1）知识点讲授、案例分析与课堂提问相结合 （2）分小组制定二氧化氮监测方案 （3）实训空气中二氧化氮的测定	24
4	噪声监测	05-03、05-05、05-08-02、10-05-02、13、14-01、14-02、14-03、31-04	（1）理解并掌握声级的运算 （2）基本掌握噪声的标准和评价方法 （3）基本掌握声级计的使用及噪声的测定 （4）基本掌握相关操作技能	（1）知识点讲授、案例分析与课堂提问相结合 （2）实训交通噪声的测定	10

续上表

序号	学习任务	职业能力	知识、技能、态度要求	教学活动设计	学时
5	土壤及固体废物监测	05-05、05-08-02、06-03、11-04、12-01	(1) 了解土壤样品的采集、制备和保存 (2) 熟知固体废物样品的采集、制备和保存	(1) 知识点讲授、案例分析与课堂提问相结合 (2) 实训土壤含水率的测定	10
6	应急监测	10-05-02、22-04、31-04	(1) 能够区分突发性环境污染事故 (2) 了解相关简单应急监测方法	(1) 知识点讲授、案例分析与课堂提问相结合 (2) 模拟演练：应急事故监测	10
7	编写环境监测报告	16、34-01、34-05	(1) 理解环境监测报告编写的原则 (2) 能够按要求编写监测报告	(1) 知识点讲授、案例分析与课堂提问相结合 (2) 学生编写监测报告，分组讨论，纠正	10
8	环境监测质量控制	02-02、02-04、07-03-01、08、13、16、34-02、34-07	(1) 理解并基本掌握数据处理的相关知识 (2) 能够对监测数据进行相对正确的分析和处理	(1) 学习基础理论知识 (2) 课堂计算及课堂讨论	10
			合计		144

注："职业能力"填写的职业能力编码与"附录1　环境工程技术专业职业能力分析表"的编码对应。

八、资源开发与利用

（一）教材编写与使用

（1）教材的编写应贯彻"以职业能力培养为本位，以学生为主体，升学为导向"的概念，打破传统学科式教材的框架，按照工作过程导向，以岗位工作任务为引领编制教学情境。通过对项目实施过程的控制、注意事项的讲解、实施方法的引导，实施"教、学、做"一体化，更加注重学生技能的形成过程，满足中职学生就业或升学的需要。

（2）教材编写以行业化验室管理为单元，以岗位工作任务为驱动，融合大量企业案例，通过基础知识、案例模拟、实操训练等环节加强对学生技能的培训，教材知识点的难易程度与职业类学生学习能力相对立，再根据教材的课程体系，构建满足学生需求的实训条件和设施。

（二）数字化资源开发与利用

1. 多媒体教学

通过教学设计，合理选择和运用现代教学媒体，借助仿真软件、视频等各类电子技术辅助手段，尽量结合实际的工程案例图片、录影、视频等进行讲解授课，提高学生的感性认识和学习兴趣。

2. 网络资源的开发和利用

（1）积极利用现代化信息技术开发建立网络课程和手机 APP，建立包括课程标准、教学方法与手段、学习项目、学习指南、教学用多媒体课件、考核项目及评分标准、案例分析、模拟试题、职业资格认证的标准规范和试题、在线学习等教学和学习资源，搭建起多维、动态、活跃、自主的课程训练平台，促进学生积极自主地完成课程的学习。

（2）充分开发和利用教育部环境工程技术专业教学资源库、环境监测技术网络课程以及电子书籍、电子期刊、数字图书馆、专业网站等网络资源，促使教学内容从单一化向多元化转变，从而拓展学生知识和提高学生综合能力。

九、教学建议

（一）教学方法

（1）采用基于工作过程的项目导向、任务驱动等教学模式，通过任务（项目）来引导教学过程，通过给学生布置具体工作任务驱动学生自主学习。

（2）针对不同的教学任务采用课堂教学、现场教学、分组教学、案例模拟和角色扮演法等教学方法。

（3）充分利用信息化手段及各种优秀数字化资源辅助教学，充分利用校内外实训资源。

（二）教学条件

（1）多媒体教室：电脑、投影仪、音响与网络。

（2）实训条件：分光光度计、pH 计、COD 微波消解仪、有机玻璃水质采样器、滴定管、碘量瓶、火焰原子分光光度计、六孔水浴锅、全自动高压灭菌锅、电子天平（万分之一）、玻璃干燥器、烘箱、电加热板、铝盒、常规监测项目药剂、常规实验玻璃仪器和常规配套耗材等。

十、教学评价

（一）考核方式说明

本课程采用过程性考核和终结性考核相结合的形式。过程性考核包括素质考核及任务考核，占本门课程考核的比例为60％。素质考核以小组学生的平时表现、工作态度、协作精神等方面作为评价标准,任务考核以学生完成每个工作任务的质量和过程情况为标准。终结性考核采用期末笔试形式,考核内容侧重于环境监测的基础知识。终结性考核占本门课程考核的比例为40%。

（二）考核标准（见表2-30）

表2-30 环境监测技术课程考核标准

考核方式	考核内容	权重	考核内容	实施方法
过程性考核（60%）	素质考核	10%	迟到、早退与旷课情况	教师评价
		10%	学习态度、解决问题能力	小组自评+小组互评+教师评价
		10%	团结协作精神	小组互评
	任务考核	15%	任务完成情况	小组自评+小组互评+教师评价
		15%	工作过程情况	小组自评+小组互评+教师评价
终结性考核（40%）	课程内容考核	40%	基础理论	教考分离、统一组织

附：环境监测技术课程设计鱼骨图（见图2-8）。

（撰稿人：陈海健 张 栖）

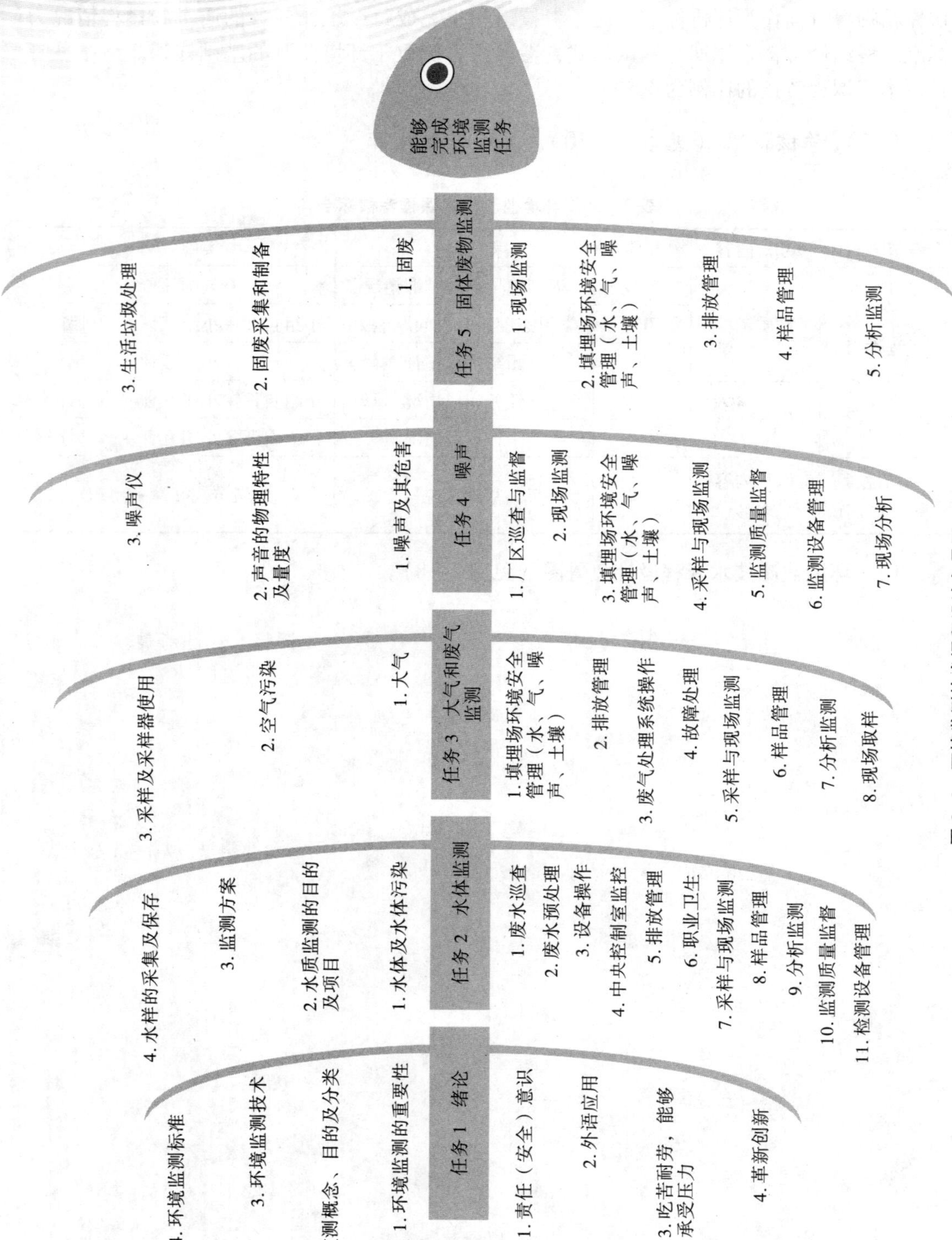

图 2-8 环境监测技术课程设计鱼骨图

鱼头（目标）： 能够完成环境监测任务

任务 1 绪论
1. 环境监测的重要性
2. 水质监测的目的及项目
3. 监测方案
4. 水样的采集及保存

衍生分支：
- 1. 责任（安全）意识
- 2. 外语应用
- 3. 吃苦耐劳，能够承受压力
- 4. 革新创新

某环境监测站的日常工作

任务 2 水体及水体污染
1. 水体及水体污染
2. 水质监测的目的及项目
3. 监测方案
4. 水样的采集及保存

衍生分支：
- 1. 废水巡查
- 2. 废水预处理
- 3. 设备操作
- 4. 中央控制室监控
- 5. 排放管理
- 6. 职业卫生
- 7. 采样与现场监测
- 8. 样品管理
- 9. 分析监测
- 10. 监测质量监督
- 11. 检测设备管理

任务 3 大气和废气监测
1. 大气
2. 空气污染
3. 采样及采样器使用

衍生分支：
- 1. 填埋场环境安全管理（水、气、土壤、声）
- 2. 排放管理
- 3. 废气处理系统操作
- 4. 故障处理
- 5. 采样与现场监测
- 6. 样品管理
- 7. 分析监测
- 8. 现场取样

任务 4 噪声
1. 噪声及其危害
2. 声音的物理特性及量度
3. 噪声仪

衍生分支：
- 1. 厂区巡查与监督
- 2. 现场监测
- 3. 填埋场环境安全管理（水、气、土壤、声）
- 4. 采样与现场监测
- 5. 监测质量监督
- 6. 监测设备管理
- 7. 现场分析

任务 5 固体废物监测
1. 固废
2. 固废采集和制备
3. 生活垃圾处理

衍生分支：
- 1. 现场监测
- 2. 填埋场环境安全管理（水、气、土壤、声）
- 3. 排放管理
- 4. 样品管理
- 5. 分析监测

图 2-8 环境监测技术课程设计鱼骨图

中职学段：化验室组织与管理课程标准

一、课程名称

化验室组织与管理。

二、适用专业

既适用于中高职衔接的环境治理技术及相关专业，又适用于中职的环境治理技术及相关专业。

三、课程性质

本课程是中高职衔接的中职环境治理技术专业的方向课程。

四、课程设计

本课程以培养学生相应的职业能力和职业素养为目标，采取任务驱动教学模式，通过模块与项目相结合的教学方法，循序渐进，引导学生由认知化验室一般常识到掌握化验室组织与管理的技能技巧，实现"做中学，学中做"，为日后从事化验室工作打下坚实的基础。

五、课程教学目标

通过本课程的学习，达到如下目标：

（一）知识目标

（1）掌握化验室组织与管理的一般方法和手段。
（2）掌握化验室技术装备的管理基本知识。
（3）掌握化验室安全技术基本知识。
（4）掌握化验室质量管理和监控基本知识。

（二）能力目标

（1）能掌握化验室管理的基本流程和管理技能。
（2）会对化验室仪器设备、化学试剂、技术资料进行有效合理的管理。
（3）能处理化危品事故及化验室突发事件。
（4）能进行样品的采集、管理和分析。

（三）素质目标

（1）具有良好的职业道德及较好的口头与文字表达能力。

(2) 具有人际沟通和团队合作的能力。
(3) 具有解决问题的技术创新的能力。
(4) 具有严谨的工作作风及责任意识。
(5) 具有数据分析和处理的能力。

六、参考学时学分

参考学时：72 学时。
参考学分：4 学分。

七、课程结构

课程结构见表 2-31。

表 2-31　化验室组织与管理课程结构

序号	学习任务	职业能力	知识、技能、态度要求	教学活动设计	学时
1	化验室5S管理平台认知	01-02-11、01-05-01、34-04-07	(1) 掌握5S管理的概念 (2) 认知5S管理平台 (3) 掌握常用化学试剂的基本特征与功效 (4) 掌握化学试剂的5S管理	(1) 知识点讲授、案例分析与课堂互动相结合 (2) 展示常用化学试剂的基本特征和功效 (3) 介绍常用化学试剂的分类及管理	6
2	实验设备维护保养与日常管理	03-01-01、03-02-03、03-03-04、03-03-08、03-03-09、34-01-06、34-03-01、34-04-07	(1) 掌握仪器设备技术资料的分类和管理 (2) 熟悉仪器设备保养说明书 (3) 能制定维护保养计划并实施 (4) 能进行设备常见故障的排除 (5) 能进行保养情况的记录	(1) 知识点讲授、案例分析与课堂互动相结合 (2) 展示常见仪器设备的技术资料，介绍分类原则 (3) 能读懂仪器设备说明书 (4) 学生分组讨论制订维护保养计划 (5) 认识设备常见故障，并记录保养情况	10
3	化验室安全与职业卫生管理	09-02-1、09-02-2、09-02-3、09-02-4、09-03-1、09-03-2、34-08-02、34-08-05、34-08-06、34-08-08	(1) 掌握各种安全法规和作业安全 (2) 掌握化验室用电、消防、防雷知识 (3) 掌握个人防护品的使用 (4) 熟悉现场应急事故的处理方法 (5) 能进行常用有毒有害物质的识别 (6) 熟悉化危品的应急处理方法	(1) 布置课外作业，让学生通过各种途径收集各类安全法规和作业安全规定 (2) 知识点讲授、案例分析与课堂互动相结合 (3) 实验室实操训练，让学生动手使用安全帽、防毒面具、安全服等安全工具 (4) 情景模拟，设置"实验室事故现场"，让学生分组共同制定应急管理办法并实施	9

续上表

序号	学习任务	职业能力	知识、技能、态度要求	教学活动设计	学时
4	采样与现场检测	10-03-01、10-03-02、34-10-05	（1）掌握现场采用与检测的基本知识 （2）会进行采样器皿的清洁 （3）能合理进行采样器材的分类与管理	（1）知识点讲授、案例分析与课堂互动相结合 （2）提供采样器皿，让学生实操采样器皿的清洁与分类管理	4
5	样品管理	11-01-01、11-01-02、11-01-04、11-02-03、11-02-04、34-07-02、34-07-04	（1）掌握分析标准测试对样品的要求 （2）掌握样品的编码 （3）掌握实验室管理软件在样品管理方面的应用 （4）能进行分样编号的正确填写 （5）能进行流转记录表的正确填写	（1）知识点讲授、案例分析与课堂互动相结合 （2）实操训练：让学生在机房使用实验室管理软件，进行记录表的填写，样品的管理等	9
6	样品的分析与检测	12-01、12-02、12-03	（1）掌握样品的分析方法 （2）能正确填写原始记录表 （3）能有效地进行实验数据的整理	（1）知识点讲授、案例分析与课堂互动相结合 （2）情境教学：提供实验数据案例，学生按要求进行原始数据的填写和整理	6
7	监测质量监督	13-02-01、13-02-02、13-02-03、13-02-04	（1）掌握化验室检测技术规范的监督办法 （2）掌握化验室环境、仪器设备、药品、耗材及实验记录的完整性和准确性 （3）能进行实验人员操作的规范性管理 （4）能有效地填写监督记录表	（1）知识点讲授、案例分析与课堂互动相结合 （2）情景模拟：模拟实验室操作，学生"身临其境"进行实验员操作的规范性管理，并填写监督记录表	6
8	检测设备管理	14-01、14-02、14-03、14-04、14-05、34-05-06	（1）掌握检测仪器设备的验收流程 （2）掌握检测仪器设备的校准、维护与保养 （3）掌握仪器设备的停用与报废流程 （4）能进行仪器设备档案的收集、管理和归档	（1）知识点讲授、案例分析与课堂互动相结合 （2）实训：学生分组进行仪器设备的校准、维护与保养	8

续上表

序号	学习任务	职业能力	知识、技能、态度要求	教学活动设计	学时
9	仓库管理	15-01、15-02、15-03、15-04、34-07	（1）掌握采购计划的定制知识 （2）掌握出入库管理办法 （3）能较合理地进行库存整理	（1）根据提供的实验室功能及仓库现有库存，制订采购计划 （2）知识点讲授、案例分析与课堂互动相结合 （3）使用仓库管理软件，对出入库进行管理	8
10	化危品管理	18-01-02、34-08	熟悉各种化危品特性及应急方法	（1）知识点讲授、案例分析与课堂互动相结合 （2）指定特定化危品的应急管理方法	6
			合计		72

注："职业能力"填写的职业能力编码与"附录1　环境工程技术专业职业能力分析表"的编码对应。

八、资源的开发与利用

（一）教材编写与使用

（1）教材的编写应贯彻"以职业能力培养为本位，以学生为主体，升学为导向"的概念，打破传统学科式教材的框架，按照工作过程导向，以岗位工作任务为引领编制教学情境。通过对项目实施过程的控制、注意事项的讲解、实施方法的引导，实施"教、学、做"一体化，更加注重学生技能的形成过程，满足中职学生就业或升学的需要。

（2）教材编写以行业化验室管理为单元，以岗位工作任务为驱动，融合大量企业案例，通过基础知识、案例模拟、实操训练等环节加强学生技能的培训。教材知识点的难易程度与职业类学生学习能力相对应，再根据教材的课程体系，构建满足学生需求的实训条件和设施。

（二）数字化资源开发与利用

1. 多媒体教学

通过教学设计，合理选择和运用现代教学媒体，借助仿真软件、视频等各类电子技术辅助手段，尽量结合实际的图片、录影、视频等进行讲解授课，提高学生的感性认识和学习兴趣。

2. 网络资源的开发和利用

（1）利用现代化信息技术开发建立网络课程，建立包括课程标准、教学方法与手段、学习项目、学习指南、教学用多媒体课件、考核项目及评分标准、案例分析、模拟试题、职业资格认证的标准规范和试题、在线学习等教学和学习资源，搭建起多维、动态、活跃、自主的课程训练平台，促进学生积极自主地完成课程的学习。

(2) 积极利用电子书籍、电子期刊、数字图书馆、专业网站等网络资源，促使教学内容从单一化向多元化转变，从而拓展学生知识和提高学生综合能力。

九、教学建议

（一）教学方法

（1）采用基于工作过程的项目导向、任务驱动等教学模式，通过任务（项目）来引导教学过程，通过给学生布置具体工作任务驱动学生自主学习。

（2）针对不同的教学任务采用课堂教学、现场教学、分组教学、案例模拟和角色扮演法等教学方法。

（二）教学条件

（1）多媒体教室：电脑、投影仪、音响与网络。

（2）化验室：化学分析常用仪器设备、玻璃容器等。

十、教学评价

（一）考核方式说明

本课程采用过程性考核和终结性考核相结合的形式。过程性考核包括素质及任务考核，占本门课程考核的比例为70%。素质考核以小组学生的平时表现、工作态度、合作精神等方面作为评价标准，任务考核以学生完成每个工作的质量为标准。终结性考核采用笔试的形式，考核内容侧重于化验室管理基础知识，占本门课程考核的比例为30%。

（二）考核标准（见表2-32）

表2-32　化验室组织与管理课程考核标准

考核方式	考核内容	权重	考核内容	实施方法
过程性考核（70%）	素质考核	10%	迟到、早退与旷课情况	教师评价
		10%	学生态度、解决问题能力	小组自评+小组互评+教师评价
		10%	团结协作精神	
	任务考核	20%	任务完成情况	小组自评+小组互评+教师评价
		20%	工作过程情况	
终结性考核（30%）	课程内容	30%	化验室组织与管理基础理论知识	教考分离、统一组织

（撰稿人：李　萍　张　栖　赵虹云）

高职学段：电工技术课程标准

一、课程名称

电工技术。

二、适用专业

既适用于中高职衔接的环境工程技术专业，又适用于高职的环境工程技术及相关专业。

三、课程性质

本课程是中高职衔接高职环境工程技术专业的专业核心课程。

四、课程设计

本课程通过对环境工程技术专业的岗位工作任务和职业能力要求进行分析，安排直流电、交流电、安全用电以及电动机的工作原理及其控制等相关内容作为载体，将电工的基础知识、安全用电与触电急救、电动机的控制等相关知识和技能融合到各知识点，构建具有专业性、综合性和实用性的学习任务。各学习内容循序渐进、逐步深入，同时安排相对应的实训，让学生理论联系实际，对所学知识做进一步升华。教学过程中，以学生为主体、以教师为主导开展"教、学、做"一体化教学，并将职业道德、操作规范等基本素养融入教学过程中，以提高学生的专业技能，增强学生的团队合作能力、沟通协调能力和责任、安全意识。

五、课程教学目标

通过本课程的学习，达到如下目标：

（一）知识目标

（1）掌握直流电路的基本知识、基尔霍夫定律以及分析简单电路的方法。
（2）了解正弦交流电和三相交流电的概念、原理。
（3）了解三相异步电动机的结构和工作原理。
（4）掌握熔断器和主令电器的工作原理。
（5）掌握低压断路器、热继电器、交流接触器的工作原理。

（二）能力目标

（1）会测量基本的电流、电压等运行参数。

（2）能熟练使用常见的维修设备仪表。
（3）掌握用电、消防、防雷安全知识。
（4）具备基本的电控安装能力。
（5）具备基本的电路识图能力。

（三）素质目标

（1）具有热爱科学、实事求是的学风和创新意识。
（2）具有团队协作精神和良好的工作作风。
（3）具有较强的安全意识、社会责任心及良好的职业道德和敬业精神，使学生勇于实践、勇于创新，成为复合型人才。
（4）具有良好的职业道德规范。
（5）具有敬业乐业的工作作风。
（6）具有质量意识、安全意识。
（7）具有社会责任心、环保意识。

六、参考学时与学分

参考学时：36 学时。
参考学分：2 学分。

七、课程结构

课程结构见表 2-33。

表 2-33　电工技术课程结构

序号	学习任务	职业能力	知识、技能、态度要求	教学活动设计	学时
1	直流电路的分析	03-03-02、03-03-05、03-04-01、03-04-05、30-04、34-01、34-06、34-08	（1）掌握电路的三要素 （2）会使用万用表判断电路的状态 （3）了解电器设备的额定值 （4）掌握基尔霍夫定律 （5）会使用支路电流法分析简单电路 （6）常用电工工具的使用	（1）介绍本知识点在日常生活中的应用 （2）讲授相关知识点 （3）分析电路 （4）作业练习 （5）作业评讲 （6）实训：电路基本物理量的测量	12
2	交流电路的分析	03-04-01、09-02-02、26-02-03、30-04、34-01、34-06、34-08	（1）了解正弦交流电的概念和产生原理 （2）了解正弦交流电的三要素 （3）了解三相交流电的基本概念 （4）掌握三相负载电路的特点 （5）两制一灯电路的连接 （6）安全用电与触电急救	（1）介绍本知识点在日常生活中的应用 （2）讲授相关知识点 （3）实训：两制一灯电路的连接 （4）安全用电与触电急救	12

续上表

序号	学习任务	职业能力	知识、技能、态度要求	教学活动设计	学时
3	三相异步电动机的控制	03-04-01、09-02-02、26-02-03、30-04、34-01、34-06、34-08	(1) 了解三相异步电动机的结构和工作原理 (2) 电动机启动、停止与制动 (3) 掌握三相异步电动机的铭牌和连接方式 (4) 掌握熔断器和主令电器的工作原理 (5) 掌握低压断路器、热继电器、交流接触器的工作原理 (6) 电动机的点动（连动）控制	(1) 介绍本知识点在日常生活中的应用 (2) 讲授相关的知识点 (3) 实训：电动机的点动（连动）控制	12
合计					36

注："职业能力"填写的职业能力编码与"附录1 环境工程技术专业职业能力分析表"的编码对应。

八、资源开发与利用

（一）教材编写与使用

（1）教材的编写应贯彻"以职业能力培养为本位，以学生为主体，升学为导向"的理念，打破传统学科式教材编写框架，按照工作过程导向，以岗位工作任务为引领编制教学任务。通过对项目实施过程的控制、注意事项的讲解、实施方法的引导，实施"教、学、做"一体化，更加注重学生技能的形成过程，满足学生就业或升学的需要。

（2）教材应以学生为主，文字表达要简明扼要，内容展示要图文并茂，突出重点，旨在提高学生学习的主观能动性。

（3）教材中的案例要贴近实际生活，具备可操作性。

（4）建议根据课程的知识、技能、态度要求去安排相对应的实训时间。

（二）数字化资源开发与利用

1. 多媒体教学

（1）多媒体平台应方便教师讲授、演示多媒体教学资料，便于学生形成自己的认知结构。

（2）多媒体平台应设计师生互动环节，设计学生的合作过程、反思过程及表述过程。

（3）多媒体平台应方便完成对学生的评价，包括考勤、课堂表现等。对学生的传统评价方法是作业和考试，即主要是课堂之外的表现，课内表现也应该有，但一般用于鼓励学生。

2. 网络资源的开发和利用

（1）利用现代化信息技术开发建立课程网站，包括课程标准、教学用多媒体课件、考核项目及评分标准、模拟学习系统、多媒体仿真软件等，让学生置身于网络学习平台中，积极自主地完成本课程的学习。

（2）开发手机 APP，方便学生随时随地观看教学视频。

九、教学建议

（一）教学方法

（1）讲授法：主要用于讲解各知识点。
（2）任务驱动法：主要在实训过程中引入项目，明确实训内容。
（3）示范教学法：主要用于课程实训教学环节的操作演示。
（4）讨论法：主要用于实训教学环节中。

（二）教学条件

（1）多媒体教室：电脑、投影仪、音响与网络。
（2）实训条件："教、学、做"一体化电工实训室。

十、教学评价

（一）考核方式

为了更全面地考核学生对电工技术课程知识的掌握情况，课程考核包括过程性考核、终结性考核两部分。其中过程性考核成绩占40%，终结性考核成绩占60%。过程性考核成绩包括考勤情况、平时作业（主要为平时课后习题作业）、实训成绩和平时提问成绩。终结性考核对所学内容进行综合考核，考核方法为笔试。

（二）考核标准（见表2-34）

表2-34　电工技术课程考核标准

考核方式	考核内容	权重	考核内容	实施方法
过程性考核（40%）	素质考核	10%	迟到、早退与旷课情况	教师评价
		5%	学习态度	小组自评+小组互评+教师评价
		5%	协作精神	小组互评+教师评价
	能力考核	20%	分析问题、解决问题的能力	小组自评+小组互评+教师评价
终结性考核（60%）	知识考核	60%	本课程相关知识点	教考分离、统一组织

附：电工技术课程设计鱼骨图（见图2-9）。

（撰稿人：刘华锋　许东霞　简志雄）

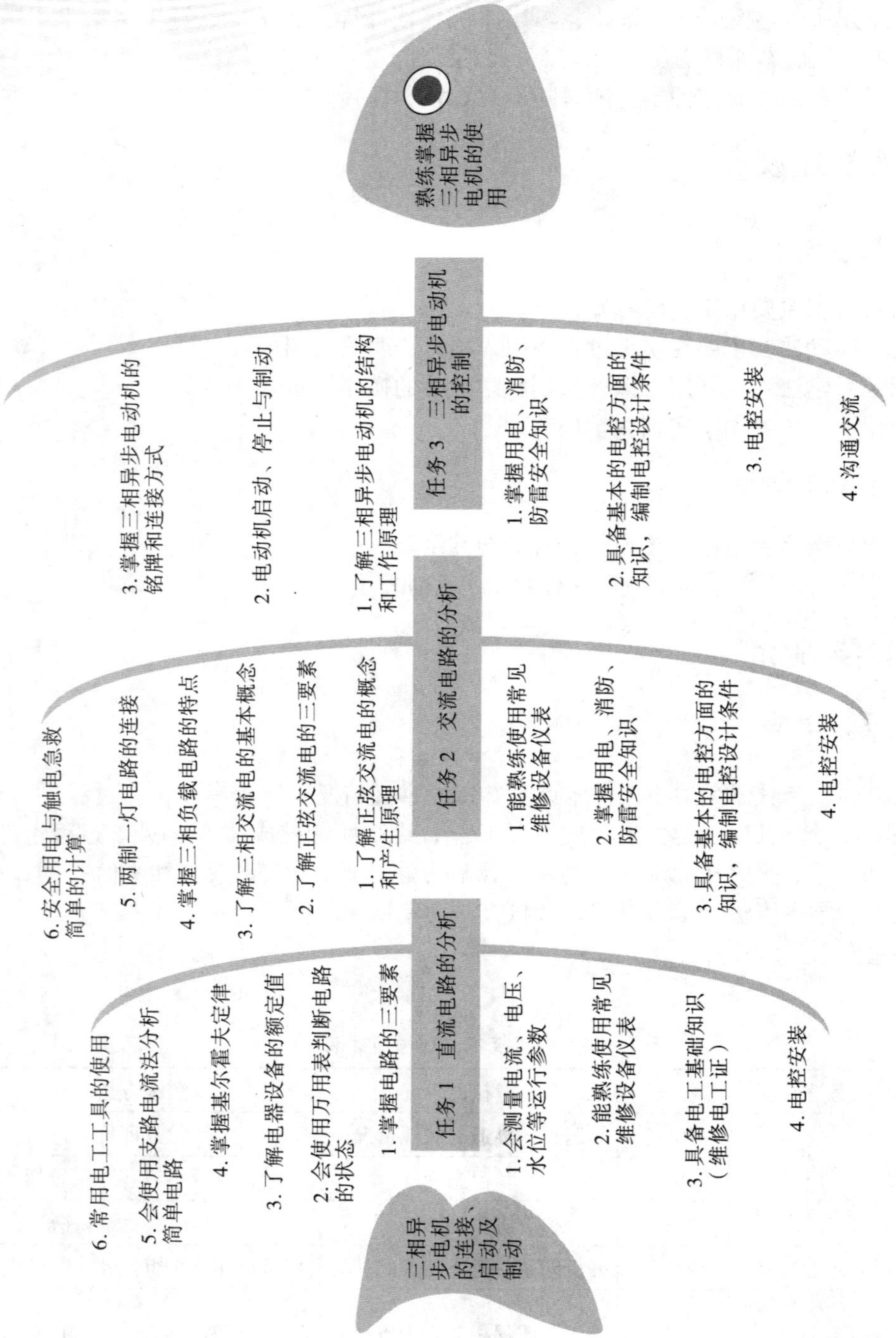

电工技术课程设计鱼骨图

鱼头（目标）： 熟练掌握三相异步电动机的使用

鱼尾（主题）： 三相异步电机的连接及启动与制动

任务1 直流电路的分析

上分支：
1. 掌握电路的三要素
2. 会使用万用表判断电路的状态
3. 了解电器设备的额定值
4. 掌握基尔霍夫定律
5. 会使用支路电流法分析简单电路
6. 常用电工工具的使用

下分支：
1. 会测量电流、电压、水位等运行参数
2. 能熟练使用常见维修设备仪表
3. 具备电工基础知识（维修电工证）
4. 电控安装

任务2 交流电路的分析

上分支：
1. 了解正弦交流电的概念和产生原理
2. 了解三相交流电的三要素
3. 了解三相交流电的基本概念
4. 掌握三相负载电路的特点
5. 两制一灯电路的连接
6. 安全用电与触电急救简单的计算

下分支：
1. 能熟练使用常见维修设备仪表
2. 掌握用电、消防、防雷安全知识
3. 具备基本的电控方面的知识，编制电控设计条件
4. 电控安装

任务3 三相异步电动机的控制

上分支：
1. 了解三相异步电动机的结构和工作原理
2. 电动机启动、停止与制动
3. 掌握三相异步电动机的铭牌和连接方式

下分支：
1. 掌握用电、消防、防雷安全知识
2. 具备基本的电控方面的知识，编制电控设计条件
3. 电控安装
4. 沟通交流

图 2-9 电工技术课程设计鱼骨图

高职学段：环境工程原理课程标准

一、课程名称

环境工程原理。

二、适用专业

既适用于中高职衔接的环境工程技术专业，又适用于高职的环境工程技术及相关专业。

三、课程性质

本课程是高职环境工程技术专业的专业核心课程。

四、课程设计

本课程通过对环境工程技术专业的岗位工作任务和职业能力要求进行分析，选取了废水、废气、固体废物处理过程中的主要设备的基本工作原理、结构组成及仪器仪表认知等内容，以任务驱动，循序渐进，逐步深入，给学生提供充分的思考观察及实践操作机会，并将职业道德、操作规范等方面的内容融入教学过程中，掌握废水、废气及固体废物处理的基础理论知识，培训认设备、懂原理、能操作的综合技能，增强安全生产意识、沟通表达能力、团队协作精神和安全操作规范意识。

五、课程教学目标

通过本课程的学习，达到如下目标：

（一）知识目标

（1）掌握废水处理、废气处理、固体废物处理常用处理工艺设备的基本原理及结构组成。

（2）了解废水处理泵、沉淀池、沉砂池、污泥压滤机等设备工作原理；了解废气处理中重力沉降室、旋风除尘、袋式除尘的除尘原理及吸收塔、吸附塔设备的工作原理和结构组成；掌握填埋、焚烧及热解等原理知识。

（3）掌握传热原理及换热器的结构组成。

（二）能力目标

（1）能够描述废水、废气、固体废物处理的主要设备的主要结构组成及工作原理。

（2）能进行流体输送简单计算，必要时能进行设备的初步选型。

(3) 能根据不同工艺初步选择合适的设备、管道及阀门。
(4) 能够进行压力、密度、流速、流量、热量基本单位换算。
(5) 能正确使用各种常用仪表。

（三）素质目标

(1) 具有良好的沟通交流能力。
(2) 具有良好的团队合作和责任（安全）意识。
(3) 具有良好的自主学习、革新创新及解决问题的能力。
(4) 具有良好的查找资料、数据分析及信息处理的能力。

六、参考学时与学分

参考学时：64 学时。
参考学分：3.5 学分。

七、课程结构

课程结构见表 2-35。

表 2-35　环境工程原理课程结构

序号	学习任务	职业能力	知识、技能、态度要求	教学活动设计	学时
1	流体输送管路认知	01-02-06、30-03-06	(1) 掌握动量传递的原理和相关计算 (2) 认知常用管道、管件（如三通、四通、阀门）等管路部件的类型、规格，选取原则等 (3) 能正确使用各类仪表（U型管压差计、转子流量计、皮托管等）	(1) 分析项目任务 (2) 讲授知识点 (3) 根据实际工况完成流体输送过程动量传递的相关计算，选取合适的流体输送管路或设备 (4) 总结评价	26
2	废水处理中泵和废气处理中风机的工作原理及其运行管理认知	01-01-04、01-03-03、01-03-04、07-01-04	(1) 掌握废水处理中常用泵的类型和离心泵的工作原理 (2) 能正确开关泵并进行运行工况检查 (3) 能进行泵的选型 (4) 掌握废气处理中常用风机的类型和工作原理 (5) 能正确开关风机并进行运行工况检查 (6) 能进行风机的选型	(1) 分析项目任务 (2) 讲授知识点 (3) 根据输送任务选取合适的设备，操作流体输送设备并计算相关的运行参数 (4) 总结评价	20

续上表

序号	学习任务	职业能力	知识、技能、态度要求	教学活动设计	学时
3	运用非均相物系分离方法治理环境污染	02-01-06、04-01、04-02、04-03、07-01-01	（1）掌握非均相物系分离的常用方法的原理 （2）能运用沉降和过滤等主要非均相物系分离方法用于环境污染物的处理 （3）掌握废水处理常用流体输送设备（沉砂池）的原理及相关知识 （4）掌握废气处理的各种常用方法及其原理（重力沉降室、旋风除尘器、布袋除尘器等设备）的原理及相关知识 （5）掌握污泥脱水及相关设备的原理及相关知识	（1）分析项目任务 （2）讲授知识点 （3）根据实际工况合理选择分离方法 （4）总结评价	6
4	认知固体废物处理中填埋和焚烧处理原理及设备	05-07、06-01-01、06-01-02、06-01-10、07-01-01、07-01-07	（1）掌握热量传递的基本原理和相关计算 （2）掌握填埋和焚烧的原理和相关理论知识 （3）能描述填埋和焚烧的工艺流程及控制方法	（1）分析项目任务 （2）讲授知识点 （3）根据实际工况选择合适的固体废弃物的处理处置方法 （4）总结评价	6
5	认知吸收塔和吸附塔的工作原理和主要结构		（1）掌握传质现象的原理及常用的方法 （2）掌握废气处理常用方法及设备的工作原理相关知识	（1）分析项目任务 （2）讲授知识点 （3）根据实际工况合理进行废气处理工艺和相关设备的选取 （4）总结评价	6
			合计		64

注："职业能力"填写的职业能力编码与"附录1　环境工程技术专业职业能力分析表"的编码对应。

八、资源开发与利用

（一）教材编写与使用

（1）教材的编写应贯彻"以职业能力培养为本位，以学生为主体，升学为导向"的理念，打破传统学科式教材编写框架，按照工作过程导向，以岗位工作任务为引领编制教学情境。通过对项目实施过程的控制、注意事项的讲解、实施方法的引导，实施"教、学、做"一体化，更加注重学生技能的形成过程，满足高职学生就业或升学的需要。

（2）教材编写以典型环境治理行业为单元，以岗位需求为任务驱动，融合大量企业案例，通过基础知识、案例模拟、实操训练等环节加强对学生技能的培训。教材知识点的难易程度要与职业类学生学习能力相对应，再根据教材的课程体系，构建满足教学需求的实训条件和设施。

（二）数字化资源开发与利用

1. 多媒体教学

通过教学设计，合理选择和运用现代教学媒体，借助仿真软件、视频等各类电子技术辅助手段，尽量结合实际的工程案例图片、录像、视频等进行讲解授课，提高学生的感性认识和学习兴趣。

2. 网络资源的开发和利用

（1）积极利用现代化信息技术开发建立网络课程和手机 APP，建立包括课程标准、教学方法与手段、学习项目、学习指南、教学用多媒体课件、考核项目及评分标准、案例分析、模拟试题、职业资格认证的标准规范和试题、在线学习等教学和学习资源，搭建起多维、动态、活跃、自主的课程训练平台，促进学生积极自主地完成课程的学习。

（2）充分开发和利用教育部环境工程技术专业教学资源库、环境工程原理网络课程以及电子书籍、电子期刊、数字图书馆、专业网站等网络资源，促使教学内容从单一化向多元化转变，从而拓展学生知识和提高学生综合能力。

九、教学建议

（一）教学方法

（1）任务驱动教学法：主要在各学习任务中引入项目，明确学习内容。
（2）讲授法：主要运用于讲解学习任务的相关知识点。
（3）案例教学法：主要运用于讲解学习任务的相关工程实例。
（4）讨论法：主要运用于确定各学习任务的任务方案。
（5）激励与鼓励教学法：主要运用于教师总结和评价学生的任务完成情况。

（二）教学条件

（1）多媒体教室：电脑、投影仪、音响与网络。
（2）实训条件：环境工程原理实训室。

十、教学评价

(一) 考核方式说明

本课程采用过程性考核和终结性考核相结合的形式。过程性考核包括素质考核、课堂表现、作业质量及实训表现,占本门课程考核的比例为70%。素质考核以小组学生的平时表现、工作态度、协作精神等方面作为评价标准,实训表现以学生的操作规范、数据处理和分析的正确性作为评价标准。终结性考核采用期末笔试形式,考核内容以基础知识和技能为主,侧重于污染物治理的工作原理、环保设备结构组成等,题目难度中等,占本门课程考核的比例为30%。

(二) 考核标准 (见表2-36)

表2-36 环境工程原理课程考核标准

考核方式	考核内容	权重	考核内容	实施方法
过程性考核（70%）	素质考核	5%	迟到、早退与旷课情况	教师/小组长
		5%	学习态度,协作精神	小组自评+小组互评+教师
	课堂表现	10%	课堂互动和课堂纪律	教师
	作业质量	10%	作业数量和质量	
	实训表现	20%	操作规范	
		20%	数据处理和分析的正确性	
终结性考核（30%）	课程内容	30%	基本概念、计算等	教考分离、统一组织

（撰稿人：姚伟卿　刘　莹）

高职学段：环境工程识图与 CAD 课程标准

一、课程名称

环境工程识图与 CAD。

二、适用专业

既适用于中高职衔接的环境工程技术专业，又适用于高职的环境工程技术及相关专业。

三、课程性质

本课程是中高职衔接环境工程技术专业的专业核心课程。

四、课程设计

本课程通过对环境工程技术专业的岗位工作性质和职业能力要求进行分析，选取环境工程设计工作流程介绍、工程制图国家标准的学习、污水处理工程图纸的识读、废气处理工程图纸的识读等 14 个项目为载体，将国家制图标准的有关规定融贯其中，构建具有专业性、综合性和实用性的学习任务。将计算机辅助设计绘图员职业证书考试大纲与课程标准相衔接，做到课程与工作过程相融合，课程与职业证书相融合。组织学生参加职业技能鉴定考试，帮助学生获得国家中、高级 CAD 操作员的资格证书。

教学过程中，以项目任务为引导、以学生为主体、以教师为主导开展"教、学、做"一体化教学，并在教学过程中融入职业道德和团队合作的精神，使学生通过项目实训了解国家制图标准的有关规定，能识读和绘制与专业相关的各类型图纸，为从事环境工程设计员打下基础。同时，逐步增强沟通表达能力，锻炼团队协作精神。

本课程采取任务驱动教学模式，学习任务如表 2-37 所示。

表 2-37 环境工程制图与 CAD 课程学习项目

序号	学习任务（或学习项目）	子任务（或子项目）
1	环境工程设计工作流程认知	（1）环境工程设计工作流程的认知 （2）认知计算机绘图在工程设计中的作用
2	工程制图国家标准的认知	（1）查询标准图集 （2）常用图纸标准及工艺图纸的分类 （3）识别图纸要素
3	正投影基础	（1）变换投影面法的认知 （2）画三视图

续上表

序号	学习任务（或学习项目）	子任务（或子项目）
4	污水处理工程图纸的识读	（1）识别平面布置图、工艺流程图、高程布置图、工艺管道图、设备图等图纸要素，根据图纸准确叙述概况 （2）认知常见工艺流程原理、系统运行的步骤 （3）根据安装指导进行作业 （4）认知常见设备的构造原理
5	废气处理工程图纸的识读	（1）认知平面布置图、工艺流程图、高程布置图、设备图等图纸要素，根据图纸准确叙述概况 （2）认知常见工艺流程原理，知道系统运行的步骤 （3）认知常见设备的构造原理 （4）根据安装指导进行作业
6	生活垃圾填埋场图纸的识读	（1）认知填埋场总体布置图、工艺流程图、导气系统平面布置图、填埋作业图等图纸要素，能够根据图纸准确叙述概况 （2）认知常见工艺流程原理，知道系统运行的步骤 （3）根据安装指导进行作业
7	室内外给水排水工程图的识读	（1）常见给水排水图例的识别 （2）管线表示及绘制方法的认知 （3）管道的标注和编号的识别 （4）室内外给水排水管道系统图的认知
8	土建工程图纸的识读	（1）绘制简单建筑图样 （2）读图要点的识别
9	CAD绘图界面及基本命令的学习	（1）AutoCAD界面的操作 （2）设置绘图环境 （3）CAD文件的创建、打开、保存、关闭，直角坐标与极坐标的应用 （4）各种二维图形绘制命令的操作技巧
10	图框及图表的制作及图纸的标注	（1）创建图框、设置图幅 （2）创建工程图纸说明、表格 （3）标注工程图纸
11	生活污水处理平面布置图的绘制	（1）平面布置图的组成要素 （2）运用各种二维图形绘制命令
12	生活污水处理工艺流程图的绘制	（1）工艺流程图组成要素的识别 （2）运用二维图形绘制命令

续上表

序号	学习任务（或学习项目）	子任务（或子项目）
13	二沉池的绘制	（1）构筑物图的制图要点 （2）运用各种二维图形绘制命令
14	考证培训	（1）绘制建筑工程平面图、立面图和剖面图 （2）投影方法的运用 （3）运用多种手段进行精确高效绘图

五、课程教学目标

通过本课程的学习，达到如下目标：

（一）知识目标

（1）了解工程制图国家标准的有关规定，掌握专业相关图纸的识读与绘制方法。
（2）掌握基本图形的生成及编辑的基本方法和知识。
（3）掌握复杂图形（如块的定义与插入、图案填充等）、尺寸、复杂文本等的生成及编辑的方法和知识。
（4）掌握图形的输出及相关设备的使用方法和知识。

（二）能力目标

（1）能查阅有关标准。
（2）能够识读、绘制中等偏上复杂程度的工艺图样。
（3）能够读懂设计施工图纸和设计方案。
（4）能熟练表述和绘制专业图纸的内容。
（5）能使用计算机辅助设计绘图软件（AutoCAD）及相关设备以交互方式独立、熟练地绘制建筑工程平面图、立面图和剖面图等，达到计算机辅助设计绘图员中级能力要求。
（6）能够绘制环境工程工艺流程图、平面布置图及构筑物图等。

（三）素质目标

（1）具备求知欲望，培养学生科学严谨的工作态度和创造性工作能力。
（2）具备热爱专业、热爱本职工作的精神。
（3）具备自主学习的能力、团队合作的意识及与人沟通的能力。

六、参考学时与学分

参考学时：90 学时。
参考学分：5 学分。

七、课程结构

课程结构见表 2-38。

表 2-38 环境工程识图与 CAD 课程结构

序号	学习任务	职业能力	知识、技能、态度要求	教学活动设计	学时
1	环境工程设计工作流程介绍	02-01-06、05-01-01、05-02、05-04-02、25-02、25-03、30-01-06	(1) 能描述污水处理工艺流程和处理方法 (2) 辅助制订计划与方案,指导计划与方案的执行 (3) 测量绘图与现场放线,确定工艺路线,组织图纸会审	(1) 通过实际工程案例引入 (2) 讲解工程设计流程	4
2	正投影基础	26-02-05	(1) 掌握变换投影面法 (2) 掌握三视图画法	(1) 教师讲解 (2) 模型展示	4
3	工程制图国家标准的学习	26-02-05、34-04	(1) 掌握查询标准图集的方法 (2) 熟记常用图纸标准 (3) 掌握图纸要素	(1) 解读国家标准 (2) 实例讲解	4
4	污水处理工程图纸的识读	06-01-03、29-02、30-02-01、30-04-01、31-05-01、34-01、34-07	(1) 能够根据图纸准确叙述概况,了解图纸分类 (2) 掌握常见水处理工艺流程原理,能够根据图纸叙述图纸要素,知道系统运行的步骤 (3) 了解工艺参数的调整方法,了解施工与调试程序	(1) 讲解实际工程案例 (2) 小组讨论	4
5	废气处理工程图纸的识读	06-01-03、29-02、30-02-01、30-04-01、31-05-01、34-01、34-07	(1) 能够根据图纸准确叙述概况,了解图纸分类 (2) 掌握常见废气处理工艺流程原理,能够根据图纸叙述图纸要素,知道系统运行的步骤 (3) 了解工艺参数的调整方法,了解施工与调试程序	(1) 讲解实际工程案例 (2) 小组讨论	3

续上表

序号	学习任务	职业能力	知识、技能、态度要求	教学活动设计	学时
6	生活垃圾填埋场图纸的识读	30-02-01、30-02-02、30-03-01、30-04-01、30-06-01、31-02-03、34-01、34-07	（1）能够根据图纸准确叙述概况，了解图纸分类 （2）掌握生活垃圾填埋处理工艺流程原理，能够根据图纸叙述图纸要素，知道系统运行的步骤 （3）了解工艺参数的调整方法，了解施工与调试程序	（1）讲解实际工程案例 （2）小组讨论	3
7	室内外给水排水工程图	30-02-01、30-02-02、30-03-01、30-04-01、30-06-01、31-02-03、34-01	（1）熟记常见给水排水图例 （2）掌握管线的表示方法 （3）能看懂管道的标注和编号 （4）初步了解室内外给水排水管道系统图	（1）讲解实际工程案例 （2）小组讨论	3
8	土建工程图纸的识读	30-02-01、30-02-02、30-03-01、30-04-01、31-02-03、34-04	（1）能够根据图纸准确叙述概况，了解图纸分类 （2）掌握读图要点，能够叙述图纸要素 （3）能够初步根据安装指导进行作业	（1）讲解实际工程案例 （2）小组讨论	3
9	CAD绘图界面及基本命令的学习	05-01-01、05-04-02	（1）熟悉AutoCAD的操作界面 （2）掌握创建、打开、保存、关闭图形，熟练应用直角坐标与极坐标 （3）掌握各种绘图命令、编辑命令的使用方法	（1）基本绘图界面的介绍 （2）基本命令的学习	12
10	图框及图表的制作	25-03-04、26-02-05	能够运用合适的文字、标注、表格样式，创建工程图纸说明、表格及标注	（1）分组合作 （2）下发任务书 （3）学生合作展示 （4）教师点评总结	4

续上表

序号	学习任务	职业能力	知识、技能、态度要求	教学活动设计	学时
11	生活污水处理工艺流程图的绘制	02-01-06、05-01、25-03-03、26-02-05	（1）掌握环境工程工艺流程图的绘制方法 （2）能够运用块、外部参照、设计中心等提高绘图效率	（1）分组合作 （2）下发任务书 （3）学生合作展示 （4）教师点评总结	12
12	二沉池的绘制	05-04-04、26-02-05	（1）掌握二沉池的绘制方法 （2）能够运用块、外部参照、设计中心等提高绘图效率	（1）分组合作 （2）下发任务书 （3）学生合作展示 （4）教师点评总结	8
13	生活污水处理平面布置图的绘制	06-01-03、30-02-01、30-04-01、25-03-04、29-02	（1）掌握平面布置图的绘制方法 （2）能够运用块、外部参照、设计中心等提高绘图效率	（1）分组合作 （2）下发任务书 （3）学生合作展示 （4）教师点评总结	12
14	考证培训	05-01-01、34-03、34-04	能熟练绘制建筑工程平面图、立面图和剖面图等，达到计算机辅助设计绘图员中级职业能力要求	（1）教师演示 （2）模拟考证 （3）教师点评总结	14
			合计		90

注："职业能力"填写的职业能力编码与"附录1 环境工程技术专业职业能力分析表"的编码对应。

八、资源开发与利用

（一）教材编写与使用

（1）教材的编写应贯彻"以职业能力培养为本位，以学生为主体，升学为导向"的理念，打破传统学科式教材编写框架，按照工作过程导向，以岗位工作任务或项目为引领编制教学内容。通过对项目实施过程的控制、注意事项的讲解、实施方法的引导，实施"教、学、做"一体化，更加注重学生技能的形成过程，满足高职学生就业或升学的需要。

（2）教材编写以典型污染治理行业为单元，以岗位需求为任务驱动，融合大量企业案例，通过基本命令的讲解、绘图演示、实操训练等教学方式达到教学目的。教材知识点的难易程度要与职业类学生学习能力相对应，再根据教材的课程体系，构建满足教学需求的实训条件和设施。

（二）数字化资源开发与利用

1. 多媒体教学

通过教学设计，合理选择和运用现代教学媒体，借助仿真软件、视频等各类电子技术辅助手段，尽量结合实际的工程案例图片、录像、视频等进行讲解授课，提高学生的感性认识和学习兴趣。

2. 网络资源的开发和利用

（1）积极利用现代化信息技术开发建立网络课程和手机 APP，建立包括课程标准、教学方法与手段、学习项目、学习指南、教学用多媒体课件、考核项目及评分标准、案例分析、模拟试题、职业资格认证的标准规范和试题、在线学习等教学和学习资源，搭建起多维、动态、活跃、自主的课程训练平台，促进学生积极自主地完成课程的学习。

（2）充分开发和利用教育部环境工程技术专业教学资源库、环境工程 CAD 网络课程以及电子书籍、电子期刊、数字图书馆、专业网站等网络资源，促使教学内容从单一化向多元化转变，从而拓展学生知识和提高学生综合能力。

九、教学建议

（一）教学方法

（1）采用基于工作过程的项目导向、任务驱动等教学模式，通过任务（项目）来引导教学过程，通过给学生布置具体工作任务驱动学生自主学习。

（2）针对不同的教学任务采用课堂教学、现场教学、案例教学、分组教学、专题讲座等教学方法。

（3）充分利用信息化手段及各种优秀数字化资源辅助教学，充分利用校内外实训资源，对部分技术案例可在实际的行业企业中进行现场授课，采用真实情景下的教学模式。

（二）教学条件

（1）计算机机房：电脑、投影仪、音响与网络。
（2）环境工程实训室：常见工艺模型。
（3）学院图书馆：各种环境保护相关图书、标准、图纸及中国知网、超星电子图书等文献资源。

十、教学评价

（一）考核方式说明

本课程采用过程性考核和终结性考核相结合的形式。终结性考核采用笔试形式，考核内容侧重于基本绘图命令的掌握以及工程图纸识图绘图能力等，占本门课程考核的比例为 30%。过程性考核包括素质考核及任务考核，占本门课程考核的比例为 70%。素质考核以小组学生的平时表现、工作态度、协作精神等方面作为评价标准,任务考核以学生完成每个工作任务的质量为标准。

(二) 考核标准 (见表 2-39)

表 2-39　环境工程识图与 CAD 课程考核标准

考核方式	考核内容	权重	考核内容	实施方法
过程性考核(70%)	素质考核	10%	迟到、早退与旷课情况	教师评价
		5%	学习态度	小组自评+小组互评+教师评价
		5%	协作精神	小组自评+小组互评+教师评价
	图纸的识读	15%	测试成绩	小组自评+小组互评+教师评价
	图框及图表的制作	5%	任务的完整度	小组自评+小组互评+教师评价
	工艺流程图的绘制	5%	任务的完整度	小组自评+小组互评+教师评价
	平面布置图的绘制	5%	任务的完整度	小组自评+小组互评+教师评价
	二沉池的绘制	5%	任务的完整度	小组自评+小组互评+教师评价
	模拟考证	15%	测试成绩	小组自评+小组互评+教师评价
终结性考核(30%)	综合	30%	考试成绩	教考分离、统一组织

附:污水处理工程图纸的识读学习任务设计鱼骨图 (见图 2-10)。

(撰稿人:李慧颖　李晨华　刘颖辉)

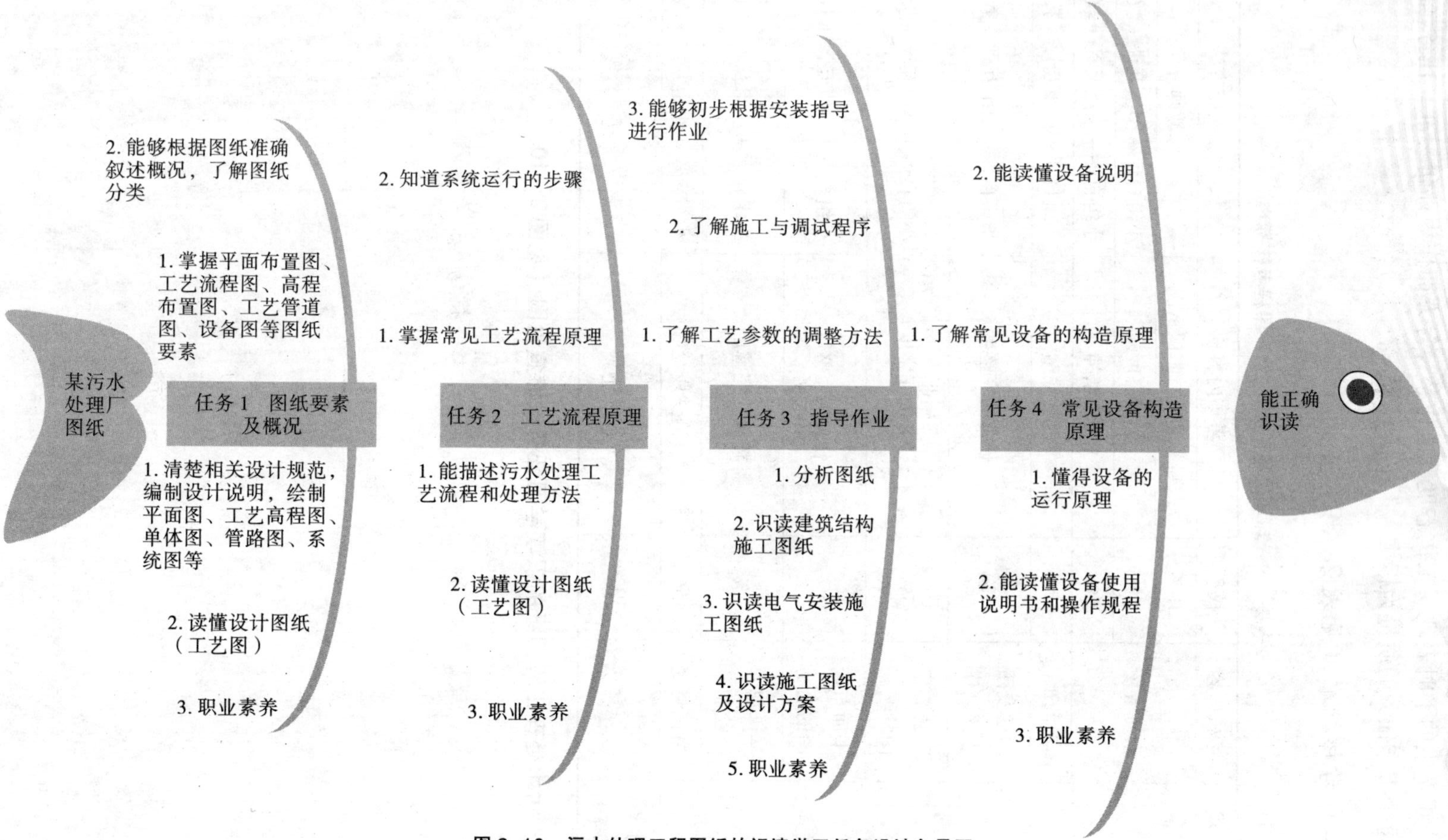

图 2-10 污水处理工程图纸的识读学习任务设计鱼骨图

某污水处理厂图纸

任务 1 图纸要素及概况
1. 清楚相关设计规范，编制设计说明、工艺流程图、管路图、系统图等
2. 读懂设计图纸（工艺图）
3. 职业素养

1. 掌握平面布置图、工艺流程图、高程布置图、工艺管道图、设备图等图纸要素
2. 能够根据图纸准确叙述概况，了解图纸分类

任务 2 工艺流程原理
1. 能描述污水处理工艺流程和处理方法
2. 读懂设计图纸（工艺图）
3. 职业素养

1. 掌握常见工艺流程原理
2. 知道系统运行的步骤

任务 3 指导作业
1. 分析图纸
2. 识读建筑结构施工图纸
3. 识读电气安装施工图纸
4. 识读施工图纸及设计方案
5. 职业素养

1. 了解工艺参数的调整方法
2. 了解施工与调试程序
3. 能够初步根据安装指导进行作业

任务 4 常见设备构造原理
1. 懂得设备的运行原理
2. 能读懂设备使用说明书和操作规程
3. 职业素养

1. 了解常见设备的构造原理
2. 能读懂设备说明

能正确识读

高职学段：环境工程技术课程标准

一、课程名称

环境工程技术。

二、适用专业

既适用于中高职衔接的环境工程技术专业，又适用于高职的环境工程技术及相关专业。

三、课程性质

本课程是中高职衔接高职环境工程技术专业的专业核心课程。

四、课程设计

本课程设计主体思路以职业能力和工作任务为导向，以完善环境工程技术专业人员素质能力为标准，以人才培养方案为依据，以培养学生职业能力为核心，坚持理论知识与实践实训相结合，以典型实际案例为切入点，基于工作过程为主线，制定学习任务。根据项目任务，设计学习情境，划分学习单元，组织实施教学。按照环境污染治理技术涉及的三大模块内容，以理论教学上"必需、够用"为度，精心组织、调配课程内容，分别从水污染治理、大气污染治理、固体废物处理与处置等三大方面进行教学内容设计，按照污染物治理实际需求，重点讲解各类污染物的治理技术及其设备运营原理等，融"教、学、做"于一体，使学生既打下扎实的基础，又具备较强的动手能力，突出职业能力的培养和提高。

本课程采取"理论讲授+案例分析"形式，结合任务驱动教学模式，学习任务如表2-40所示：

表2-40　环境工程技术课程学习项目

序号	学习任务（或学习项目）	子任务（或子项目）
1	水污染认知	（1）水体污染概念、水体自净认知 （2）各类水质标准认知 （3）污水处理厂巡查的方法认知 （4）废水治理原则及处理方法的选择 （5）常见的污染物类型，界定污染物基本性能与参数的方法认知

续上表

序号	学习任务（或学习项目）	子任务（或子项目）
2	废水的预处理	（1）格栅、筛网的类型、参数调整及应用 （2）调节池的特点、类型、参数调整及应用
3	废水的物理处理	（1）沉淀类型及其特点，不同沉淀法处理废水的基本原理；典型沉淀池的构造及工作特征 （2）隔油池的类型、运行参数及工作特征 （3）过滤原理、过滤操作参数及工艺流程
4	废水的化学和物理化学处理	（1）中和法、混凝法、氧化还原法、电解法等化学方法处理废水的工作原理及各自的使用条件 （2）气浮原理、气浮种类、气浮系统的组成及操作特点认知
5	废水的生物处理	（1）活性污泥法的原理，典型生物处理废水 A2/O、SBR、AB 法和氧化沟等工艺过程、参数的调节及相关构筑物的构造 （2）生物膜法的原理，生物滤池、生物转盘、生物接触氧化池和生物流化床等工艺过程、参数的调节及相关构筑物的构造 （3）废水的厌氧生物处理的原理，常见的厌氧生物反应器（UASB、UBF、IC 等）的工艺特点、运行参数和适用范围 （4）自然条件下的生物处理类型、特点和适用范围
6	深度处理与利用	吸附法、离子交换法和膜分离等深度处理废水方法的工作原理及各自的使用条件
7	污泥的处理与处置	（1）污泥的分类、指标及工艺流程 （2）重力浓缩、气浮浓缩和离心浓缩认知 （3）污泥好氧消化与厌氧消化 （4）污泥脱水的处理方法 （5）污泥的最终处置方法
8	大气污染防治认知	（1）废气排放管理方法 （2）大气、大气污染物、大气环境质量标准、排放标准等基本理论知识认知 （3）区分大气污染类型 （4）大气污染来源、主要污染物及它们的来源和危害认知 （5）提出大气污染综合防治一般采取的措施
9	颗粒污染物的净化	（1）粉尘的性质认知 （2）各类除尘装置的工作原理、结构特点、适用范围、选型计算等知识 （3）根据粉尘实际情况及评价除尘装置性能的指标选用合适的颗粒物净化装置

续上表

序号	学习任务（或学习项目）	子任务（或子项目）
10	气态污染物的净化	（1）吸收、吸附、催化转化、燃烧等常用控制气态污染物方法的工作原理，及各自的典型设备、性能特点等 （2）SO_2、NO_x等典型气态污染物的净化方法，适用条件，性能特点；明确新建厂的选址应注意的问题
11	固体废物基本知识	（1）废物的基本概念、主要来源和分类方法认知 （2）固体废物的主要污染危害和常见的日常管理方法认知 （3）我国固体废物管理的管理体系、法律政策、技术规范等认知
12	固体废物处理技术	（1）固体废物的预处理技术，包括压实、破碎、分选、化学处理和固化处理等的工作原理 （2）典型固体废物的资源利用
13	固体废物的最终处置	（1）固体废物的最终处置分类方法认知 （2）卫生填埋的结构形式、填埋方法、操作方法及污染防治措施 （3）浅地层埋藏选址原则、埋藏方式 （4）焚烧原理、控制参数、焚烧工艺及系统、焚烧设备及二次污染物的控制 （5）热解的概念、原理及处理对象
14	参观废水处理工艺流程	（1）实训室废水治理设施的基本原理及操作流程 （2）治理设施的安装、运行与维护管理的基本方法
15	污水厂学习	（1）综合利用所学废水处理的知识，独立设计出一套污水处理厂工艺流程 （2）熟悉各类废水处理装置 （3）独立完成技术方案编制 （4）技术方案编制过程沟通技巧 （5）能够判断工艺故障的原因及进行简单处理
16	混凝实验	（1）药品配制 （2）药品投加及投加设备认知 （3）计算药品投加量，确定混凝实验的最佳条件
17	大气污染物的实训室模型参观、企业实地参观	（1）实训室废气治理设施的基本原理及操作流程 （2）治理设施的安装、运行与维护管理的基本方法 （3）能利用所学知识独立进行废气治理设施的安装调试和维护管理，保证设施安全运营

续上表

序号	学习任务（或学习项目）	子任务（或子项目）
18	静电除尘器处理含尘废气实验	（1）静电除尘器的除尘原理认知 （2）操作静电除尘器 （3）静电除尘器清灰 （4）会使用测量仪器测量流速、气压、粉尘浓度等
19	固体废物的预处理实验	（1）固体废物采样 （2）利用破碎、压实和化学中和处理方法对固体废物进行预处理，并能熟练掌握废酸渣和废碱渣的中和处理实验 （3）根据不同类型的固体废物制定合适的采样方法进行有效的采样，并制成合格的样品进行分析

五、课程教学目标

通过本课程的学习，达到如下目标：

（一）知识目标

（1）掌握水污染治理相关法律法规及标准，水污染治理相关政策法规、污染指标及其处理基本原则和方法；具备污水处理基本知识。

（2）掌握水污染治理的物理、化学、物化、生物处理等方法的基本概念、基本理论、基本工艺和常规治理设备、构筑物的工作原理、影响因素及相关设计参数。

（3）了解目前的水处理设备及先进工艺。

（4）掌握大气污染的概念、污染物性质和危害及相关法律法规等基础知识。

（5）掌握大气污染治理常用工艺的原理、影响因素、设备结构及简单设计参数确定。

（6）熟悉固体废物的来源与分类、污染危害及控制措施。

（7）了解我国固体废物管理体系及相关技术、经济政策等内容；掌握固体废物处理技术及最终处置方法。

（二）能力目标

（1）能查阅有关标准。

（2）能查阅文献，获取国内外污染物治理与处置的最新科研动态。

（3）能够提出污染物处理处置的初步解决方案。

（4）能操作运行污染物处理设备及构筑物，进行设备、构筑物的常规维护、维修以及对异常情况进行处理。

（5）能够参与工业生产污水、废气及固体废弃物等污染物的处理方案制订。

（6）能对生产工艺进行分析，找出污染源并对污染物特点进行分析，进行处理工艺及方案的制订。

（三）素质目标

（1）具备继续学习和评估总结提升的能力。在学习、实践的循环中，有针对性地评估总结，使之不断提高。

（2）具有良好的敬业精神和职业道德。

（3）具有一定的计划、组织和协调能力。

（4）具有团队意识和一定的人际沟通能力。

六、参考学时与学分

参考学时：144 学时。

参考学分：8 学分。

七、课程结构

课程结构见表 2-41。

表 2-41　环境工程技术课程结构

序号	学习任务	职业能力	知识、技能、态度要求	教学活动设计	学时
1	水污染认知	01-01、01-02-10、02-01-01	（1）了解水体污染概念、水体自净 （2）熟悉各类水质标准 （3）掌握污水处理厂巡查的方法 （4）明确废水治理原则及处理方法的选择，明白各操作单元之间的逻辑关系 （5）掌握常见的污染物类型，界定污染物基本性能与参数的方法	（1）用图片、影像资料引入介绍水体污染现象，进一步介绍相关专业知识 （2）案例引入	4
2	废水的预处理	01-02-04、01-02-06	（1）掌握格栅、筛网的类型、参数调整及应用 （2）掌握调节池的特点、类型、参数调整及应用	（1）案例引入，项目教学法 （2）通过引入废水治理案例，介绍常见的预处理方法 （3）通过小组讨论，就该案例分析出最佳的预处理方法，并确定运行参数 （4）总结点评	4

续上表

序号	学习任务	职业能力	知识、技能、态度要求	教学活动设计	学时
3	废水的物理处理	01-02-04、01-02-06、08-01-03	（1）掌握沉淀类型及其特点，不同沉淀法处理废水的基本原理；典型沉淀池的构造及工作特征（2）了解隔油池的类型、运行参数及工作特征（3）了解气浮原理、气浮种类、气浮系统的组成及操作特点（4）了解过滤原理、过滤操作参数及工艺流程	（1）案例引入，项目教学法（2）通过引入废水治理案例，讲述沉淀、隔油、气浮和过滤等知识点（3）通过小组讨论，就该案例分析出最佳的物理处理方法，并确定运行参数（4）总结点评	8
4	废水的化学和物理化学处理	01-02-04、01-05、08-01-03	熟悉中和法、混凝法、氧化还原法、电解法等化学方法处理废水的工作原理及各自的使用条件	（1）案例引入，项目教学法（2）通过引入废水治理案例，讲述中和法、混凝法、氧化还原法、电解法等知识要点（3）通过小组讨论，就该案例分析出最佳的化学处理方法，并确定运行参数（4）总结点评	8
5	废水的生物处理	01-02-04、01-02-06、08-01-03	（1）掌握活性污泥法的原理，并掌握典型生物处理废水 A2/O、SBR、AB 法和氧化沟等工艺过程、参数的调节及相关构筑物的构造（2）了解生物膜法的原理，并掌握生物滤池、生物转盘、生物接触氧化池和生物流化床等工艺过程、参数的调节及相关构筑物的构造（3）熟悉废水的厌氧生物处理的原理，常见的厌氧生物反应器（UASB、UBF、IC 等）的工艺特点、运行参数和适用范围（4）了解自然条件下的生物处理类型、特点和适用范围	（1）案例引入，项目教学法（2）通过引入废水治理案例，讲述活性污泥法和生物膜法的原理及其典型工艺（3）通过小组讨论，就该案例分析出最佳的生物处理方法，并确定运行参数（4）总结点评	12

续上表

序号	学习任务	职业能力	知识、技能、态度要求	教学活动设计	学时
6	深度处理与利用	01-02-04、08-01-03	熟悉吸附法、离子交换法和膜分离等深度处理废水方法的工作原理及各自的使用条件	（1）案例引入，项目教学法 （2）通过引入废水治理案例，讲述吸附法、离子交换法和膜分离法的原理及工艺 （3）通过小组讨论，就该案例分析出最佳的深度处理方法，并确定运行参数 （4）总结点评	8
7	污泥的处理与处置	04、06-01-01、08-01-03	（1）了解污染的分类、性质及指标以及处理处置工艺流程 （2）掌握重力浓缩、气浮浓缩和离心浓缩的原理 （3）掌握污泥好氧消化与厌氧消化 （4）掌握污泥脱水的处理方法 （5）掌握污泥的最终处置方法	（1）案例引入，项目教学法 （2）通过引入污泥治理案例，讲述污泥的处理及处置方法、设备 （3）通过小组讨论，就该案例分析出最佳的污泥处理方法及流程，并确定运行参数 （4）总结点评	8
8	大气污染防治认知	06-03、07	（1）了解废气排放管理方法 （2）了解大气、大气污染物、大气环境质量标准、排放标准等基本理论知识 （3）能够区分大气污染 （4）掌握大气污染来源、主要污染物及它们的来源和危害 （5）能提出大气污染综合防治一般采取的措施	（1）观看纪录影片 （2）小组讨论，针对影片中的信息进行总结 （3）小组发言 （4）教师点评，介绍相关知识点	4
9	颗粒污染物的净化	06-01-08、07-01-01、07-03、08-01-03	（1）掌握粉尘的性质 （2）了解各类除尘装置的工作原理、结构特点、适用范围、选型计算等知识 （3）能够根据粉尘实际情况及评价除尘装置性能的指标选用合适的颗粒物净化装置	（1）案例引入，项目教学法 （2）通过引入废气治理案例，讲述机械除尘、湿式除尘器、过滤式除尘和静电除尘器的原理及其工艺特点 （3）通过小组讨论，就该案例分析出最佳的治理方法及流程，并确定运行参数 （4）总结点评	8

续上表

序号	学习任务	职业能力	知识、技能、态度要求	教学活动设计	学时
10	气态污染物的净化	06-01-08、07-01、08-01-03	(1) 了解吸收、吸附、催化转化、燃烧等常用控制气态污染物方法的工作原理及各自的典型设备、性能特点等 (2) 了解 SO_2、NO_x 等典型气态污染物的净化方法、适用条件、性能特点，明确新建厂的选址应注意的问题	(1) 案例引入，项目教学法 (2) 通过引入废气治理案例，讲述吸收、吸附、催化转化、燃烧等常用控制气态污染物方法的原理、典型设备、性能特点等 (3) 通过小组讨论，就该案例分析出最佳的治理方法及流程，并确定运行参数 (4) 总结点评	8
11	固体废物基本知识	05-08	(1) 掌握固体废物的基本概念、主要来源和分类方法 (2) 了解固体废物的主要污染危害和常见的日常管理方法 (3) 了解我国固体废物管理的管理体系、法律政策、技术规范等	(1) 结合固体废弃物污染的数据资料、图片和视频，引出固体废物、危险废物的概念、主要来源和分类方法 (2) 小组讨论：固体废物的主要污染危害和常见的日常管理方法 (3) 通过游戏了解我国废物管理的管理体系、法律政策、技术规范等	6
12	固体废物处理技术	05-01-02、05-07、06-01-02、08-01-03	(1) 了解固体废物的预处理技术，包括压实、破碎、分选、化学处理和固化处理等的工作原理 (2) 了解典型固体废物的资源利用	(1) 了解固体废物的预处理技术，包括压实、破碎、分选、化学处理和固化处理等的工作原理，构筑物及其各自的特点 (2) 了解典型固体废物的资源法	12
13	固体废物的最终处置	05-01-02、05-06、06-01-01、08-01-03	(1) 了解固体废物的最终处置分类方法 (2) 掌握卫生填埋的结构形式、填埋方法、操作方法及污染防治措施 (3) 了解浅地层埋藏选址原则、埋藏方式 (4) 掌握焚烧原理、控制参数、焚烧工艺及系统、焚烧设备及二次污染物的控制 (5) 了解热解的概念、原理及处理对象	(1) 讲述焚烧和填埋的原理、控制参数和常用设备 (2) 观看视频，学习固体废弃物的最终处理处置方法 (3) 总结点评	8

续上表

序号	学习任务	职业能力	知识、技能、态度要求	教学活动设计	学时
14	废水处理工艺流程参观	18-01	（1）掌握实训室废水治理设施的基本原理及操作流程 （2）掌握治理设施的安装、运行与维护管理的基本方法	（1）工程实例展示 （2）实物参观 （3）案例讲解	4
15	污水厂学习	20-02、20-03、22-05、25、29、30、31-04、31-05-03、32-01-01、32-03-01	（1）能综合利用所学废水处理的知识，独立设计出一套污水处理厂工艺流程 （2）熟悉各类废水处理装置 （3）能独立完成技术方案编制 （4）掌握技术方案编制过程沟通技巧 （5）能够判断工艺故障的原因及进行简单处理	污水处理厂或企业污水处理部门跟岗学习	18
16	混凝实验	01-05	（1）掌握药品配制的方法 （2）了解药品投加设备 （3）计算药品投加量，确定混凝实验的最佳条件	（1）教师演示操作 （2）分组完成混凝实验，撰写实验报告	4
17	大气污染物的实训室模型参观、企业实地参观	06-01-08、07-01-01、08-01-03	（1）掌握实训室废气治理设施的基本原理及操作流程 （2）掌握治理设施的安装、运行与维护管理的基本方法 （3）能利用所学知识独立进行废气治理设施的安装调试和维护管理，保证设施安全运营	（1）工程实例展示 （2）实物参观 （3）案例讲解	8
18	静电除尘器处理含尘废气实验	07-01-01	（1）掌握静电除尘器的除尘原理 （2）掌握静电除尘器的除尘操作 （3）掌握清灰的方法 （4）会使用测量仪器	（1）操作演示 （2）分组完成实验，撰写实验报告	6

续上表

序号	学习任务	职业能力	知识、技能、态度要求	教学活动设计	学时
19	固体废物的预处理	05-01-02、05-07、06-01-02、08-01-03	（1）熟悉固体废物的采样方法 （2）掌握固体废物预处理中的破碎、压实和化学中和处理方法 （3）会根据不同类型的固体废物制定合适的采样方法进行有效的采样，并制成合格的样品进行分析 （4）会对固体废物破碎和压实处理，并能熟练掌握废酸渣和废碱渣的中和处理实验	（1）实验过程讲解 （2）分组完成实验，撰写实验报告	6
合计					144

注："职业能力"填写的职业能力编码与"附录1　环境工程技术专业职业能力分析表"的编码对应。

八、资源开发与利用

（一）教材编写与使用

（1）必须依据本课程标准编写教材，教材应充分体现任务引领、实践导向的课程设计思想。

（2）教材应将本专业职业活动分解成若干典型的工作项目，按完成工作项目的需要和岗位操作规程，结合职业标准要求组织教材内容。要通过各种废水、废气、固体废物处理设备的操作，引入必需的理论知识，加强操作训练，体现理论在实践过程中的应用。

（3）教材应图文并茂，提高学生的学习兴趣，以加深学生对废水、废气、固体废物处理技术的理解。教材表述必须精练、准确、科学。

（4）教材内容应体现先进性、通用性、实用性，要将本专业新技术、新工艺、新设备及时纳入教材，使教材更贴近本专业的发展和实际需要。

（5）教材中活动内容的设计要具体，并具有可操作性。

（二）数字化资源开发与利用

1. 多媒体教学

通过教学设计，合理选择和运用现代教学媒体，借助仿真软件、视频等各类电子技术辅助手段，尽量结合实际的工程案例图片、录像、视频等进行讲解授课，提高学生的感性认识和学习兴趣。

2. 网络资源的开发和利用

（1）积极利用现代化信息技术开发建立网络课程和手机 APP，建立包括课程标准、教学方法与手段、学习项目、学习指南、教学用多媒体课件、考核项目及评分标准、案例分析、模拟试题、职业资格认证的标准规范和试题、在线学习等教学和学习资源，搭建起多维、动态、活跃、自主的课程训练平台，促进学生积极自主地完成课程的学习。

（2）充分开发和利用教育部环境工程技术专业教学资源库、网络课程以及电子书籍、电子期刊、数字图书馆、专业网站等网络资源，促使教学内容从单一化向多元化转变，从而拓展学生知识和提高学生综合能力。

九、教学建议

（一）教学方法

（1）采用基于工作过程的项目导向、任务驱动等教学模式，通过任务（项目）来引导教学过程，通过给学生布置具体工作任务驱动学生自主学习。

（2）针对不同的教学任务采用课堂教学、现场教学、案例教学、分组教学、专题讲座等教学方法。

（3）充分利用信息化手段及各种优秀数字化资源辅助教学，充分利用校内外实训资源，对部分技术案例可在实际的行业企业中进行现场授课，采用真实情景下的教学模式。

（二）教学条件

（1）多媒体教室：电脑、投影仪、音响与网络。

（2）实训条件：校内有水污染治理、大气污染治理、固体废物处理等相关实训室，校外有相关实训基地。

十、教学评价

（一）考核方式说明

本课程是环境工程技术专业必修课程，是培养学生职业技能的重要课程之一。考核内容参照课程标准及污水处理工等职业资格标准要求选取，以考核基础知识和基础技能为主，重点放在基础原理的认识、工艺流程的确定和设备应用认识等方面上，题目难度中等。终结性考核采取闭卷形式，占本门课程考核的比例为60%。过程性考核包括素质考核及任务考核，占本门课程考核的比例为40%，采取以教师为主、小组长配合的考核方式，满分100分。

(二) 考核标准 (见表 2-42)

表 2-42 环境工程技术课程考核标准

考核方式	考核内容	权重	考核内容	实施方法
过程性考核 (40%)	素质考核	4%	迟到、早退与旷课情况	教师评价
		4%	学习态度	小组自评+小组互评+教师评价
		4%	课堂行为	教师评价
	作业	20%	作业质量、工艺流程正确性	教师/小组长
	操作规范	8%	仪器操作规范、爱护设备/仪器	教师
终结性考核 (60%)	课程内容考核	60%	水、气、固知识点	教考分离、统一组织

附：污泥的处理与处置学习任务鱼骨图（见图 2-11）。

（撰稿人：余小玉）

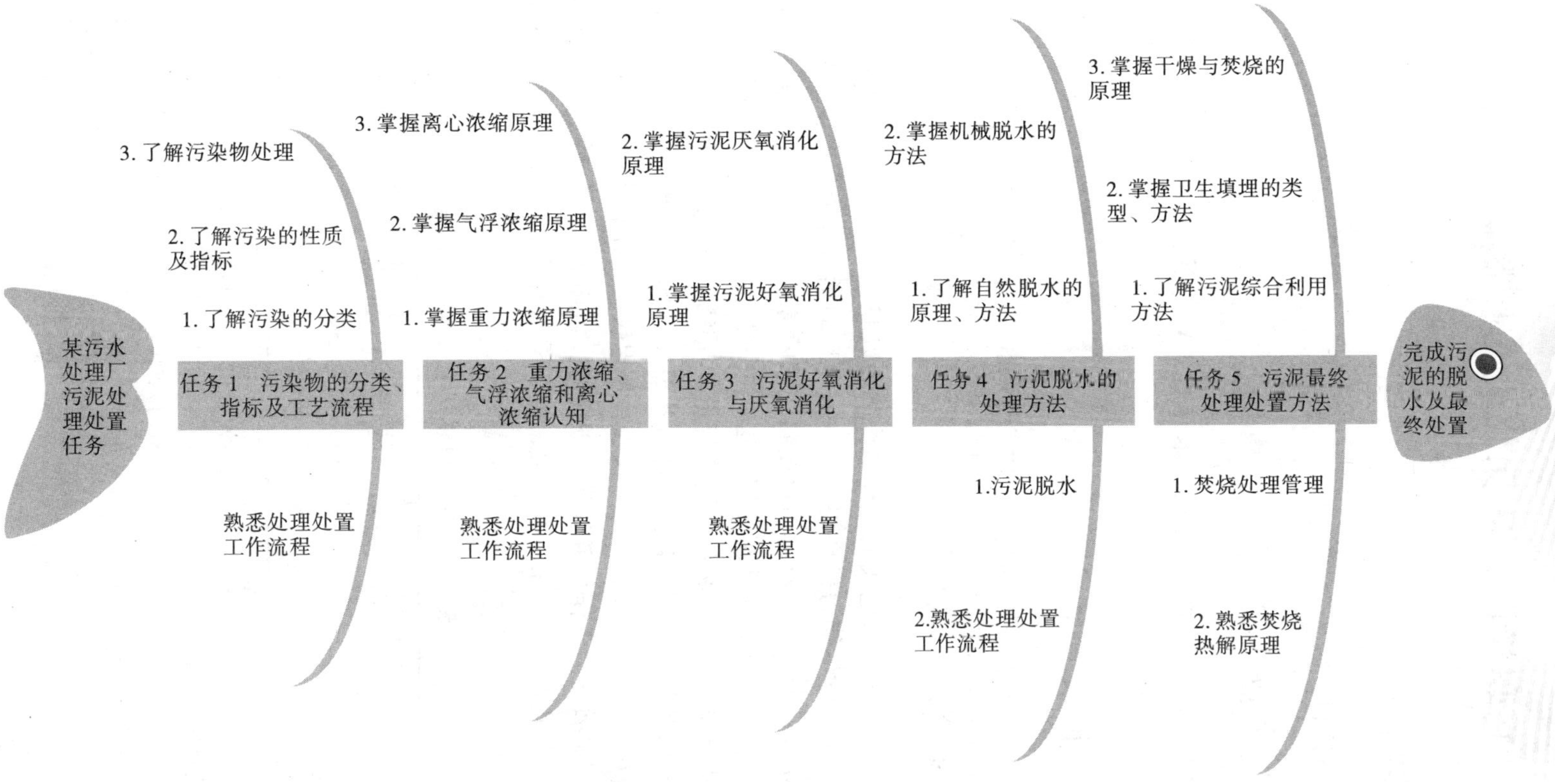

下篇 环境治理技术专业—环境工程技术专业中高职衔接课程标准

任务1 污染物的分类、指标及工艺流程
1. 了解污染的分类
2. 了解污染的性质及指标
3. 了解污染物处理
- 熟悉处理处置工作流程

任务2 重力浓缩、气浮浓缩和离心浓缩认知
1. 掌握重力浓缩原理
2. 掌握气浮浓缩原理
3. 掌握离心浓缩原理
- 熟悉处理处置工作流程

任务3 污泥好氧消化与厌氧消化
1. 掌握污泥好氧消化原理
2. 掌握污泥厌氧消化原理
- 熟悉处理处置工作流程

任务4 污泥脱水的处理方法
1. 了解自然脱水的原理、方法
2. 掌握机械脱水的方法
3. 掌握干燥与焚烧的原理
1. 污泥脱水
2. 熟悉处理处置工作流程

任务5 污泥最终处置方法
1. 了解污泥综合利用的方法
2. 掌握卫生填埋的类型、方法
1. 焚烧处理管理
2. 熟悉焚烧热解原理

某污水处理厂污泥处置任务 → 完成污泥的脱水及最终处置

图2-11 污泥的处理与处置学习任务鱼骨图

高职学段：环保仪表与控制课程标准

一、课程名称

环保仪表与控制。

二、适用专业

既适用于中高职衔接的环境工程技术专业，又适用于高职的环境工程技术及相关专业。

三、课程性质

本课程是中高职衔接高职环境工程技术专业的专业核心课程。

四、课程设计

本课程将过去以知识为主线的课程结构改为以职业活动为主线，打破按书本知识进行学习的传统，遵循学生能力发展规律，将本课程的学习分为几个板块：第一，通过实物仪表和简单机构的展示，要有自动化控制技术的常识；第二，是要掌握误差以及处理方法；第三，要掌握传感器的基本知识，这是仪表的基本知识，也是很重要的基础；第四，能熟练运用温度、压力、物位、流速流量、浊度、pH、余氯测量仪表，并且掌握其机构组成和原理以及简单维修；第五，能够提升自己的专业能力，能根据企业自身情况准确选择检测仪表，采购、安装、调试仪表。环保仪表与控制课程学习项目见表2-43。

本课程改课堂教学为工作任务教学，理论与实践融为一体，使学生在学习仪表知识的同时，提升综合能力。学生在"教、学、做"的过程中，逐渐地完成从学生角色到职业角色的转变。

表2-43 环保仪表与控制课程学习项目

序号	学习任务（或学习项目）	子任务（或子项目）
1	误差及其处理	（1）误差认知 （2）环保仪器校正
2	过程控制基础、传感器	（1）自动控制及过程控制认知 （2）传感器认知 （3）传感器参数设定

续上表

序号	学习任务（或学习项目）	子任务（或子项目）
3	温度测量	（1）温度测量方法认知 （2）热电偶的使用 （3）热电阻的使用 （4）温度计校正 （5）温度数值读取 （6）温度计日常维护与保养 （7）温度计使用注意事项
4	压力的测量	（1）液柱式压力计认知 （2）活塞式压力计认知 （3）弹性压力表认知 （4）应变式压力传感器认知 （5）测压仪表的选择和安装 （6）压力表校正 （7）压力表数值读取 （8）压力表日常维护与保养 （9）压力表使用注意事项
5	物位的测量	（1）压差式物位计认知 （2）电接点水位计认知 （3）料位计认知 （4）泥位计认知 （5）泥位计校正 （6）泥位计数值读取 （7）泥位计日常维护与保养 （8）泥位计使用注意事项
6	流量和流速的测量	（1）容积式流量测量计认知 （2）速度式流量计认知 （3）超声波流量计认知 （4）热线测速计认知 （5）节流式、差压式、质量流量计认知 （6）流量和流速计校正 （7）流量和流速计数值读取 （8）流量和流速计日常维护与保养 （9）流量和流速计使用注意事项

续上表

序号	学习任务（或学习项目）	子任务（或子项目）
7	浊度、pH 测量	（1）浊度计认知 （2）pH 计认知 （3）浊度计和 pH 计校正 （4）浊度计和 pH 计数值读取 （5）浊度计和 pH 计日常维护与保养 （6）浊度计和 pH 计使用注意事项
8	溶解氧、余氯的测量	（1）溶解氧测量仪认知 （2）溶解氧在线测量系统认知 （3）余氯测量仪认知 （4）溶解氧测量仪和余氯测量仪校正 （5）溶解氧测量仪和余氯测量仪数值读取 （6）溶解氧测量仪和余氯测量仪日常维护与保养 （7）溶解氧测量仪和余氯测量仪使用注意事项

五、课程教学目标

通过本课程的学习，达到如下目标：

（一）知识目标

（1）掌握误差及其分类、误差的处理方法。
（2）熟悉自动控制的基础知识以及过程控制的基本规律。
（3）掌握参数型传感器和智能型传感器的特点。
（4）掌握温度测量的方法。
（5）熟练掌握常见压力计的工作原理及其使用方法。
（6）掌握差式物位计、电接点水位计、料位计以及泥位计的工作原理以及使用方法。
（7）掌握各类流量测量技术与仪表的使用方法。
（8）掌握浊度计、pH 计的原理及其使用方法。
（9）了解溶氧仪、余氯测定仪的原理及其使用方法。

（二）能力目标

（1）能运用科学的思维习惯和系统认识能力、信息判断与选择能力有逻辑性地解决问题。
（2）能够读懂并能规范地绘制常用带控制点的工艺流程图。
（3）能根据仪表技术说明书的要求正确使用常用检测仪表；能对变送器实施正确的调零、零点迁移、量程扩展操作；能根据工艺和控制要求，合理设置智能 PID 控制器的相关参数。

（4）能根据仪表技术说明书的维护要求，对仪表的常见故障和线路故障合理分析并加以排除。

（5）能根据工艺与控制要求合理选择常用的温度、压力、流量和物位、浊度、pH 等检测仪表。

（6）能根据工艺要求，综合运用知识和各种方法，设计出简单控制系统并加以实施。

（7）能根据被控参数和系统特点，运用临界比例度法、衰减曲线法两种工程整定方法，对简单控制、串级控制、比值控制系统等控制系统，实施正确的调试，使系统在稳定性、准确性和快速性的三项指标基本优化，满足工艺要求。

（三）素质目标

（1）具备从事环境工程相关职业活动所需要的工作方法及自主学习能力。
（2）具有良好的安全生产意识，能够自觉按规程操作。
（3）具有良好的分析问题、解决问题的能力。
（4）具有良好的团队协作精神，能带领团队完成污水处理运营。
（5）具有良好的职业道德和社会责任心。
（6）具有较强的自学能力、独立工作能力和团结协作能力。
（7）具有较强的成本控制意识。
（8）具有良好的沟通协调能力。

六、参考学时与学分

参考学时：64 学时。
参考学分：3.5 学分。

七、课程结构

课程结构见表 2-44。

表 2-44 环保仪表与控制课程结构

序号	学习任务	职业能力	知识、技能、态度要求	教学活动设计	学时
1	误差及其处理	01-03-05	（1）掌握误差及其分类 （2）知道测量误差、随机误差、系统误差以及处理方法	（1）分析项目任务 （2）实例讲解 （3）实物展示 （4）总结点评	6

续上表

序号	学习任务	职业能力	知识、技能、态度要求	教学活动设计	学时
2	过程控制基础、传感器	03-04-05	（1）自动控制的基础知识 （2）过程控制的基本规律 （3）掌握传感器的概述 （4）熟练掌握参数型传感器 （5）掌握智能型传感器	（1）分析项目任务 （2）知识讲解 （3）实物或者视频、图解展示 （4）总结点评	6
3	温度测量	01-03-05、 03-03、 06-01-09、 07-01-06	（1）掌握温度测量的方法 （2）熟练掌握热电偶温度计的工作原理以及使用方法 （3）熟练掌握热电阻温度计的工作原理以及使用方法 （4）熟练掌握非接触式测温计的工作原理以及使用方法 （5）熟练掌握水晶测温仪的工作原理以及使用方法	（1）分析项目任务 （2）知识讲解 （3）实物或者视频、图解展示 （4）设备实验演示与操作 （5）设备的使用注意事项 （6）总结点评	10
4	压力的测量	01-03-05、 03-03、 06-01-09、 07-01-06	（1）掌握压力测量的方法 （2）熟练掌握液柱式压力计的工作原理以及使用方法 （3）熟练掌握活塞式压力计的工作原理以及使用方法 （4）熟练掌握弹性压力表的工作原理以及使用方法 （5）熟练掌握应变式压力传感器的工作原理以及使用方法 （6）熟练掌握测压仪表的选择和安装	（1）分析项目任务 （2）知识讲解 （3）实物或者视频、图解展示 （4）电控安装 （5）设备的使用注意事项 （6）实验操作 （7）总结点评	10
5	物位的测量	01-03-05、 03-03、 06-01-09、 07-01-06	（1）掌握压差式物位计的工作原理以及使用方法 （2）熟练掌握电接点水位计的工作原理以及使用方法 （3）熟练掌握料位计的工作原理以及使用方法 （4）熟练掌握泥位计的工作原理以及使用方法	（1）分析项目任务 （2）知识讲解 （3）实物或者视频、图解展示 （4）电控安装 （5）设备的使用注意事项 （6）实验操作 （7）总结点评	8

续上表

序号	学习任务	职业能力	知识、技能、态度要求	教学活动设计	学时
6	流量和流速的测量	01-03-05、03-03、06-01-09、07-01-06	(1) 掌握容积式流量测量计的工作原理以及使用方法 (2) 熟练掌握速度式流量测量技术与仪表 (3) 熟练掌握超声波流量测量法与仪表 (4) 熟练掌握热线测速计的工作原理以及使用方法 (5) 熟练掌握节流式、差压式、质量流量计	(1) 分析项目任务 (2) 知识讲解 (3) 实物或者视频、图解展示 (4) 电控安装 (5) 设备的使用注意事项 (6) 校内实验操作 (7) 污水处理厂的参观实验 (8) 总结点评	12
7	浊度、pH测量	01-03-05、03-03、06-01-09、07-01-06	(1) 知道浊度测量的原理和基本方法 (2) 能正确使用浊度测量仪 (3) 掌握pH测量仪表的原理和基本方法 (4) 能正确使用pH在线测量仪表	(1) 分析项目任务 (2) 知识讲解 (3) 实物或者视频、图解展示 (4) 设备使用注意事项 (5) 实验操作 (6) 总结点评	6
8	溶解氧、余氯的测量	01-03-05、03-03、06-01-09、07-01-06	(1) 知道溶解氧测量的原理 (2) 会使用溶解氧在线测量仪表 (3) 知道余氯检测的原理 (4) 会使用余氯测量仪表	(1) 分析项目任务 (2) 知识讲解 (3) 实物或者视频、图解展示 (4) 设备使用注意事项 (5) 实验操作 (6) 总结点评	6
合计					64

注:"职业能力"填写的职业能力编码与"附录1 环境工程技术专业职业能力分析表"的编码对应。

八、资源开发与利用

(一) 教材编写与使用

(1) 必须依据本课程标准编写教材,教材应充分体现任务引领、实践导向的课程设计思想。

(2) 教材应将本专业职业活动分解成若干典型的工作项目,按完成工作项目的需要和岗位操作规程，结合职业技能证书考试组织教材内容。要以实际仪表使用、调试、安装、维修为载体，引入必需的专业知识，增加实践内容，强调理论知识在实践过程中的应用。

（3）教材应图文并茂，提高学生的学习兴趣，加深学生对企业工厂仪表控制设备的认识和理解。教材表达必须精练、准确、科学。

（二）数字化资源开发与利用

1. 多媒体教学

通过教学设计，合理选择和运用现代教学媒体，借助仿真软件、视频等各类电子技术辅助手段，尽量结合实际的工程案例图片、录像、视频等进行讲解授课，提高学生的感性认识和学习兴趣。

2. 网络资源的开发和利用

（1）积极利用现代化信息技术开发建立网络课程和手机 APP，建立包括课程标准、教学方法与手段、学习项目、学习指南、教学用多媒体课件、考核项目及评分标准、案例分析、模拟试题、职业资格认证的标准规范和试题、在线学习等教学和学习资源，搭建起多维、动态、活跃、自主的课程训练平台，促进学生积极自主地完成课程的学习。

（2）充分开发和利用教学资源库、网络课程以及电子书籍、电子期刊、数字图书馆、专业网站等网络资源，促使教学内容从单一化向多元化转变，从而拓展学生知识和能力。

九、教学建议

（一）教学方法

（1）本课程的教学要不断摸索适合高职教育特点的教学方式。采取灵活的教学方法，启发诱导、因材施教，注意给学生更多的思维活动空间，发挥教与学两方面的积极性，提高教学质量和教学水平。在规定的学时内，保证该标准的贯彻实施。

（2）重视学生之间的团结和协作，培养共同解决问题的团队精神。

（3）加强对学生掌握技能的指导，教师要手把手地教，多做示范。

（4）教学中注重行为引导式教学方法的应用。

（二）教学条件

（1）多媒体教室：电脑、投影仪、音响与网络。

（2）实训条件：校内传感器实训室、水处理实训室、污水处理厂等相关企业，为"教、学、做"一体化提供支撑。

十、教学评价

（一）考核方式说明

本课程采用过程性考核和终结性考核相结合的形式。过程性考核包括素质考核及任务考核，占本门课程考核的比例为60%。素质考核以小组学生的平时表现、工作态度、协作精神等方面作为评价标准，任务考核以学生完成每个工作任务的质量和过程情况为标准。终结性考核采用期末笔试形式，考核内容侧重于对环保仪表的使用与控制的掌握等，占本门课程考核的比例为40%。

（二）考核标准（见表2-45）

表2-45 环保仪表与控制课程考核标准

考核方式	考核内容	权重	考核内容	实施方法
过程性考核（60%）	素质考核	10%	迟到、早退与旷课情况	教师评价
		10%	学习态度、解决问题能力	小组自评+小组互评+教师评价
		10%	团结协作精神	小组互评
	任务考核	15%	任务完成情况	小组自评+小组互评+教师评价
		15%	工作过程情况	小组自评+小组互评+教师评价
终结性考核（40%）	课程内容	40%	基本原理、使用方法、保养和维护方法等	教考分离、统一组织

附：流量与流速的测量学习任务设计鱼骨图（见图2-12）。

（撰稿人：叶军林　董金华）

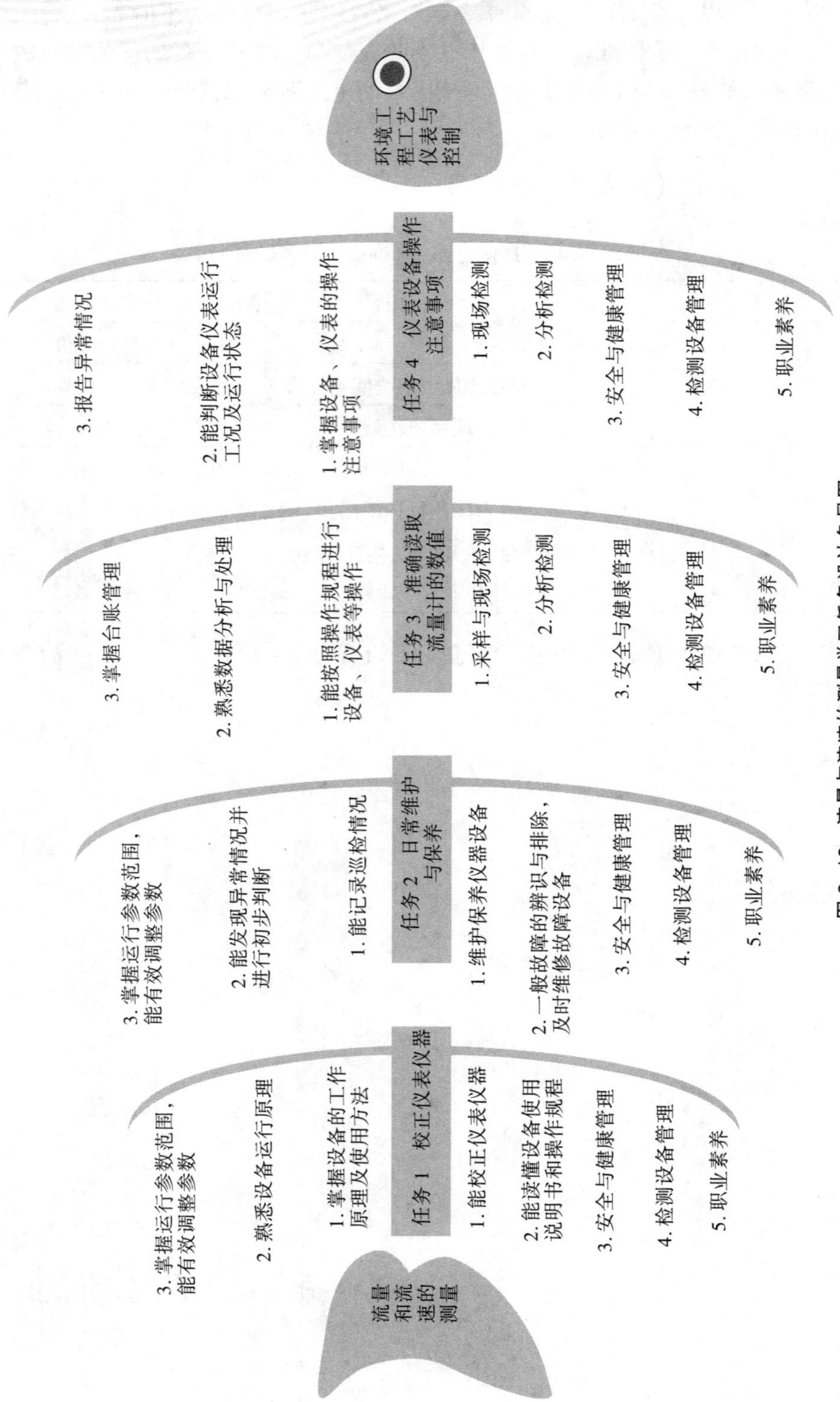

流量和流速的测量

任务1 校正仪表仪器
1. 能校正仪表仪器
2. 能读懂设备使用说明书和操作规程
3. 安全与健康管理
4. 检测设备管理
5. 职业素养

1. 掌握设备的工作原理及使用方法
2. 熟悉设备运行原理
3. 掌握运行参数范围，能有效调整参数

任务2 日常维护与保养
1. 能记录巡检情况
2. 维护保养仪器设备
3. 一般故障的辨识与排除，及时维修故障设备
4. 安全与健康管理
5. 检测设备管理
6. 职业素养

1. 能记录巡检情况
2. 能发现异常情况并进行初步判断
3. 掌握运行参数范围，能有效调整参数

任务3 准确读取流量计与现场检测数值
1. 采样与现场检测
2. 分析检测
3. 安全与健康管理
4. 检测设备管理
5. 职业素养

1. 能按照操作规程进行设备、仪表等操作
2. 熟悉数据分析与处理
3. 掌握台账管理

任务4 仪表设备操作注意事项
1. 现场检测
2. 分析检测
3. 安全与健康管理
4. 检测设备管理
5. 职业素养

1. 掌握设备、仪表的操作注意事项
2. 能判断设备仪表运行工况及运行状态
3. 报告异常情况

环境工程工艺与仪表控制

图2-12 流量与流速的测量学习任务设计鱼骨图

高职学段：环境监测课程标准

一、课程名称

环境监测。

二、适用专业

既适用于中高职衔接的环境工程技术专业，又适用于高职的环境工程技术及相关专业。

三、课程性质

本课程是中高职衔接高职环境工程技术专业的专业核心课程。

四、课程设计

本课程以任务驱动教学模式及典型工作过程为导向进行课程的内容安排和设置，在教学中突出环境监测员岗位的知识需要和操作需要，根据能力需求，适合的实训操作，学习任务如表 2-46 所示。

表 2-46　环境监测课程学习项目

序号	学习任务（或学习项目）	子任务（或子项目）
1	深化环境监测及其分析方法	（1）深化环境监测基础知识 （2）深化环境监测分析方法
2	水体监测	（1）水体污染相关概念、水质指标及相关标准认知 （2）地表水监测方案的制定 （3）水污染源监测方案的制定 （4）水样的采集、保存与运输 （5）水样的预处理 （6）水环境物理监测项目的分析测定 （7）水中金属化合物的测定 （8）水中非金属无机化合物的测定 （9）水中有机化合物的测定
3	大气和废气监测	（1）大气污染监测方案的制定 （2）气态污染物的测定 （3）颗粒物的测定

续上表

序号	学习任务（或学习项目）	子任务（或子项目）
4	土壤污染监测	（1）土壤样品的采集、制备和保存 （2）土壤污染物的监测
5	固体废弃物监测	（1）固体废物样品的采集、制备和保存 （2）生活垃圾的监测
6	应急监测	（1）突发性环境污染事故的认知 （2）应急监测
7	环境监测质量控制	（1）分析和处理监测数据 （2）监测质量控制

五、课程教学目标

通过本课程的学习，达到如下目标：

（一）知识目标

（1）理解环境监测中的基本概念、相关原则。
（2）了解不同环境因子中监测优化布点方法。
（3）熟知常规监测项目的采样方法、保存方法及分析测定方法。
（4）熟知监测结果的数据处理、数据分析和监测实验室质量保证控制程序。

（二）能力目标

（1）能选择使用水体监测、大气监测、噪声监测、土壤及固体废物监测工作中常用的采样、分析测定仪器。
（2）能完成常规的水体监测项目、大气监测项目以及噪声监测项目中的采样、保存、运输、分析测定工作。
（3）能够正确进行监测数据的整理、分析和处理。
（4）能初步制定环境监测方案。

（三）素质目标

（1）具备以职业能力为本位，通过专业知识和素质教育相结合，获得现实职业工作场所需要的实践能力。
（2）具备语言表达能力、与人合作沟通能力、实验室分析操作能力和数据分析及处理能力和对环境问题的思维能力。
（3）具备对分析监测仪器的操作能力，加强对学生分析问题、解决问题及创造性思维的能力。

六、参考学时与学分

参考学时：108 学时。
参考学分：6 学分。

七、课程结构

课程结构见表 2-47。

表 2-47 环境监测课程结构

序号	学习任务	职业能力	知识、技能、态度要求	教学活动设计	学时
1	深化环境监测及其分析方法	10-01-02、10-02-02、10-04-01、10-05-01	(1) 对环境监测及其发展有初步了解 (2) 了解监测分析知识 (3) 了解环境监测前沿技术	(1) 图片示例，引入污染 (2) 案例深入解读环境监测的重要性 (3) 图片介绍环境监测分析方法和仪器	2
2	水体监测	01-01-05、01-02-05、02-01-04、02-04-03、05-05、07-03-01、08-01-06、09-02、10-05-02、11-04、12-01、13、31-04-01、32-02、34-04	(1) 掌握水体污染概念、水体监测基础知识、水体中的污染物和水质及水质指标 (2) 掌握水样的采集，运输保存，以及其中应该注意的事项 (3) 掌握水质常规监测项目的实验室分析监测、快速测定、部分项目的现场测定 (4) 能够进行样品的预处理 (5) 能够正确使用监测分析仪器 (6) 能够做到简单的维护 (7) 能够根据分析检测所得的水质项目数据分析水质情况，分析异常数据	(1) 学生自行对水质标准进行解读、查阅和应用 (2) 提供图片让学生模拟以判断水质状况 (3) 水中溶解氧的测定实训项目，pH 的测定项目可以涉及现场采样和测定 (4) 设计各种实训任务（COD、BOD、微生物、六价铬、溶解氧、高锰酸盐指数等），引导学生查看标准，设计实验，完成分析监测，并会记录数据 (5) 学生根据实验测得的数据进行记录计算和分析；根据水质标准判断水质	48
3	大气和废气监测	05-05-01、05-05-02、05-05-03、05-08-02、08-01-06、10-11-04、12-01、13、34-04	(1) 能够进行气体样品的采集 (2) 掌握常见气体样品的分析测定 (3) 进行数据记录和分析	(1) 讲授大气监测所需要的基础知识 (2) 在基础知识的基础上，设置任务，学生根据大气监测任务，设计实验，完成实验 (3) 进行数据记录、分析等（二氧化氮实训） (4) 根据标准判断气体质量	22

续上表

序号	学习任务	职业能力	知识、技能、态度要求	教学活动设计	学时
4	土壤污染监测	05-06-01、05-08-02、08-01-06、10、11-04、12-01、13、34-04	（1）掌握土壤样品的采集、制备和保存 （2）熟知土壤样品的预处理 （3）掌握污染物的监测方法	（1）讲授土壤监测基础知识 （2）设置任务（土壤含水率的测定），学生设计实验，完成分析测定 （3）进行数据记录 （4）分析数据，根据标准确定环境质量	8
5	固体废弃物监测	05-06-01、05-08-02、08-01-06、10、11-04、12-01、13、34-04	（1）熟知固体废物样品的采集、制备和保存 （2）生活垃圾的监测：特性分析、热值测定、渗沥水分析	（1）讲授固体废物监测基础知识 （2）设置任务（固体废物腐蚀性的测定），学生设计实验，完成分析测定 （3）进行数据记录，分析数据，根据标准确定环境质量	10
6	应急监测	05-01-04、08-01-06、05-05、09-02、34-05、34-06	（1）能够区分突发性环境污染事故 （2）熟知相关简单应急监测方法	（1）讲授基础知识 （2）以案例教学法为主 （3）设置合适的现实案例 （4）学生进行分析总结 （5）讨论学习	6
7	环境监测质量控制	07-03-01、08-01-06、12-01-01、12-01-02、12-01-03、34-02、34-04	（1）掌握一系列数据处理的相关知识 （2）能够对监测数据进行分析和处理 （3）熟知实验室用水、用气、试剂、实验室质量控制和质量保证相关知识点	（1）该部分内容在分析化学学习过，以复习巩固为主 （2）课堂简单讲解，给定练习数据和计算题，学生自主讨论和学习	12
合计					108

注："职业能力"填写的职业能力编码与"附录1 环境工程技术专业职业能力分析表"的编码对应。

八、资源开发与利用

（一）教材编写与使用

（1）教材的编写应贯彻"以职业能力培养为本位，以学生为主体，升学为导向"的理念，打破传统学科式教材编写框架，按照工作过程导向，以岗位工作任务为引领编制教学任务。通过对项目实施过程的控制、注意事项的讲解、实施方法的引导，实施"教、学、做"一体化，更加注重学生技能的形成过程，满足高职学生就业或升学的需要。

（2）教材编写以典型环境监测第三方检测公司等行业为单元，以岗位需求为任务驱动，融合大量企业案例，包括基础知识、案例模拟、实操训练。教材知识点的难易程度要与职业类学生学习能力相对应，再根据教材的课程体系，构建满足教学需求的实训条件和设施。

（二）数字化资源开发与利用

1. 多媒体教学

通过教学设计，合理选择和运用现代教学媒体，借助仿真软件、视频等各类电子技术辅助手段，尽量结合实际的工程案例图片、录像、视频等进行讲解授课，提高学生的感性认识和学习兴趣。

2. 网络资源的开发和利用

（1）积极利用现代化信息技术开发建立网络课程和手机 APP，建立包括课程标准、教学方法与手段、学习项目、学习指南、教学用多媒体课件、考核项目及评分标准、案例分析、模拟试题、职业资格认证的标准规范和试题、在线学习等教学和学习资源，搭建起多维、动态、活跃、自主的课程训练平台，促进学生积极自主地完成课程的学习。

（2）充分开发和利用教育部环境工程技术专业教学资源库、网络课程以及电子书籍、电子期刊、数字图书馆、专业网站等网络资源，促使教学内容从单一化向多元化转变，从而拓展学生知识和提高学生综合能力。

九、教学建议

（一）教学方法

（1）以学生为主体建构知识体系。

本课程改变了以往"教师讲、学生听"的传统模式和"先讲再做、学完再做"的教学程序，学生在做中学，教师在做中教。学生在做的过程中和遇到问题时查找资料，引发有针对性的自主性学习，增加理论知识。

（2）根据学生差异实现分层次教学。

根据高职学生特点，因材施教，根据同一班级生源层次不同，在以小组为单位完成设计项目时，在同一小组穿插不同层次的学生，充分发挥理科学生理论扎实、实践能力强的优势，实现组内优势互补、资源共享。同时根据学生基本素质的不同和兴趣的不同，实施分层次教学。

（3）以工作过程为导向设计学习流程。

课程教学遵循"资讯、计划、决策、实施、检查、评估"这一"行动"过程序列，在基于职业情境的学习情境中，通过师生及生生之间的互动合作，学生在实践中掌握职业技能和实践知识，主动建构真正属于自己的经验和知识体系。

(4) 校企合作开发课程。

课程是学校与环保行业企业实践专家合作开发的,由教师与企业专家组成专业指导委员会,召开实践专家访谈会,共同确定典型工作任务,进行职业能力分析,确定工作领域,开发学习领域课程,从职业岗位需要出发选择教学内容和教学程序。

(二) 教学条件

(1) 多媒体教室：电脑、投影仪、音响与网络。
(2) 环境监测实训室：分光光度计、pH 计、COD 微波消解仪、声级计、有机玻璃水质采样器、大气采样器、多孔筛板吸收管、滴定管、碘量瓶、火焰原子分光光度计、六孔水浴锅、全自动高压灭菌锅、电子天平 (万分之一)、玻璃干燥器、烘箱、电加热板、铝盒、常规监测项目药剂、常规实验玻璃仪器和常规配套耗材等。

十、教学评价

(一) 考核方式说明

本课程采用过程性考核和终结性考核相结合的形式。过程性考核包括素质考核及任务考核,占本门课程考核的比例为60%。素质考核以小组学生的平时表现、工作态度、协作精神等方面作为评价标准,任务考核以学生完成每个工作任务的质量和过程情况为标准。终结性考核采用期末笔试形式,考核内容侧重于环境监测的基础知识等,占本门课程考核的比例为40%。

(二) 考核标准 (见表 2-48)

表 2-48 环境监测课程考核标准

考核方式	考核内容	权重	考核内容	实施方法
过程性考核 (60%)	素质考核	10%	迟到、早退与旷课情况	教师评价
		10%	学习态度、解决问题能力	小组自评+小组互评+教师评价
		10%	团结协作精神	小组互评
	任务考核	15%	任务完成情况	小组自评+小组互评+教师评价
		15%	工作过程情况	小组自评+小组互评+教师评价
终结性考核 (40%)	课程内容	40%	基础理论、监测方法等	教考分离、统一组织

附：环境监测质量控制学习任务设计鱼骨图 (见图 2-13)。

(撰稿人：王固宁　王丽娜)

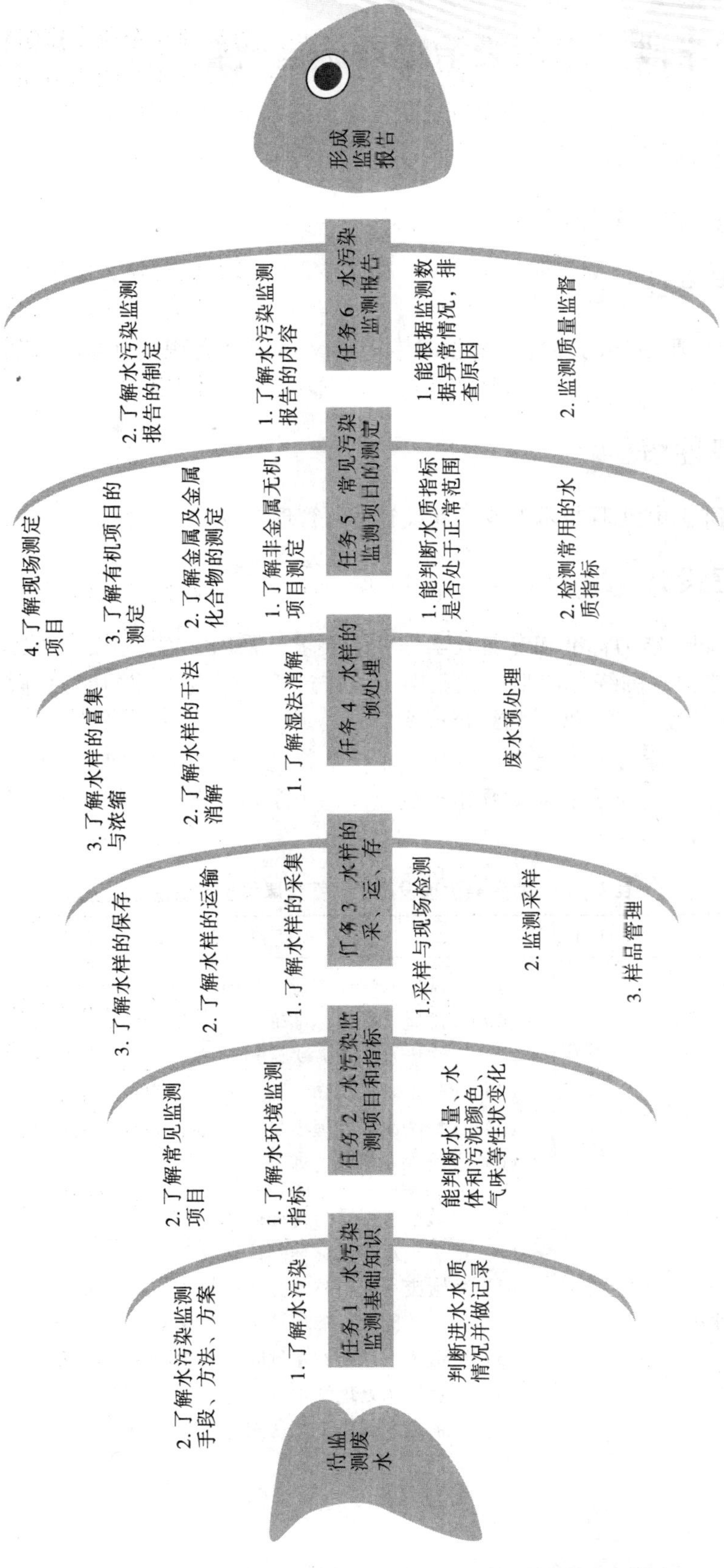

一篇
环境治理技术专业—环境工程技术专业中高职衔接课程标准

图 2-13　环境监测质量控制学习任务设计鱼骨图

任务 1　水污染监测基础知识
1. 了解水污染监测指标
2. 了解水污染监测手段、方法、方案

- 判断进水水质情况并做记录

任务 2　水污染监测项目和指标
1. 了解水环境监测指标
2. 了解常见监测项目

- 能判断水水量、水体和污泥颜色、气味等性状变化

任务 3　水样的采、运、存
1. 了解水样的采集
2. 了解水样的运输
3. 了解水样的保存

- 采样与现场检测
- 监测采样
- 样品管理

任务 4　水样的预处理
1. 了解湿法消解
2. 了解水样的干法消解
3. 了解水样的富集与浓缩
4. 了解现场测定项目

- 废水预处理

任务 5　常见污染监测项目的测定
1. 了解非金属无机项目测定
2. 了解金属及金属化合物的测定
3. 了解有机项目的测定

- 能判断水质指标是否处于正常范围
- 检测常用的水质指标

任务 6　水污染监测报告
1. 了解水污染监测报告的内容
2. 了解水污染监测报告的制定

- 能根据监测数据异常情况，排查原因
- 监测质量监督

→ 形成监测报告

（付出：监测废水）

高职学段：水污染治理设施运营管理课程标准

一、课程名称

水污染治理设施运营管理。

二、适用专业

既适用于中高职衔接的环境工程技术专业，又适用于高职的环境工程技术及相关专业。

三、课程性质

本课程是高职环境工程技术专业环保设施运营管理专业方向课程。

四、课程设计

本课程依据职业能力标准和专业教学标准的要求，采用工作任务的形式设计各个单元（模块）。教学内容围绕高职学生就业岗位工作过程中需要培养的能力进行设定，在授课过程中，以"教、学、做"相结合形式展开。

教学内容由6个学习任务组成，由易到难，从物理、化学方法向生物法处理废水过渡，每个学习项目又由若干个子学习任务组成，每个学习任务对应相应的职业能力标准（如表2-49所示）。

表2-49 水污染治理设施运营管理课程学习项目

序号	学习任务（或学习项目）	子任务（或子项目）
1	酸洗废水处理	（1）酸洗废水性质与特征认知 （2）酸洗废水排放标准确认 （3）酸洗废水处理方法认知 （4）化学除磷法认知 （5）读酸洗废水处理项目工艺流程图、平面布置图、构筑物图 （6）混凝常见问题处理
2	电镀废水处理	（1）电镀废水性质与特征认知 （2）电镀废水排放标准确认 （3）电镀废水处理基本方法认知 （4）读电镀废水处理项目工艺流程图、平面布置图、构筑物图 （5）电镀废水处理站常见问题处理 （6）电镀废水处理站常见设备、仪表的维护与保养 （7）电镀废水回用工艺认知

续上表

序号	学习任务（或学习项目）	子任务（或子项目）
3	印染废水处理	（1）印染废水的性质与特征认知 （2）印染废水排放标准确认 （3）印染废水处理基本方法认知 （4）读印染废水处理项目工艺流程图、平面布置图、构筑物图 （5）印染废水处理站常见问题处理 （6）印染废水处理站常见设备、仪表的维护与保养
4	生活污水处理	（1）生活污水的性质与特征认知 （2）生活污水排放标准确认 （3）生活污水处理基本方法认知 （4）读生活污水处理项目工艺流程图、平面布置图、构筑物图 （5）生活污水处理厂常见问题处理 （6）生活污水处理厂常见设备、仪表的维护与保养
5	生活污水处理综合实训	（1）生活污水处理厂污水、污泥、空气管道走向认知，A2/O工艺流程认知 （2）生活污水常规水质指标分析 （3）生活污水处理运行参数调节
6	电镀废水处理综合实训	（1）电镀废水处理厂污水、污泥、空气管道走向认知，工艺流程认知 （2）电镀废水水质取样及常规水质指标分析 （3）电镀废水药剂配制 （4）电镀废水处理运行参数调节 （5）pH探头标定 （6）pH探头的维护与保养

五、课程教学目标

通过本课程的学习，达到如下目标：

（一）知识目标

（1）了解四类污水的水质情况。
（2）掌握四类废水排放标准。
（3）掌握四类废水常见处理方法。
（4）掌握广东地区四类废水处理典型工艺流程。
（5）掌握四类废水常用药剂配制及使用方法。

（二）能力目标

（1）能独立分析四类污水水质。
（2）能判断净化出水是否达标。
（3）能比选四类废水处理方法。
（4）能配制四类废水常用的药剂。
（5）能处理废水处理过程中的常见问题。

（三）素质目标

（1）具有良好的安全生产意识，能够自觉按规程操作。
（2）具有良好的分析问题、解决问题的能力。
（3）具有良好的团队协作精神，能带领团队完成污水处理运营。
（4）具有良好的职业道德和社会责任心。
（5）具有较强的自学能力、独立工作能力和团结协作能力。
（6）具有较强的成本控制意识。
（7）具有良好的沟通协调能力。

六、参考学时与学分

参考学时：82 学时。
参考学分：4.5 学分。

七、课程结构

课程结构见表 2-50。

表 2-50　水污染治理设施运营管理课程结构

序号	学习任务	职业能力	知识、技能、态度要求	教学活动设计	学时
1	酸洗废水处理	01-01-01、01-01-02、01-01-05、01-02-02、01-02-06、01-02-11、01-05-02、01-05-03、02-01-03、02-02-05、02-02-06、03-03-05-08、25、26、28、34-01、34-04、34-06、34-08	（1）了解酸洗废水的性质与特征、排放标准 （2）掌握酸洗废水处理的基本方法 （3）掌握化学除磷方法 （4）能看懂并绘制酸洗废水处理项目工艺流程图、平面布置图、构筑物图 （5）能处理混凝常见问题	以某厂酸洗废水为实例，进行水质分析、排放指标确定、处理方法选定、方案设计、运行管理注意事项确定	6

续上表

序号	学习任务	职业能力	知识、技能、态度要求	教学活动设计	学时
2	电镀废水处理	01-01-03、01-01-04、01-01-06、01-01-07、01-01-09、01-02-03、01-04-03、01-04-04、01-04-05、02-01-11、03-02、04-01、05-01-04、31、34-09	（1）了解电镀废水的性质与特征、排放标准 （2）掌握电镀废水处理的基本方法 （3）能看懂电镀废水处理项目工艺流程图、平面布置图、构筑物图 （4）能处理电镀废水处理站常见问题 （5）能完成常见设备、仪表的维护与保养 （6）了解电镀废水回用工艺	以某电镀基地电镀废水处理项目为实例，进行水质分析、排放指标确定、处理方法选定、工艺流程描述、运行管理注意事项等确定	20
3	印染废水处理	01-01-10、01-02-08、01-02-09、01-02-10、02-01-12、03-04、04-02、05-01-02、29-01、34-02、34-03、34-05、34-07	（1）了解印染废水的性质与特征、排放标准 （2）掌握印染废水处理的基本方法 （3）能看懂印染废水处理项目工艺流程图、平面布置图、构筑物图 （4）能处理印染废水处理站常见问题 （5）能完成常见设备、仪表的维护与保养	以某印染废水处理项目为实例，进行水质分析、排放指标确定、处理方法选定、工艺流程描述、运行管理注意事项等确定	14
4	生活污水处理	01-03-05、02-03、02-04、03-01、05-01、05-02、05-03、08、09、10、11、12、13、16、18、20-02、24、31-03-05、31-03、31-04、31-05、32-01	（1）了解生活污水的性质与特征、排放标准 （2）掌握生活污水处理的基本方法 （3）能看懂生活污水处理项目工艺流程图、平面布置图、构筑物图 （4）能处理生活污水处理厂常见问题 （5）能完成常见设备、仪表的维护与保养	以某生活废水处理项目为实例，进行水质分析、排放指标确定、处理方法选定、工艺流程描述、运行管理注意事项等确定	18

续上表

序号	学习任务	职业能力	知识、技能、态度要求	教学活动设计	学时
5	生活污水处理综合实训	03-02、05-08、10、31、31-03、34-08	（1）走管，熟知生活废水处理A2/O工艺流程 （2）能完成生活污水常规水质指标分析 （3）能调节生活污水处理运行参数	以小型校园生活废水处理设施为对象，进行综合实训，包括水质分析、工艺设备及管线认知、工艺操作及异常情况处理、微生物镜检、出水检验等	12
6	电镀废水处理综合实训	01-05、02-01-03、02-01-11、02-02、03-03、10	（1）走管，熟知电镀废水处理工艺流程 （2）能完成电镀废水水质取样机常规水质指标分析 （3）能配制电镀废水药剂 （4）能调节电镀废水处理运行参数 （5）标定pH探头，进行pH探头的维护与保养	通过电镀废水综合实训平台，完成电镀废水处理药剂配制、水质取样与分析、工艺认知、运行管理注意事项等确定	12
合计					82

注："职业能力"填写的职业能力编码与"附录1　环境工程技术专业职业能力分析表"的编码对应。

八、资源开发与利用

（一）教材编写与使用

（1）教材编写要求知识、技能体系的模块化、单元化，每个单元以典型项目、案例为载体，以"基于工作项目（任务）"来设计单元内容，同时兼顾学科体系的完整性，列出每个学习任务对应的职业能力，以培养学生专业能力为目标，编写以学生为主体的"教、学、做"一体化的教材。

（2）教材的编写应贯彻"以职业能力培养为本位，以学生为主体，升学为导向"的理念，打破传统学科式教材编写框架，按照典型废水处理项目工作过程为导向，以岗位工作任务为引领编制教学任务；以真实的企业处理处置工艺设计案例或运营管理规范为引导在不同任务中融入相应知识点及技能要求，通过对项目及任务的描述、各子任务的实施过程控制及实施方法引导，实施"教、学、做"一体化，更加注重学生技术技能的形成过程。教材知识点的难易程度与职业类学生学习能力相对应，同时为满足高职学生就业或升学的需要，教材应对相关知识及项目进行拓展。

（3）教材编写尽量选择实际工程案例图片，做到图文并茂，提高学生学习兴趣；教材表达力求清楚精练、科学准确；教材内容与时俱进，切实与目前行业发展相吻合，同时体现技术的先进性和前瞻性。实践内容充分考虑实训教学环境需求。

（二）数字化资源开发与利用

1. 多媒体教学

通过教学设计，合理选择和运用现代教学媒体，借助仿真软件、视频等各类电子技术辅助手段，尽量结合实际的工程案例图片、录像、视频等进行讲解授课，提高学生的感性认识和学习兴趣。

2. 网络资源的开发和利用

（1）积极利用现代化信息技术开发建立网络课程和手机 APP，建立包括课程标准、教学方法与手段、学习项目、学习指南、教学用多媒体课件、考核项目及评分标准、案例分析、模拟试题、职业资格认证的标准规范和试题、在线学习等教学和学习资源，搭建起多维、动态、活跃、自主的课程训练平台，促进学生积极自主地完成课程的学习。

（2）充分开发和利用教育部环境工程技术专业教学资源库、水污染治理设施运营管理网络课程以及电子书籍、电子期刊、数字图书馆、专业网站等网络资源，促使教学内容从单一化向多元化转变，从而拓展学生知识和提高学生综合能力。

九、教学建议

（一）教学方法

（1）采用基于工作过程的项目导向、任务驱动等教学模式，通过任务（项目）来引导教学过程，通过给学生布置具体工作任务驱动学生自主学习。

（2）针对不同的教学任务采用课堂教学、现场教学、案例教学、分组教学、专题讲座等教学方法。

（3）充分利用信息化手段及各种优秀数字化资源辅助教学，充分利用校内外实训资源，对部分技术案例可在实际的行业企业中进行现场授课，采用真实情景下的教学模式。

（二）教学条件

（1）多媒体教室：电脑、投影仪、音响与网络。

（2）水处理处置实训室：水质检测室、水污染实训室等。

（3）校外实训基地。

（4）网络资源：教育部环境工程技术专业教学资源库；水污染治理设施运营管理网络课程；各级环保政府部门官方网站等。

十、教学评价

（一）考核方式说明

本课程采用过程性考核和终结性考核相结合的形式。过程性考核包括素质考核及任务考核，占本门课程考核的比例为60%。素质考核以小组学生的平时表现、工作态度、协作精神等方面作为评价标准，任务考核以学生完成每个工作任务的质量和过程情况为标准。终结性考核采用期末笔试形式，考核内容侧重于废水处理的基础知识、管理法律法规、废水处理与回用典型工艺和技术等，占本门课程考核的比例为40%。

（二）考核标准（见表2-51）

表2-51　水污染治理设施运营管理课程考核标准

考核方式	考核内容	权重	考核内容	实施方法
过程性考核（60%）	素质考核	10%	迟到、早退与旷课情况	教师评价
		10%	学习态度、解决问题能力	小组自评+小组互评+教师评价
		10%	团结协作精神	小组互评
	任务考核	15%	任务完成情况	小组自评+小组互评+教师评价
		15%	工作过程情况	小组自评+小组互评+教师评价
终结性考核（40%）	课程内容	40%	基本概念、工艺参数、工艺技术等	教考分离、统一组织

附：生活污水处理学习任务设计鱼骨图（见图2-14）。

（撰稿人：夏志新）

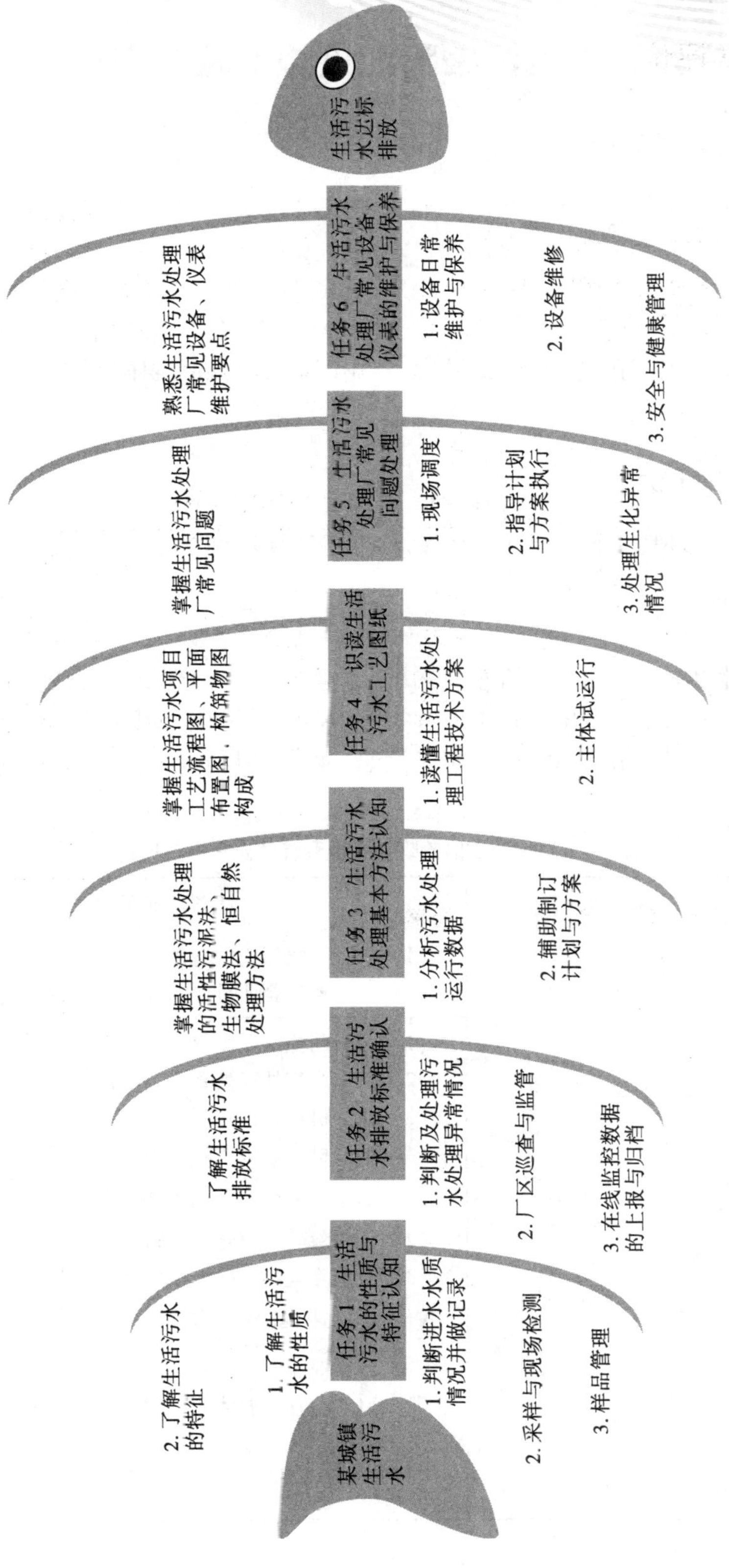

环境治理技术专业—环境工程技术专业中高职衔接课程标准

图 2-14 生活污水处理学习任务设计鱼骨图

头部：生活污水达标排放

主骨任务（从尾到头）：

- 任务1 生活污水污水的性质与特征认知
  - 掌握生活污水的性质
  - 了解生活污水的特征
  1. 判断进水情况并做记录
  2. 采样与现场检测
  3. 样品管理

- 任务2 生活污水排放标准确认
  - 了解生活污水排放标准
  1. 判断及处理污水处理异常情况
  2. 厂区巡查与监管
  3. 在线监控数据的上报与归档

- 任务3 生活污水处理基本方法认知
  - 掌握生活污水处理的活性污泥法、生物膜法、恒自然处理方法
  1. 分析污水处理运行数据
  2. 辅助制订计划与方案

- 任务4 识读生活污水工艺图纸
  - 掌握生活污水处理项目平面工艺流程图、布置图、构筑物图构成
  1. 读懂生活污水处理工程技术方案
  2. 主体试运行

- 任务5 生活污水处理厂常见问题处理
  - 掌握生活污水处理厂常见问题
  1. 现场调度
  2. 指导计划与方案执行
  3. 处理生化异常情况

- 任务6 生活污水处理厂常见设备、仪表的维护与保养
  - 熟悉生活污水处理厂设备、仪表维护要点
  1. 设备日常维护与保养
  2. 设备维修
  3. 安全与健康管理

尾部：某城镇生活污水

高职学段：大气污染治理设施运营管理课程标准

一、课程名称

大气污染治理设施运营管理。

二、适用专业

既适用于中高职衔接的环境工程技术专业，又适用于高职的环境工程技术及相关专业。

三、课程性质

本课程是高职环境工程技术专业环保设施运营管理专业方向课程。

四、课程设计

本课程设计以岗位职业能力培养为主线，以大气污染治理设施运营管理的典型岗位为导向，设置学习任务，采用任务驱动教学模式，让学生在完成具体项目任务过程中掌握废气治理相关知识，培养运营管理相关技能，做到学以致用，具体学习任务设置如表2-52所示。

表 2-52　大气污染治理设施运营管理课程学习项目

序号	学习任务（或学习项目）	子任务（或子项目）
1	认知大气污染	(1) 认知大气污染的基础知识 (2) 辨别典型企业排放的大气污染物
2	治理陶瓷行业废气	(1) 分析陶瓷工业废气 (2) 除尘废气处理处置工艺流程认识 (3) 认识机械、湿式除尘器 (4) 操作机械、湿式除尘器
3	治理火电企业废气	(1) 分析火电行业污染物排放 (2) 废气除尘、脱硫、脱硝原理的认知 (3) 布袋除尘器、静电除尘器、喷淋塔的结构 (4) 运行废气治理设施
4	控制挥发性有机废气	(1) 认知挥发性有机污染物 (2) VOC 的净化技术 (3) VOC 净化设备
5	工业通风	工业通风设计

五、课程教学目标

通过本课程的学习,达到如下目标:

(一) 知识目标

(1) 熟悉大气污染治理相关法规标准。
(2) 掌握除尘、气态污染物的净化原理及影响因素等。
(3) 掌握大气污染治理常用设备原理、结构及设计步骤。
(4) 熟悉常见大气污染物的净化工艺。

(二) 能力目标

(1) 能识别大气污染物排放重点行业的大气污染物。
(2) 能看懂设计图纸。
(3) 掌握典型大气污染物的治理技术及工艺流程。
(4) 懂得主要大气污染治理设备及仪器仪表、阀门等的结构、选型、安装及运营维护技术要领等。
(5) 能进行初步的大气污染治理设计。

(三) 素质目标

(1) 具有责任、安全意识和敬业精神,做到吃苦耐劳、踏实勤劳工作。
(2) 具备与人沟通、交流的能力。
(3) 具备团队合作能力,体验团队合作的乐趣,学会与人和善相处。
(4) 具备自主学习、实践动手、独立分析和解决问题的能力。

六、参考学时与学分

参考学时:64 学时。
参考学分:3.5 学分。

七、课程结构

课程结构见表2-53。

表2-53 大气污染治理设施运营管理课程结构

序号	学习任务	职业能力	知识、技能、态度要求	教学活动设计	学时
1	认知大气污染	06-03、08-01-01、18-02、34-04、34-05、34-07	(1) 掌握大气污染基础知识 (2) 能灵活应用相关标准、技术规范 (3) 能分析大气污染物的形成过程	(1) 识别典型行业废气主要成分及危害 (2) 案例分析：能根据国家政策和企业实情等熟练应用相关政策标准 (3) 学生分小组，课外调研学校周边典型废气污染企业的大气污染状况	6
2	治理陶瓷行业废气	03-02、07-01-01、07-01-05、07-01-06、07-01-08、07-02-01、07-02-02、07-03-01、07-03-02、25	(1) 掌握布袋除尘器、机械除尘——旋风除尘、湿式除尘的工作原理、性能、设备结构 (2) 能进行除尘设计 (3) 能正确操作除尘器并掌握其注意事项 (4) 根据除尘器运行结果，能对数据进行正确的记录和分析	(1) 案例分析：根据企业情景，设计一除尘器 (2) 实操训练：操作布袋除尘器，并进行台账处理	20
3	治理火电企业废气	03、07-01、07-02、07-03、08-01-03、09、25	(1) 掌握静电除尘器、吸收塔、吸附塔等的工作原理、性能、设备结构 (2) 会操作相关设备 (3) 掌握电力行业废气治理工艺流程 (4) 掌握选型方法 (5) 能对仪器仪表、阀门等进行安装与维护 (6) 会正确使用脱硫剂、脱硝剂、活性炭等 (7) 掌握设备的维护与维修要点	(1) 实践训练：能正确运行静电除尘器、吸附塔、吸收塔等 (2) 项目设计：模拟工作情景，进行仪器仪表等的选型；实践训练：安装仪器仪表、阀门等 (3) 实践训练：在吸收塔、吸附塔中，学会正确使用脱硫剂、脱硝剂等 (4) 实践训练：设备的维护与维修 (5) 企业参观：深入火电厂参观，全面掌握电力行业废气治理技术及环保设施运营管理注意事项	24

续上表

序号	学习任务	职业能力	知识、技能、态度要求	教学活动设计	学时
4	控制挥发性有机废气	07-01-06、07-01-08、07-01-09、09、25	（1）认知挥发性有机污染物 （2）掌握VOC的净化技术 （3）VOC的控制设备及操作注意事项 （4）培养安全生产基本知识，能进行安全与健康管理 （5）能进行VOC净化方案设计	（1）情景教学法：选取典型VOC排放行业，认知VOC的特性 （2）能完成VOC净化方案设计；情景教学法：再现企业生产环节，制定安全生产方案	8
5	工业通风	07、08-01-03、25	（1）掌握工业通风设计计算 （2）完成整个工业通风设计方案	设计工业通风系统	6
合计					64

注："职业能力"填写的职业能力编码与"附录1 环境工程技术专业职业能力分析表"的编码对应。

八、资源开发与利用

（一）教材编写与使用

（1）依据本课程标准编写和选用教材。

（2）所编写或使用的教材必须充分体现以工作过程为导向、突出技能培养的课程设计理念。

（3）教材以典型大气污染治理行业为单元，以岗位需求为任务驱动，融合大量企业案例，通过基础知识、案例模拟、实操训练等多种手段相结合的方式来组织编写。

（4）教材内容应涵盖大气污染基本理论、废气治理工艺、治理设施及操作、运营维护等。

（二）数字化资源开发与利用

1. 多媒体教学

通过教学设计，合理选择和运用现代教学媒体，借助仿真软件、视频等各类电子技术辅助手段，尽量结合实际的工程案例图片、录像、视频等进行讲解授课，提高学生的感性认识和学习兴趣。

2. 网络资源的开发和利用

（1）积极利用现代化信息技术开发建立网络课程和手机APP，建立包括课程标准、教学方法与手段、学习项目、学习指南、教学用多媒体课件、考核项目及评分标准、案例分析、模拟试题、职业资格认证的标准规范和试题、在线学习等教学和学习资源，搭建起多维、动态、活跃、自主的课程训练平台，促进学生积极自主地完成课程的学习。

（2）充分开发和利用教育部环境工程技术专业教学资源库、大气污染治理设施运营管理网络课程以及电子书籍、电子期刊、数字图书馆、专业网站等网络资源，促使教学内容从单一化向多元化转变，从而拓展学生知识和能力。

九、教学建议

（一）教学方法

（1）采用基于工作过程的项目导向、任务驱动等教学模式，通过任务（项目）来引导教学过程，通过给学生布置具体工作任务驱动学生自主学习。

（2）针对不同的教学任务采用课堂教学、现场教学、案例教学、分组教学、专题讲座等教学方法。

（3）充分利用信息化手段及各种优秀数字化资源辅助教学，充分利用校内外实训资源，对部分技术案例可在实际的行业企业中进行现场授课，采用真实情景下的教学模式。

（二）教学条件

（1）多媒体教室：电脑、投影仪、音响与网络。

（2）大气污染治理实训室：可进行袋式除尘器，静电除尘器，文丘里除尘器，旋流板塔二氧化硫气体吸收，氮氧化物吸附，脉冲电晕等离子烟气脱硫脱氮，旋风除尘装置，生物法吸收净化等大气污染治理实训教学。

十、教学评价

（一）考核方式说明

本课程采用过程性考核和终结性考核相结合的形式，以过程性考核为主。过程性考核占本门课程考核的比例为70%，着重考核学生掌握所学的基本技能，并能综合运用所学知识和技能分析、解决实际问题的能力。素质考核以小组学生的平时表现、工作态度、协作精神等方面作为评价标准，任务考核以学生完成每个工作任务的质量为标准。终结性考核采用期末笔试形式，考核内容侧重于大气污染治理设施运营管理的基础知识，占本门课程考核的比例为30%。

（二）考核标准（见表2-54）

表2-54　大气污染治理设施运营管理课程考核标准

考核方式	考核内容	权重	考核内容	实施方法
过程性考核（70%）	素质考核	10%	迟到、早退与旷课情况	教师评价
		5%	学习态度	小组自评+小组互评+教师评价
		5%	协作精神	小组自评+小组互评+教师评价
	实操考核	25%	除尘器、风机、阀门等的正确操作及运行注意事项	教师评价
	任务考核	25%	不同工作情境对应完成的项目任务	小组互评+教师评价
终结性考核（30%）	课程内容	30%	大气污染治理设施运营管理知识要点	教考分离、统一组织

附：火电厂除尘任务学习任务设计鱼骨图（见图2-15）。

（撰稿人：张　栖　吴志敏）

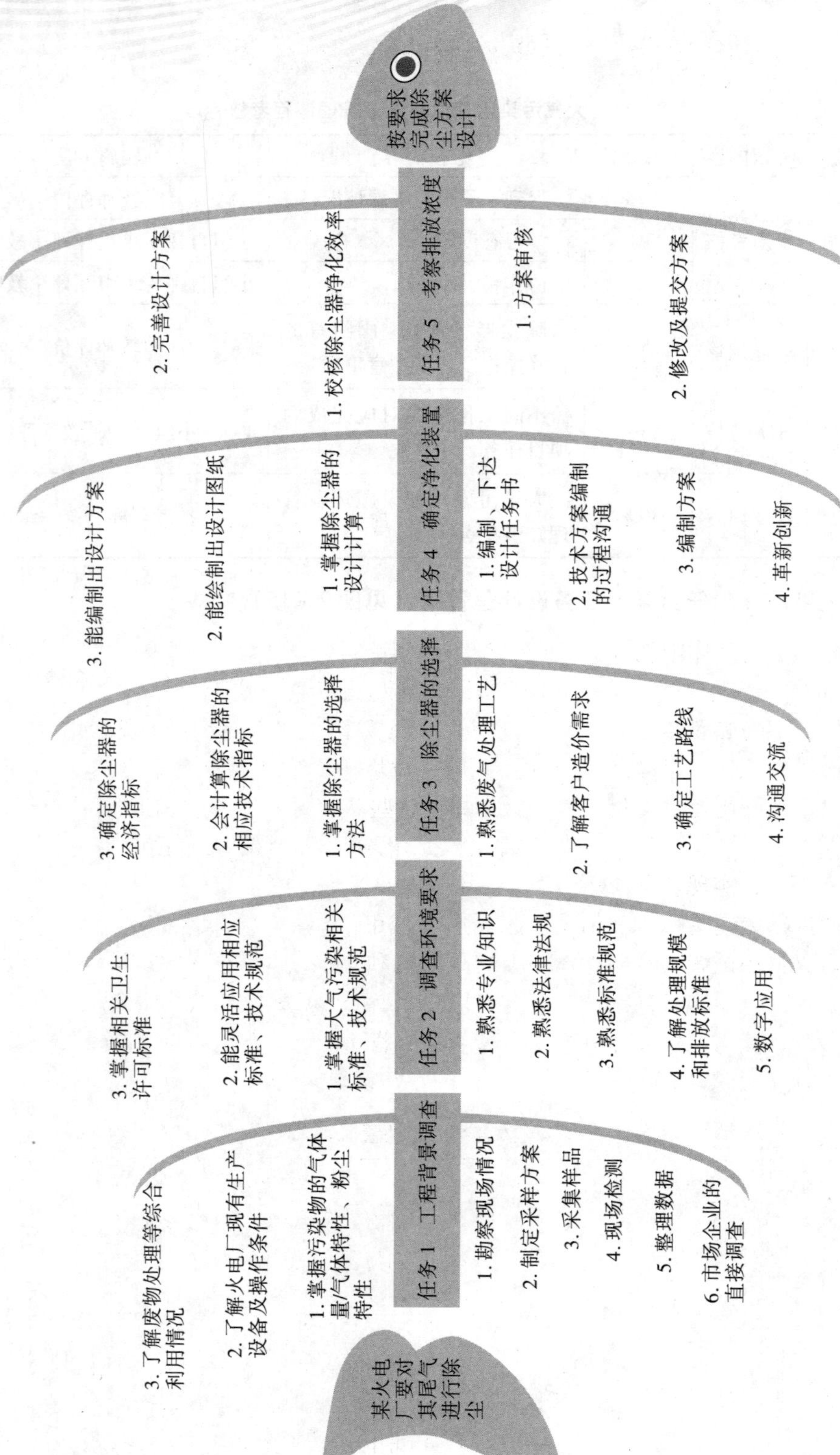

火电厂除尘任务学习任务设计鱼骨图

主干（头）： 按要求完成除尘方案设计

主干（尾）： 某火电厂要对其尾气进行除尘

任务1 工程背景调查

上支：
1. 掌握污染物的气体量、气体特性、粉尘特性
2. 能灵活应用相应标准、技术规范
3. 掌握相关卫生许可标准

下支：
1. 勘察现场情况
2. 制定采样方案
3. 采集样品
4. 现场检测
5. 整理数据
6. 市场企业的直接调查

另一组（左上）：
1. 掌握火电厂现有生产设备及操作条件
2. 了解废物处理等综合利用情况
3. 了解废物对利用情况

任务2 调查环境要求

上支：
1. 掌握大气污染相关标准、技术规范
2. 能灵活应用相应标准、技术规范
3. 掌握相关经济指标

下支：
1. 熟悉专业知识
2. 熟悉法律法规
3. 熟悉标准规范
4. 了解处理规模和排放标准
5. 数字应用

任务3 除尘器的选择

上支：
1. 掌握除尘器的选择方法
2. 会计算除尘器的相应技术指标
3. 确定除尘器的经济指标

下支：
1. 熟悉废气处理工艺
2. 了解客户造价需求
3. 确定工艺路线
4. 沟通交流

任务4 确定净化装置

上支：
1. 掌握除尘器的设计计算
2. 能绘制出设计图纸
3. 能编制出设计方案

下支：
1. 编制、下达设计任务书
2. 技术方案编制的过程沟通
3. 编制方案
4. 革新创新

任务5 考察排放浓度

上支：
1. 校核除尘器净化效率
2. 完善设计方案

下支：
1. 方案审核
2. 修改及提交方案

图2-15 火电厂除尘任务学习任务设计鱼骨图

高职学段：固体废物处理处置课程标准

一、课程名称

固体废物处理处置。

二、适用专业

既适用于中高职衔接的环境工程技术专业，又适用于高职的环境工程技术及相关专业。

三、课程性质

本课程是高职环境工程技术专业环保设施运营管理专业方向课程。

四、课程设计

本课程设计以固体废物处理处置岗位职业能力培养为重点，采用岗位典型工作任务（项目）驱动的模式，选择具有代表性的岗位典型工作任务进行系统化加工，构建具有培养学生职业能力和职业素养的固体废物利用处置学习任务，充分体现课程设计的职业性、实践性和开放性。以城市生活垃圾、厨余垃圾、危险废物、废旧电器电子产品等典型的固体废物的利用处置项目为引导，将完成这些项目需要具备的知识技能融入任务中，循序渐进，逐步深入。学生通过调查研究、设计方案、实验验证、实地参观等完成教师安排的学习任务，实现"教、学、做"一体化。

本课程由固体废物产生与污染控制分析、城市生活垃圾利用处置、厨余垃圾利用处置、危险废物利用处置、废弃电器电子产品拆解利用等5个学习任务（项目）组成，如表2-55所示。学生在完成学习任务的过程中，融入法规政策、设计规范、操作规程、安全环保等职业能力，培养学生吃苦耐劳、踏实肯干、团队协作、创新意识、自主学习、独立分析和解决问题等职业素养。

表2-55 固体废物处理处置课程学习项目

序号	学习任务（或学习项目）	子任务（或子项目）
1	固体废物产生与污染控制分析	（1）分析固体废物的产生、污染及对环境的影响 （2）鉴别与区分固体废物 （3）固体废物的管理
2	城市生活垃圾利用处置	（1）城市生活垃圾收集与分类 （2）城市生活垃圾压实 （3）城市生活垃圾焚烧工艺选择与运行管理 （4）城市生活垃圾卫生填埋工艺选择与运行管理

续上表

序号	学习任务（或学习项目）	子任务（或子项目）
3	厨余垃圾利用处置	（1）认识厨余垃圾 （2）厨余垃圾好氧堆肥工艺选择与运行管理 （3）厨余垃圾厌氧消化工艺选择与运行管理
4	危险废物利用处置	（1）危险废物规范化管理 （2）典型危险废物利用处置工艺设计与管理 （3）危险废物焚烧工艺选择与运行管理 （4）危险废物安全填埋工艺选择与运行管理
5	废弃电器电子产品拆解利用处置	（1）废弃电器电子产品破碎与分选 （2）废弃线路板拆解利用

五、课程教学目标

通过本课程的学习，达到如下目标：

（一）知识目标

（1）熟悉固体废物处理处置及规范化管理的法律法规、技术标准及运营规范。

（2）掌握固体废物处理处置的基本概念、基本原理及处理处置技术的发展。

（3）掌握城市生活垃圾利用处置技术的基础知识、处理处置典型工艺流程、主要设备及工艺参数控制。

（4）掌握厨余垃圾利用处置技术的基础知识、处理处置典型工艺流程、主要设备及工艺参数控制。

（5）掌握危险废物利用处置技术的基础知识、处理处置典型工艺流程、主要设备及工艺参数控制。

（6）掌握废弃电器电子产品利用处置技术的基础知识、处理处置典型工艺流程、主要设备及工艺参数控制。

（二）能力目标

（1）能对固体废物进行依法管理，特别是对危险废物进行规范化管理。

（2）能根据不同的固体废物设计利用处置工艺流程和编写利用处置初步方案。

（3）能对固体废物处理处置建设项目进行管理。

（4）能对固体废物填埋场、焚烧发电厂进行运营管理，辅助制订运行计划和方案，完成现场运行情况巡查与监管、异常情况预警与处理，完成日常运行管理。

（三）素质目标

（1）具有自主学习、实践动手、独立分析和解决问题及创新思维的能力。

（2）具有团队协作和语言表达能力，体验团队合作的乐趣，学会与人和善相处。

（3）具有责任意识和敬业精神，做到吃苦耐劳、踏实勤劳工作。

六、参考学时与学分

参考学时：36 学时。

参考学分：2 学分。

七、课程结构

课程结构见表 2-56。

表 2-56　固体废物处理处置课程结构

序号	学习任务	职业能力	知识、技能、态度要求	教学活动设计	学时
1	固体废物产生与污染控制分析	05-01-01、05-01-02、05-01-04、05-05-02、05-06-01、06-01-09、06-02-01、06-02-03、06-03-02、18-01、18-02、18-03	（1）掌握固体废物的来源及产生、法规定义及分类 （2）理解固体废物性质及污染特点 （3）能够鉴别固体废物，区分固体废物与废水、废气；区分一般固体废物与危险废物 （4）掌握固体废物水分、挥发分、灰分和固定碳的概念及计算方法 （5）熟悉固体废物法律法规和管理体系 （6）能够自觉遵守固体废物管理相关法律法规，熟练查阅、运用和分析固体废物标准和政策，做到依法管理、处理、处置和利用固体废物	（1）知识点讲授、案例分析与课堂提问相结合 （2）展示分析国内外固体废物污染事故及案例，加深学生对固体废物污染的认识 （3）根据污染案例情况，查询国家相关污染控制标准 （4）设置学生课外开展城市（校园、社区）生活垃圾产生及污染情况调查，开展固体废物鉴别实验，学生课外分组调查分析国内外固体废物管理的差距等教学活动，学生分组完成	6

续上表

序号	学习任务	职业能力	知识、技能、态度要求	教学活动设计	学时
2	城市生活垃圾利用处置	05-01、05-02、05-03、05-04、05-05、05-06、05-08、06-01、06-02、06-03、08-01-03、09-01、09-02、09-03、25-01、25-02、25-03、27-01、27-02、27-03、28-03、34	（1）掌握固体废物分类和收集原则，熟悉固体废物分类和收集方法 （2）掌握固体废物压实的原理、目的、工艺方法和设备 （3）掌握焚烧原理、评价指标及影响因素，能控制燃烧质量与燃烧效率 （4）熟悉焚烧工艺系统和工作原理，熟悉典型的焚烧设备 （5）掌握除尘、脱硫等焚烧污染控制技术，熟悉二噁英和飞灰的防治方法，能进行污染排放管理 （6）能够根据固体废物的性质和处理目的合理选择焚烧处理方法、工艺和设备，能够对处理工艺进行选择与初步设计，能够对焚烧发电厂进行运行管理 （7）掌握填埋的定义、分类、性质及功能，掌握卫生填埋工艺和设备，掌握填埋作业和管理，熟悉填埋场运行管理规范 （8）掌握渗滤液产生和特性，掌握填埋气体的产生、组成、性质、收集与利用，了解填埋场的后期管理 （9）能够根据固体废物的性质和处理目的合理选择填埋处理方法、工艺和设备，能够对处理工艺进行选择和初步设计，能够对填埋场进行运行管理	（1）知识点讲授、案例分析与课堂提问相结合 （2）利用仿真动画进行教学 （3）展示分析城市生活垃圾焚烧、卫生填埋案例及视频 （4）组织学生参观垃圾焚烧发电厂或卫生填埋场 （5）设置城市生活垃圾分类方案设计、卫生填埋场运行管理方案编制等教学活动，学生分组完成	12

续上表

序号	学习任务	职业能力	知识、技能、态度要求	教学活动设计	学时
3	厨余垃圾利用处置	08-01-03、25-01、25-02、25-03、27-01、27-02、27-03、28-03、34	（1）掌握好氧堆肥的定义、基本原理、过程和控制参数 （2）掌握好氧堆肥的工艺和设备 （3）掌握厌氧消化的原理、控制参数、工艺和设备 （4）能够根据固体废物的性质和处理目的合理选择堆肥处理方法、工艺和设备，能够对处理工艺进行初步设计，能够对堆肥工艺运行进行管理	（1）知识点讲授、案例分析与课堂提问相结合 （2）展示分析厨余垃圾好氧堆肥、厌氧消化案例及视频 （3）设置校园厨余垃圾调研、校园厨余垃圾好氧堆肥或厌氧消化方案设计等教学活动，学生分组完成	6
4	危险废物利用处置	05-01、05-02、05-03、05-04、05-05、05-06、05-07、05-08、06-01、06-02、06-03-02、08-01-03、09-01、09-02、09-03、18-01、18-02、18-03、25-01、25-02、25-03、27-01、27-02、27-03、28-03、34	（1）掌握危险废物管理制度 （2）熟悉目前国家对危险废物规范化管理的措施和政策 （3）能够根据危险废物的危险特性运用相关法律法规、标准和技术规范进行危险废物规范化管理 （4）熟悉危险废物综合处理处置方案，掌握含铜废液、含铜污泥等常见危险废物综合利用方法 （5）熟悉危险废物焚烧污染控制标准和技术规范，掌握焚烧炉的技术性能要求，掌握危险废物焚烧流程及常用炉型，了解危险废物焚烧环境保护监督管理重点 （6）掌握危险废物固化/稳定化特点和应用范围，掌握处理效果的评价指标，掌握典型的固化工艺；能够运用固体废物水泥固化的方法，能初步控制影响固化体制备的因素 （7）熟悉危险废物填埋污染控制标准，掌握安全填埋技术要求，掌握安全填埋工艺流程，了解危险废物填埋环境保护监督要点 （8）能够合理选择危险废物处理处置及综合利用方法、工艺和设备，能够对工艺进行初步设计，能够对危险废物处理处置及综合利用设施进行运行管理	（1）知识点讲授、案例分析与课堂提问相结合 （2）展示分析典型危险废物资源化利用、危险废物焚烧及安全填埋案例及视频 （3）课堂组织学生填写危险废物转移联单，查阅和运用危险废物法律法规和管理制度 （4）设置含铜废液、含铜污泥资源化利用工艺设计，危险废物固化实验等教学活动，学生分组完成	6

续上表

序号	学习任务	职业能力	知识、技能、态度要求	教学活动设计	学时
5	废弃电器电子产品拆解利用	08-01-03、25-01、25-02、25-03、27-01、27-02、27-03、28-03、34	（1）掌握固体废物破碎、分选的原理、目的、工艺方法和设备 （2）废弃电器电子产品、废旧线路板等资源化途径和技术 （3）能够运用循环经济理念对废弃电器电子产品、废弃线路板等进行资源化利用，能够根据废物的性质选用合适的资源化途径和技术	（1）知识点讲授、案例分析与课堂提问相结合 （2）利用仿真动画进行教学 （3）展示分析废弃电器电子产品、废弃线路板拆解利用工艺案例及视频 （4）设置电视机（电脑、冰箱、洗衣机、空调）拆解利用方案设计、废弃线路板资源化利用方案设计等教学活动，学生分组完成	6
合计					36

注："职业能力"填写的职业能力编码与"附录1　环境工程技术专业职业能力分析表"的编码对应。

八、资源开发与利用

（一）教材编写与使用

（1）依据本课程标准选用和编写教材，充分体现"任务引领，实践导向"的课程设计思想。

（2）教材应以典型固体废物处理处置项目工作任务、企业处理处置工艺设计案例、岗位操作规程和运营管理规范等组织教材内容，在不同任务中融入相应知识点及技能要求，通过对项目及任务的描述、各子任务的实施过程控制及实施方法引导，实施"教、学、做"一体化，更加注重学生技术技能的形成过程。教材知识点的难易程度与职业类学生学习能力相对应，同时为满足高职学生就业或升学的需要，教材应对相关知识及项目进行拓展。

（3）教材编写尽量选择实际工程案例图片，做到图文并茂，提高学生学习兴趣；教材表达力求清楚精练、科学准确。教材内容要具体，具有可操作性。

（4）教材内容应充分体现先进性、通用性、实用性，要与时俱进，切实与目前行业发展相吻合，及时将固体废物处理处置新技术、新工艺、新标准等内容纳入教材中。

（二）数字化资源开发与利用

1. 多媒体教学

通过教学设计，合理选择和运用现代教学媒体，借助仿真软件、视频等各类电子技术辅助手段，尽量结合实际的工程案例图片、录像、视频等进行讲解授课，提高学生的感性认识和学习兴趣。

2. 网络资源的开发和利用

（1）积极利用现代化信息技术开发建立网络课程和手机 AFP，建立包括课程标准、教学方法与手段、学习项目、学习指南、教学用多媒体课件、考核项目及评分标准、案例分析、模拟试题、职业资格认证的标准规范和试题、在线学习等教学和学习资源，搭建起多维、动态、活跃、自主的课程训练平台，促进学生积极自主地完成课程的学习。

（2）充分开发和利用教育部环境工程技术专业教学资源库、固体废物处理处置网络课程以及电子书籍、电子期刊、数字图书馆、专业网站等网络资源，促使教学内容从单一化向多元化转变，从而拓展学生知识和提高学生综合能力。

九、教学建议

（一）教学方法

（1）采用基于工作过程的项目导向、任务驱动等教学模式，通过任务（项目）来引导教学过程，通过给学生布置具体工作任务驱动学生自主学习。

（2）针对不同的教学任务采用课堂教学、现场教学、案例教学、分组教学、专题讲座等教学方法。

（3）充分利用信息化手段及各种优秀数字化资源辅助教学，充分利用校内外实训资源，对部分技术案例可在实际的行业企业中进行现场授课，采用真实情景下的教学模式。

（二）教学条件

（1）多媒体教室：电脑、投影仪、音响与网络。

（2）实训条件：校内有破碎、分选等设备，填埋、焚烧、堆肥等设备模型，危险废物固化实验设备，固体废物属性鉴别监测仪器设备，固体废物处理处置仿真实训平台等；校外有固体废物焚烧、填埋等实训基地。

十、教学评价

（一）考核方式说明

本课程采用过程性考核和终结性考核相结合的形式。过程性考核包括素质考核及任务考核，占本门课程考核的比例为60%。素质考核以小组学生的平时表现、工作态度、协作精神等方面作为评价标准，任务考核以学生完成每个工作任务的质量和过程情况为标准。终结性考核采用期末笔试形式，考核内容侧重于固体废物的基础知识、管理法律法规、固体废物的处理处置典型工艺和技术等，占本门课程考核的比例为40%。

（二）考核标准（见表2-57）

表2-57 固体废物处理处置课程考核标准

考核方式	考核内容	权重	考核内容	实施方法
过程性考核（60%）	素质考核	10%	迟到、早退与旷课情况	教师评价
		10%	学习态度、解决问题能力	小组自评+小组互评+教师评价
		10%	团结协作精神	小组互评
	任务考核	15%	任务完成情况	小组自评+小组互评+教师评价
		15%	工作过程情况	小组自评+小组互评+教师评价
终结性考核（40%）	课程内容考核	40%	基本概念、管理制度、处理处置工艺技术等	教考分离、统一组织

附：危险废物利用处置学习任务设计鱼骨图（见图2-16）。

（撰稿人：钟真宜　叶　平）

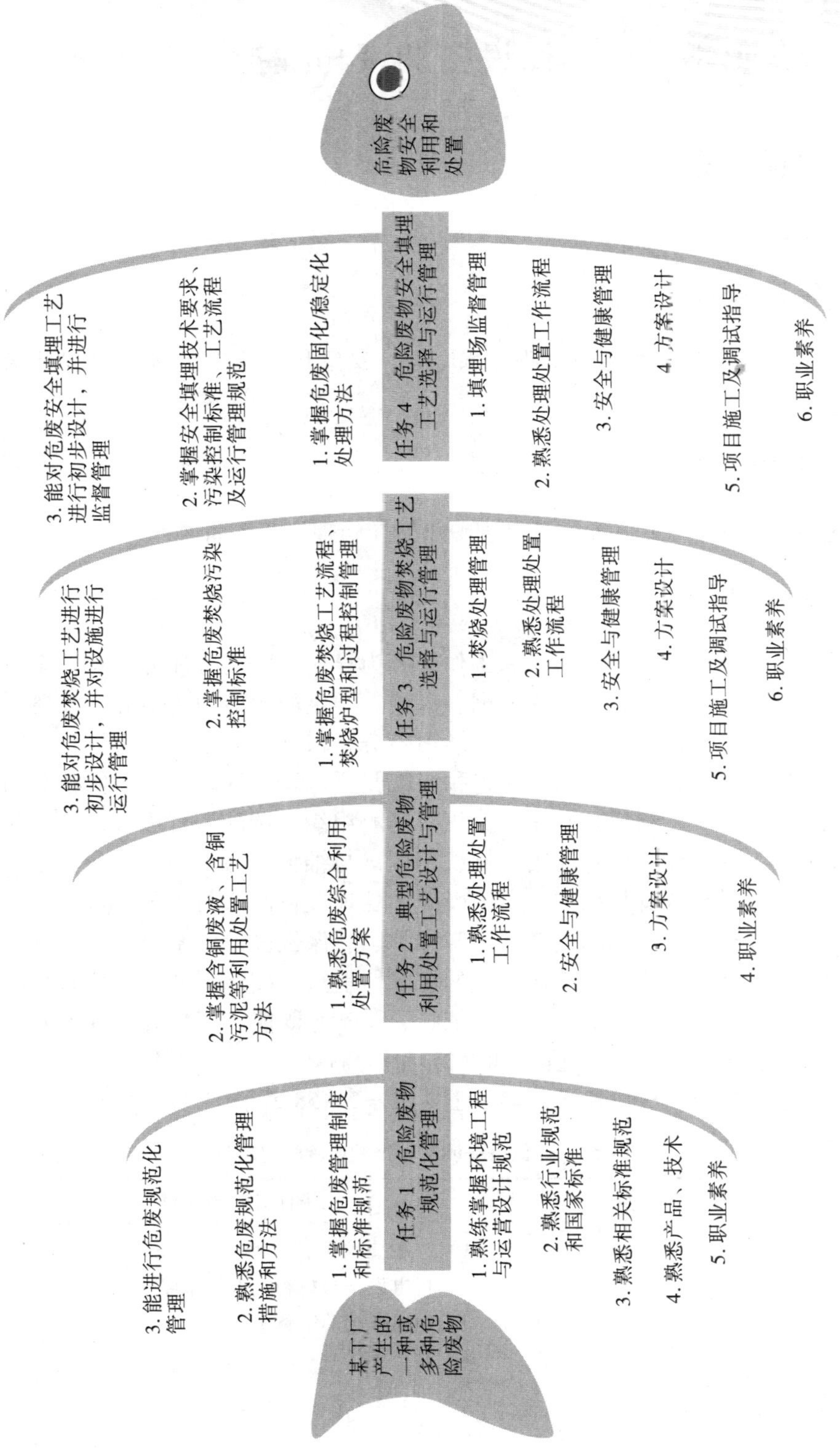

危险废物利用处置

任务 1 危险废物规范化管理
1. 掌握危废管理制度和标准规范
2. 熟悉危废规范化管理措施和方法
3. 能进行危废规范化管理

任务 2 典型危险废物利用处置工艺设计与管理
1. 熟悉危废综合利用处置方案
2. 掌握含铜废液、含铜污泥等利用处置工艺方法
3. 能对危废液、含铜污泥等利用处置工艺初步设计，并对设施进行运行管理

任务 3 危险废物焚烧工艺选择与运行管理
1. 掌握危废焚烧工艺流程、焚烧炉型和过程控制管理
2. 掌握危废焚烧污染控制标准
3. 能对危废焚烧工艺进行初步设计，并对设施进行运行管理

任务 4 危险废物安全填埋工艺选择与运行管理
1. 掌握危废固化稳定化处理方法
2. 掌握安全填埋技术要求、污染控制标准、工艺流程及运行管理规范
3. 能对危废安全填埋工艺进行初步设计，并进行监督管理

任务 1 危险废物规范化管理
1. 熟练掌握环境工程运营设计规范
2. 熟悉行业规范和国家标准
3. 熟悉相关标准规范
4. 熟悉产品、技术
5. 职业素养

任务 2 典型危险废物利用处置
1. 熟悉处理处置工作流程
2. 安全与健康管理
3. 方案设计
4. 职业素养

任务 3 危险废物焚烧工艺
1. 焚烧处理管理
2. 熟悉处理处置工作流程
3. 安全与健康管理
4. 方案设计
5. 项目施工及调试指导
6. 职业素养

任务 4 危险废物安全填埋
1. 填埋场监督管理
2. 熟悉处理处置工作流程
3. 安全与健康管理
4. 方案设计
5. 项目施工及调试指导
6. 职业素养

某工厂产生的一种或多种危险废物

图 2-16 危险废物利用处置学习任务设计鱼骨图

高职学段：环保设备调试与维护课程标准

一、课程名称

环保设备调试与维护。

二、适用专业

既适用于中高职衔接的环境工程技术专业，又适用于高职的环境工程技术及相关专业。

三、课程性质

本课程是高职环境工程技术专业环保设施运营管理专业方向课程。

四、课程设计

本课程设计主体思想以职业能力和工作任务为导向，以完善环境工程技术专业人员素质能力为标准，以人才培养方案为依据，以培养学生职业能力为核心，以典型实际案例为切入点，基于工作过程为主线，制定学习任务，根据项目任务，设计学习内容，划分学习单元，组织实施教学。在教学时，我们按照环保设备调试与维护所涉及的八大项目内容，理论教学上以"必需、够用"为度，精心组织、调配课程内容，分别从机械设备安装调试前的准备工作、环保通用机械设备调试与维护、污水处理机械设备安装调试与维护、除尘脱硫设备调试与维护、固体废弃物处理设备调试与维护、噪声与振动设备调试与维护、环保机械设备附属电气调试与维护、环保机械设备系统工艺调试等八大项目进行教学内容设计，按照实际工作岗位的需求，重点教授污水处理系统和污泥处理系统机械设备的调试与维护，以实际案例为依托，使学生既能打下良好的理论基础，又能掌握实际工程实施过程，突出职业能力的培养和提高。

本课程采取任务驱动教学模式，学习任务如表 2-58 所示。

表 2-58 环保设备调试与维护课程学习项目

序号	学习任务（或学习项目）	子任务（或子项目）
1	机械设备调试前的准备工作	（1）一般技术要求 （2）机电设备与材料选型的总要求 （3）组织机构的准备工作 （4）材料准备 （5）机具准备 （6）调试技术准备 （7）关键设备/材料的特殊技术要求

续上表

序号	学习任务（或学习项目）	子任务（或子项目）
2	环保通用机械设备调试与维护	（1）起重设备的调试与维护 （2）轴流排风机的调试与维护 （3）法兰、阀门、流量计和伸缩节的调试与维护 （4）环保通用机械设备调试与维护实践
3	污水处理机械设备安装调试与维护	（1）闸门、螺旋输送机的调试与维护 （2）格栅机的调试与维护 （3）潜水污水泵的调试与维护 （4）刮砂设备的调试与维护 （5）砂水分离器的调试与维护 （6）曝气器及管路系统的调试与维护 （7）鼓风机的调试与维护 （8）潜水搅拌器的调试与维护 （9）吸刮泥机的调试与维护 （10）紫外线消毒系统的调试与维护 （11）加氯消毒系统的调试与维护 （12）滗水器的调试与维护 （13）生物除臭系统的调试与维护 （14）污泥脱水机的调试与维护 （15）脱水污泥输送系统的调试与维护 （16）搅拌、配药系统设备的调试与维护
4	除尘脱硫设备调试与维护	（1）除尘机械设备的调试与维护 （2）脱硫机械设备的调试与维护
5	固体废弃物处理设备调试与维护	（1）压实、破碎机械设备的调试与维护 （2）热处理机械设备的调试与维护
6	噪声与振动设备调试与维护	（1）吸声、隔声、消声设备的调试与维护 （2）防振机械设备的调试与维护
7	环保机械设备附属电气调试与维护	（1）环保设备附属电气设备的调试与维护 （2）环保设备附属自动化控制系统的调试与维护
8	环保机械设备系统工艺调试	（1）污水处理系统工艺的调试 （2）除尘脱硫系统工艺的调试 （3）固体废弃物处理系统工艺的调试 （4）噪声处理系统工艺的调试

五、课程教学目标

通过本课程的学习，达到如下目标：

（一）知识目标

（1）掌握环保设备的分类、结构、作用及工作原理。
（2）掌握环保设备的调试、维护和操作管理的要点。

（二）能力目标

（1）能根据污染物处理要求选用合适的环保设备。
（2）能查阅环保设备调试与维护相关的国家、省或行业的标准、规范、图册等技术资料。
（3）能根据不同的环保设备及现场情况编制调试方案。
（4）能给环保设备进行调试与维护。

（三）素质目标

（1）具备自主学习、实践动手、独立分析问题和解决问题及创新思维的能力。
（2）具备团队协作和语言表达能力，体验团队合作的乐趣，学会与人和善相处。
（3）具备责任意识和敬业精神，培养吃苦耐劳、踏实勤劳的工作作风。

六、参考学时与学分

参考学时：64 学时。
参考学分：3.5 学分。

七、课程结构

课程结构见表 2-59。

表 2-59 环保设备调试与维护课程结构

序号	学习任务	职业能力	知识、技能、态度要求	教学活动设计	学时
1	机械设备调试前的准备工作	01-01-10、01-03-01、01-03-03、02-01、02-02、03-04-04、03-04-06、34-01、34-02、34-03、34-04、34-05	(1) 了解设备安装的尺寸、规范、工艺的基本知识，熟悉技术文件的内容 (2) 了解机械设备的材料、工件质量、设备质量的总要求 (3) 了解环保机械设备、材料的基本性能的含义、特点及适用范围 (4) 熟悉报建、劳动力、机具和施工图纸等准备工作内容和程序 (5) 了解机械设备的现场装配的方法和适用场合 (6) 熟悉机械设备基础的作用，掌握设备与基础的连接方法和基础的检验方法 (7) 熟悉大型设备吊装的原则、不同场合的吊装方案、吊装过程中的注意事项 (8) 能够根据设备的机构和原理选择合适的装配和润滑方式，并完成装配	(1) 分析项目任务 (2) 讲授知识点 (3) 案例分析点评 (4) 总结点评	10
2	环保通用机械设备调试与维护	02-02、03-02-03、03-03-07、03-03-08、03-04-06、34-01、34-04、34-05	(1) 掌握桥式起重机的调试过程及要点 (2) 熟悉轴流排风机的结构、清洗和检查要求、安装尺寸的检测方法，掌握试车的要点 (3) 熟悉法兰、阀门、流量计和伸缩节的作用和调试要点 (4) 了解臭气处理的工艺流程，掌握除臭装置的调试要点 (5) 熟悉污水处理工艺、污水处理设备的结构及特点 (6) 能够识别污水处理厂所采用的工艺，熟悉污水厂设备的安装位置、结构和工作原理	(1) 分析项目任务 (2) 讲授知识点 (3) 通用机械设备调试与维护案例分析点评 (4) 总结点评	12

续上表

序号	学习任务	职业能力	知识、技能、态度要求	教学活动设计	学时
3	污水处理机械设备安装调试与维护	02－02、03－02－03、03－03－07、03－03－08、03－04－06、04－03－09、14－03、27－02、30－03－05、34－01、34－04、34－05	(1) 熟悉污水处理系统设备的作用、安装位置和工作原理，掌握污水处理系统设备的调试与维护的要点 (2) 熟悉污泥脱水机的分类、工作原理与应用，重点掌握带式浓缩压滤一体化污泥脱水机的结构和工作原理，掌握其调试与维护的要点 (3) 熟悉脱水污泥输送系统的结构、工作原理，掌握其调试与维护的要点 (4) 掌握搅拌、配药系统设备的材质要求、调试注意事项 (5) 认识污水处理厂的设备，熟悉污水处理厂的设备运行维护要点	(1) 分析项目任务 (2) 讲授知识点 (3) 污水系统机械设备调试与维护案例分析点评 (4) 污泥系统机械设备调试与维护案例分析点评 (5) 总结点评	14
4	除尘脱硫设备调试与维护	02－02、03－02－03、03－03－07、03－03－08、03－04－06、07－01－02、07－01－03、07－02、07－03、18－01－01、34－01、34－04、34－05	(1) 熟悉除尘设备的分类、工作原理与应用，掌握其调试与维护的要点 (2) 熟悉脱硫设备的结构、工作原理，掌握其调试与维护的要点 (3) 认识除尘脱硫的设备，熟悉其设备运行维护要点	(1) 分析项目任务 (2) 讲授知识点 (3) 除尘系统机械设备调试与维护案例分析点评 (4) 脱硫系统机械设备调试与维护案例分析点评 (5) 总结点评	8
5	固体废弃物处理设备调试与维护	02－02、03－02－03、03－03－07、03－03－08、03－04－06、06－01、06－03、18－01－01、34－01、34－04、34－05	(1) 熟悉破碎、压实系统机械设备的分类、工作原理与应用，掌握其调试与维护的要点 (2) 熟悉热处理系统机械设备的结构、工作原理，掌握其调试与维护的要点 (3) 认识固体废弃物处理设备，熟悉其设备运行维护要点	(1) 分析项目任务 (2) 讲授知识点 (3) 破碎、压实系统机械设备调试与维护案例分析点评 (4) 热处理系统机械设备调试与维护案例分析点评 (5) 总结点评	4

续上表

序号	学习任务	职业能力	知识、技能、态度要求	教学活动设计	学时
6	噪声与振动设备调试与维护	02–02、03–02–03、03–03–07、03–03–08、03–04–06、18–01–01、34–01、34–04、34–05	（1）熟悉吸声、消声、隔声系统机械设备的分类、工作原理与应用，掌握其调试与维护的要点 （2）熟悉防振系统机械设备的结构、工作原理，掌握其调试与维护的要点 （3）认识噪声与振动设备，熟悉其设备运行维护要点	（1）分析项目任务 （2）讲授知识点 （3）吸声、消声、隔声系统机械设备调试与维护案例分析点评 （4）防振系统机械设备调试与维护案例分析点评 （5）总结点评	4
7	环保机械设备附属电气调试与维护	02–02、03–02–03、03–03–07、03–03–08、03–04–06、34–01、34–04、34–05	（1）了解环保设备附属电气设备系统的调试与维护的要点 （2）了解环保设备附属自动化控制系统的调试与维护的要点	（1）分析项目任务 （2）讲授知识点 （3）机械附属设备调试与维护案例分析点评 （4）总结点评	6
8	环保机械设备系统工艺调试	02–02、03–02–03、03–03–07、03–03–08、03–04–06、07–02、07–03、34–01、34–04、34–05	（1）了解系统调试的内容及其前提条件 （2）了解联机调试的方法、调试过程和要点	（1）分析项目任务 （2）讲授知识点 （3）机械设备系统工艺调试案例分析点评 （4）总结点评	6
			合计		64

注："职业能力"填写的职业能力编码与"附录1 环境工程技术专业职业能力分析表"的编码对应。

八、资源开发与利用

（一）教材编写与使用

（1）教材应以完成任务的典型活动项目来驱动，采用递进或并列的方式来组织内容，使学生在各种活动中掌握实际操作。

（2）教材应密切联系实际，以学生为本，文字表述要简明扼要，突出重点，重在提高学生学习的积极性与主动性。

（3）建议根据课程的知识、技能、态度要求，结合学习任务的项目设置编写项目化教材。

（4）教材中的案例应精心选择，有代表性。

（二）数字化资源开发与利用

1. 多媒体教学

通过教学设计，合理选择和运用现代教学媒体，借助仿真软件、视频等各类电子技术辅助手段，尽量结合实际的工程案例图片、录像、视频等进行讲解授课，提高学生的感性认识和学习兴趣。

2. 网络资源的开发和利用

（1）积极利用现代化信息技术开发建立网络课程和手机 APP，建立包括课程标准、教学方法与手段、学习项目、学习指南、教学用多媒体课件、考核项目及评分标准、案例分析、模拟试题、职业资格认证的标准规范和试题、在线学习等教学和学习资源，搭建起多维、动态、活跃、自主的课程训练平台，促进学生积极自主地完成课程的学习。

（2）充分开发和利用教育部环境工程技术专业教学资源库、环保设备调试与维护网络课程以及电子书籍、电子期刊、数字图书馆、专业网站等网络资源，促使教学内容从单一化向多元化转变，从而拓展学生知识和提高学生综合能力。

九、教学建议

（一）教学方法

（1）采用基于工作过程的项目导向、任务驱动等教学模式，通过任务（项目）来引导教学过程，通过给学生布置具体工作任务驱动学生自主学习。

（2）针对不同的教学任务采用课堂教学、现场教学、案例教学、分组教学、专题讲座等教学方法。

（3）充分利用信息化手段及各种优秀数字化资源辅助教学，充分利用校内外实训资源，对部分技术案例可在实际的行业企业中进行现场授课，采用真实情景下的教学模式。

（二）教学条件

（1）多媒体教室：电脑、投影仪、音响与网络。

（2）校内实验实训室：环境工程实训室、环保设备实训室、污泥脱水生产性实训基地等。

（3）校外实习基地：污水处理厂、垃圾收集站、热电燃煤发电机组烟气脱硫脱硝站等。

十、教学评价

（一）考核方式说明

本课程采用过程性考核和终结性考核相结合的形式。过程性考核包括素质考核及任务考核，占本门课程考核的比例为60%。素质考核以小组学生的平时表现、工作态度、协作精神等方面作为评价标准，任务考核以学生完成每个工作任务的质量和过程情况为标准。终结性考核采用期末笔试形式，考核内容侧重于环保设备的基础知识、各种类型设备调试的方法、各种类型设备调试维护的具体方法等，占本门课程考核的比例为40%。

（二）考核标准（见表2-60）

表2-60　环保设备调试与维护课程考核标准

考核方式	考核内容	权重	考核内容	实施方法
过程性考核（60%）	素质考核	10%	迟到、早退与旷课情况	教师评价
		10%	学习态度、解决问题能力	小组自评+小组互评+教师评价
		10%	团结协作精神	小组互评
	任务考核	15%	任务完成情况	小组自评+小组互评+教师评价
		15%	工作过程情况	小组自评+小组互评+教师评价
终结性考核（40%）	课程内容考核	40%	基本概念、环保设备调试与维护技术等	教考分离、统一组织

附：除尘脱硫设备调试与维护学习任务设计鱼骨图（见图2-17）。

（撰稿人：马承荣　张兴红　陈建军）

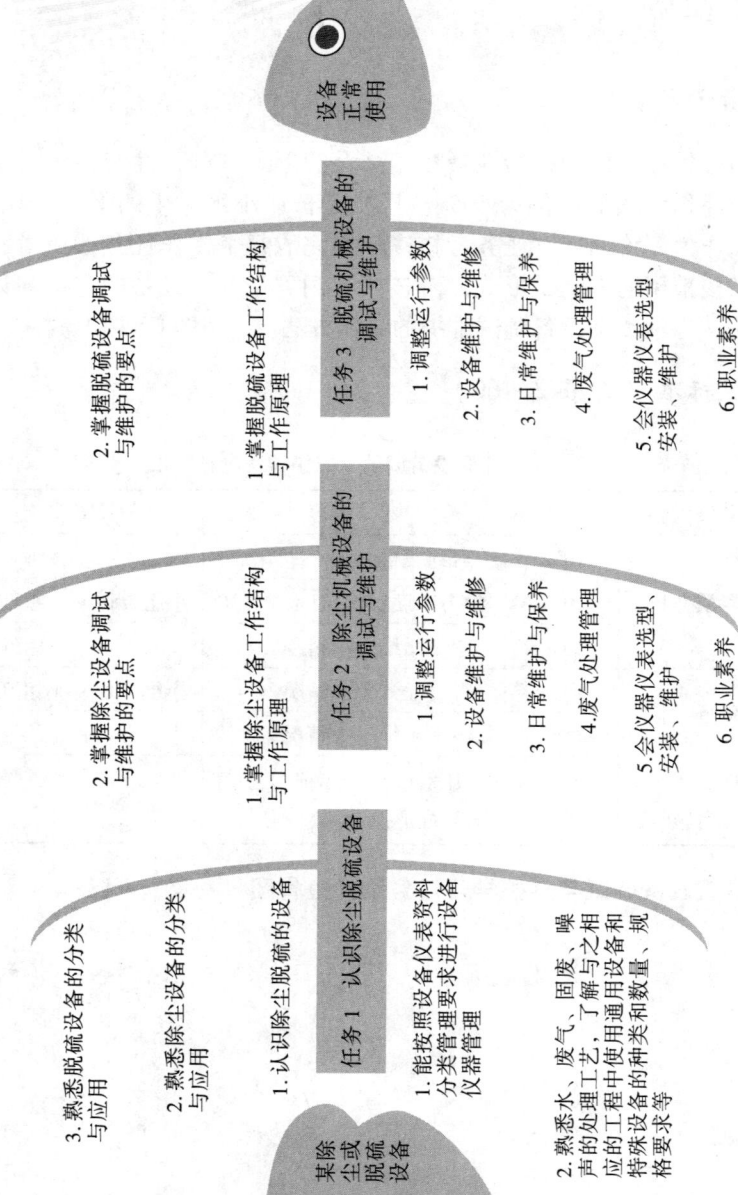

图 2-17 除尘脱硫设备调试与维护学习任务设计鱼骨图

高职学段：仪器分析课程标准

一、课程名称

仪器分析。

二、适用专业

既适用于中高职衔接的环境工程技术专业，又适用于高职的环境工程技术及相关专业。

三、课程性质

本课程是中高职衔接高职环境工程技术专业环境监测专业方向课程。

四、课程设计

本课程在教学模式上采用"教、学、做"一体化的形式，边理论学习边实践教学。通过实践技能教学，使学生把理论和实践结合起来。实践教学以基本技能为主，形成以培养学生的创新思维、创新能力为目标的实践课程体系。较好地了解和掌握一般仪器的正确使用和日常维护方法，还要加强相关实验理论安全意识、环境意识的培养。改革训练环节，更新实验内容，将传统的实验整合为认知实践、理论与实践结合、岗位实践三大模块。使学生对某一具体的分析对象，能综合应用多门学科知识，逐步达到具有查阅文献资料、选择分析方法、拟定实验步骤、正确评估测定结果的能力。

五、课程教学目标

通过本课程的学习，达到如下目标：

（一）知识目标

（1）了解现代分析仪器技术的特点、应用、发展趋势。
（2）掌握紫外—可见分光光度计的原理、使用及简单维护。
（3）掌握原子吸收分光光度计的原理、使用及简单维护。
（4）掌握酸度计的原理、使用及简单维护。
（5）了解气相色谱仪、高效液相色谱仪的原理、使用及简单维护。

（二）能力目标

（1）能胜任本专业相关的生产一线环境分析测试、食品检验、化学检验工作及基层分析测试技术管理工作。

(2) 对某一具体的分析对象，能综合应用多门学科知识，逐步达到具有查阅文献资料、选择分析方法、拟定实验步骤、正确评估测定结果的能力。

（三）素质目标

(1) 具备学习的主动性、探究性、参与性与创造性。
(2) 具有开放性思维、创新的合作精神、获取信息的能力和浓厚的学习兴趣。
(3) 具有理论联系实际，严谨认真、实事求是的科学态度，解决实际问题的能力。

六、参考学时与学分

参考学时：82 学时。
参考学分：4.5 学分。

七、课程结构

课程结构见表 2-61。

表 2-61 仪器分析课程结构

序号	学习任务	职业能力	知识、技能、态度要求	教学活动设计	学时
1	认知仪器分析	34-04、34-06	(1) 学习仪器分析技术的基本内容、性质、分类、学科地位及其重要性，掌握仪器分析的分类、应用及其学科重要性 (2) 掌握仪器分析技术的发展历史、现代分析测试技术的发展及电子技术在分析测试中的应用	(1) 设疑 (2) 讲解	2
2	电位分析	01-02-05、01-03-05、03-04-06、11-04、12-01、12-02、12-03-04、12-03-05	(1) 掌握电极、电极电势、原电池、电动势的概念，电位分析法的原理，并理解运用能斯特方程表达式 (2) 掌握参比电极的概念及分类，常用参比电极——甘汞电极和银-氯化银电极的组成及其能斯特方程表达式 (3) 掌握 pH 电位法及 pH 计的工作原理，利用直接电位法测定离子活度的基本原理及测定方法 (4) 掌握仪器的基本维护	(1) 设疑 (2) 讲解 (3) 实验	12

续上表

序号	学习任务	职业能力	知识、技能、态度要求	教学活动设计	学时
3	紫外-可见分光光度法分析	01-03-05、03-04-06、11-04、12-01、12-02、12-03-04、12-03-05	（1）掌握物质对光的选择性吸收，掌握光吸收曲线的绘制 （2）掌握朗白比尔定律的计算，理解影响吸收定律的几个问题 （3）掌握光吸收曲线的绘制，掌握参比溶液的选择依据及吸光度读数范围对测量精确度的影响 （4）掌握标准曲线法、直接比较法测定单组分的基本原理、应用，多组分定量测定 （5）掌握显色反应的条件选择 （6）掌握仪器的基本维护	（1）设疑 （2）讲解 （3）实验	28
4	原子吸收光谱测定	01-03-05、03-04-06、11-04、12-01、12-02、12-03-04、12-03-05、34-06、34-08	（1）掌握吸收分光光度法与紫外可见分光光度法的区别 （2）掌握原子光谱，共振线、吸收线、原子的基态、激发态，原子吸收光谱法的基本原理及定量依据 （3）原子吸收分光光度计构造及各部件的作用，能熟练操作和进行仪器维护 （4）掌握标准曲线法和标准加入法测定待测组分含量的方法，了解此方法的灵敏度及检出极限 （5）熟练掌握试样的预处理方法及实验条件的选择 （6）掌握仪器的基本维护	（1）设疑 （2）讲解 （3）实验	14
5	气相色谱法测定	01-03-05、03-04-06、11-04、12-01、12-02、12-03-04、12-03-05、34-06、34-08	（1）掌握气相色谱分离原理及分析流程 （2）了解气相色谱仪构造，掌握固定相、流动相组成分类及选择，掌握流出曲线的意义及基线 （3）掌握气相色谱检测器的作用及原理，掌握浓度型和质量型检测器的工作原理、使用及维护 （4）掌握气相色谱测试过程中各测量条件的选择及其对测试结果的影响，掌握分离度与色谱峰的关系 （5）掌握气相色谱定性、定量分析方法，色谱峰的识别及定量分析，标准曲线法和归一化法的应用 （6）掌握仪器的基本维护	（1）设疑 （2）讲解 （3）实验	14

续上表

序号	学习任务	职业能力	知识、技能、态度要求	教学活动设计	学时
6	高效液相色谱检测	01-03-05、03-04-06、11-04、12-01、12-02、12-03-04、12-03-05、34-06、34-08	（1）了解液相色谱分离原理及流程 （2）了解不同类型液相色谱的主要应用方向 （3）掌握仪器的基本构造，学会仪器基本操作过程 （4）掌握仪器的基本维护	（1）设疑 （2）讲解 （3）实验	12
合计					82

注："职业能力"填写的职业能力编码与"附录1 环境工程技术专业职业能力分析表"的编码对应。

八、资源开发与利用

（一）教材编写与使用

（1）教材的编写应贯彻"以职业能力培养为本位，以学生为主体，升学为导向"的理念，打破传统学科式教材编写框架，按照工作过程导向，以岗位工作任务为引领编制教学任务。通过对项目实施过程的控制、注意事项的讲解、实施方法的引导，实施"教、学、做"一体化，更加注重学生技能的形成过程，满足高职学生就业或升学的需要。

（2）教材以仪器分析相关检测项目为单元，以岗位需求为任务驱动，融合大量实际监测案例，通过基础知识、案例模拟、实操训练等多种手段相结合的方式来组织编写。教材知识点的难易程度要与职业类学生学习能力相对应，再根据教材的课程体系，构建满足教学需求的实训条件和设施。

（二）数字化资源开发与利用

1. 多媒体教学

通过教学设计，合理选择和运用现代教学媒体，借助仿真软件、视频等各类电子技术辅助手段，尽量结合实际的工程案例图片、录像、视频等进行讲解授课，提高学生的感性认识和学习兴趣。

2. 网络资源的开发和利用

（1）积极利用现代化信息技术开发建立网络课程和手机APP，建立包括课程标准、教学方法与手段、学习项目、学习指南、教学用多媒体课件、考核项目及评分标准、案例分析、模拟试题、职业资格认证的标准规范和试题、在线学习等教学和学习资源，搭建起多维、动态、活跃、自主的课程训练平台，促进学生积极自主地完成课程的学习。

（2）充分利用仪器分析网络课程以及电子书籍、电子期刊、数字图书馆、专业网站等网络资源，促使教学内容从单一化向多元化转变，从而拓展学生知识和提高学生综合能力。

九、教学建议

（一）教学方法

（1）采用基于工作过程的项目导向、任务驱动等教学模式，通过任务（项目）来引导教学过程，通过给学生布置具体工作任务驱动学生自主学习。

（2）针对不同的教学任务采用课堂教学、现场教学、案例教学、分组教学、专题讲座等教学方法。

（3）充分利用信息化手段及各种优秀数字化资源辅助教学，充分利用校内外实训资源。

（二）教学条件

（1）多媒体教室：电脑、投影仪、音响与网络。

（2）实训条件：校内化学实验室，仪器设备有可见分光光度计、原子吸收分光光度计、酸度计、气相色谱仪、液相色谱仪等。

十、教学评价

（一）考核方式说明

本课程采用过程性考核和终结性考核相结合的形式。过程性考核包括素质考核及任务考核，占本门课程考核的比例为60%。素质考核以小组学生的平时表现、工作态度、协作精神等方面作为评价标准，任务考核以学生完成每个工作任务的质量为标准。终结性考核采用笔试形式，考核内容侧重于理论与实践等，占本门课程考核的比例为40%。

（二）考核标准（见表2-62）

表2-62 仪器分析课程考核标准

考核方式	考核内容	权重	考核内容	实施方法
过程性考核（60%）	素质考核	5%	迟到、早退与旷课情况	教师评价
		5%	学习态度	小组自评+小组互评+教师评价
	平时实验	20%	各项目实验	项目实验
	实操考核	30%	考核实验	实验考核
终结性考核（40%）	理论考试	40%	理论知识	教考分离、统一组织

（撰稿人：莫家乐 王丽娜）

高职学段：室内环境监测与治理课程标准

一、课程名称

室内环境监测与治理。

二、适用专业

既适用于中高职衔接的环境工程技术专业，又适用于高职的环境工程技术及相关专业。

三、课程性质

本课程是中高职衔接高职环境工程技术专业环境监测专业方向课程。

四、课程设计

本课程采取任务驱动教学模式，兼顾了监测与治理两方面的技术技能，从方案设计、样品采集、样品检测、报告编制、污染治理整个流程需要的技能按任务驱动教学模式安排，设计课程，学习任务如表2-63所示。

表2-63 室内环境监测与治理课程学习项目

序号	学习任务（或学习项目）	子任务（或子项目）
1	室内环境监测与治理认知	（1）识别室内环境污染源 （2）理解室内环境监测与治理目的、意义和要求
2	室内环境标准体系的应用	（1）应用室内环境质量标准GB/T 18883—2002解决实际问题 （2）利用民用建筑工程室内环境污染控制规范GB 50325—2001解决实际问题 （3）制定室内污染源调查及检测方案
3	现场检测及样品的运输保存	（1）采集室内环境样品 （2）使用现场采样仪器——大气采样机及转子流量计 （3）正确运输和保存样品
4	常见室内污染因子的检测	（1）测定室内空气中的甲醛 （2）测定室内空气中的苯系物
5	检测数据的处理及检测报告的编写	（1）正确处理检测数据 （2）编写合格的检测报告
6	室内环境污染治理的实施	（1）熟悉室内环境污染治理的技术方法 （2）编制室内环境污染治理方案

五、课程教学目标

通过本课程的学习，达到如下目标：

（一）知识目标

（1）熟悉室内环境污染的特点及污染现状、来源及存在状态。
（2）熟悉室内环境监测与治理的目的和要求。
（3）熟悉室内环境质量标准。
（4）掌握室内环境标准的适用范围、主要内容。
（5）掌握检测方案的编制。
（6）掌握室内空气污染物的采样方法及样品保存运输的技术要点。
（7）掌握室内污染因子的检测步骤。
（8）掌握处理数据及检测报告的撰写方法。

（二）能力目标

（1）能自主学习相关标准和法规。
（2）会判断室内环境状况勘察和污染源情况。
（3）会操作使用和维护现场检测仪器。
（4）能分析和处理实际工作中遇到的一般问题。
（5）能独自进行现场勘察、采样与现场检测，完成组织协调技术方案编制。
（6）能妥善做好样品管理，选择正确的实验室检测、分析方法。
（7）能正确进行检测数据的整理和分析。
（8）能编制室内环境治理方案或者审查治理方案，并能根据方案组织施工，实施现场管理。

（三）素质目标

（1）具备职业守则和室内环境治理员的接待礼仪。
（2）具备团队合作意识和认真、严谨、精益求精的敬业精神。
（3）具备与客户良好沟通、分析和开拓市场的能力。

六、参考学时与学分

参考学时：64 学时。
参考学分：3.5 学分。

七、课程结构

课程结构见表2-64。

表2-64 室内环境监测与治理课程结构

序号	学习任务	职业能力	知识、技能、态度要求	教学活动设计	学时
1	室内环境监测与治理认知	32-02	(1) 掌握室内环境、室内环境污染的定义 (2) 熟悉室内污染的特点及污染现状 (3) 熟悉室内污染物的来源和存在状态 (4) 熟悉室内环境监测与治理的目的、要求 (5) 熟悉室内环境质量标准的内容	(1) 布置项目任务 (2) 学生分组完成 (3) 讲授知识点 (4) 总结评价	6
2	室内环境标准体系的应用	08-01-01、20	(1) 掌握室内环境标准各自的应用范围 (2) 掌握主要标准的相关内容 (3) 掌握检测方案的编制要点 (4) 熟悉采样时间和频率的概念 (5) 掌握确定采样时间和频率的方法	(1) 布置项目任务 (2) 学生分组完成实训任务 (3) 讲授知识点 (4) 总结评价	8
3	现场检测及样品的运输保存	05-05、10、11、22-04	(1) 掌握室内空气、颗粒物的采样方法（直接采样法、浓缩采样法、滤料法） (2) 熟悉样品运输和保存的技术要点	(1) 布置项目任务 (2) 学生分组完成实训任务 (3) 讲授知识点 (4) 总结评价	14
4	常见室内污染因子的检测	10、22、32-02	(1) 熟悉室内空气甲醛的测定原理 (2) 分析测定步骤 (3) 掌握现场检测仪器的工作原理和操作步骤	(1) 布置项目任务 (2) 学生分组完成实训任务 (3) 讲授知识点 (4) 总结评价	28
5	检测数据的处理及检测报告的编写	10、32-02	(1) 正确处理检测数据 (2) 编写合格的检测报告	(1) 布置项目任务 (2) 学生分组完成实训任务 (3) 讲授知识点 (4) 总结评价	4
6	室内环境污染治理的实施	32-02	(1) 熟悉室内环境污染治理的技术方法 (2) 编制室内环境污染治理方案	(1) 布置项目任务 (2) 学生分组完成 (3) 讲授知识点 (4) 总结评价	4
			合计		64

注："职业能力"填写的职业能力编码与"附录1 环境工程技术专业职业能力分析表"的编码对应。

八、资源开发与利用

（一）教材编写与使用

（1）教材的编写应贯彻"以职业能力培养为本位，以学生为主体，升学为导向"的理念，打破传统学科式教材编写框架，按照工作过程导向，以岗位工作任务为引领编制教学任务。通过对项目实施过程的控制、注意事项的讲解、实施方法的引导，实施"教、学、做"一体化，更加注重学生技能的形成过程，满足高职学生就业或升学的需要。

（2）教材以岗位需求为任务驱动，融合大量企业案例，通过基础知识、案例模拟、实操训练等多种手段相结合的方式来组织编写。教材知识点的难易程度要与职业类学生学习能力相对应，再根据教材的课程体系，构建满足教学需求的实训条件和设施。

（二）数字化资源开发与利用

1. 多媒体教学

通过教学设计，合理选择和运用现代教学媒体，借助仿真软件、视频等各类电子技术辅助手段，尽量结合实际的工程案例图片、录像、视频等进行讲解授课，提高学生的感性认识和学习兴趣。

2. 网络资源的开发和利用

（1）积极利用现代化信息技术开发建立网络课程和手机 APP，建立包括课程标准、教学方法与手段、学习项目、学习指南、教学用多媒体课件、考核项目及评分标准、案例分析、模拟试题、职业资格认证的标准规范和试题、在线学习等教学和学习资源，搭建起多维、动态、活跃、自主的课程训练平台，促进学生积极自主地完成课程的学习。

（2）充分开发和利用教育部环境工程技术专业教学资源库、室内环境监测与治理网络课程以及电子书籍、电子期刊、数字图书馆、专业网站等网络资源，促使教学内容从单一化向多元化转变，从而拓展学生知识和提高学生综合能力。

九、教学建议

（一）教学方法

（1）将采用理论与实践相结合的方式，通过理论来指导实践，通过实践深化理论，培养学生的操作能力，锻炼学生的职业技能。

（2）以"翻转课堂"为主体教学思路，利用微信平台、QQ 平台、精品资源共享课网站、优秀微课程等教学资源，针对不同特点的学生，不同的教学内容，采用不同的教学方法，因材施教，使每个学生都能在本课程的教学过程中有所收获。具体使用的教学方法有以下几种：任务驱动法、讲授法、案例教学法、情景教学法、讨论法、激励与鼓励教学法。

（二）教学条件

（1）多媒体教室：电脑、投影仪、音响与网络。

（2）校内实训室：具备大气采样器、便携式电子皂膜流量计、甲醛快速测定仪、气相色谱仪、超声波、电子天平、托盘天平、可见分光光度计等设备。

十、教学评价

（一）考核方式说明

本课程采用过程性考核和终结性考核相结合的形式。过程性考核包括素质考核及任务考核，占本门课程考核的比例为70%。素质考核以小组学生的平时表现、工作态度、协作精神等方面作为评价标准，任务考核以学生完成每个工作任务的质量为标准。终结性考核采用笔试形式，考核内容侧重于室内环境空气样品的采集、保存和检测等，占本门课程考核的比例为30%。

（二）考核标准（见表2-65）

表2-65 室内环境监测与治理课程考核标准

考核方式	考核内容	权重	考核内容	实施方法
过程性考核（70%）	素质考核	10%	迟到、早退与旷课情况	教师评价
		10%	学习态度、解决问题能力	小组自评+小组互评+教师评价
		10%	团结协作精神	小组互评
	室内环境标准体系的应用	10%	应用准确性	小组自评+小组互评+教师评价
	任务考核	15%	任务完成情况	小组自评+小组互评+教师评价
		15%	工作过程情况	小组自评+小组互评+教师评价
终结性考核（30%）	必备基础知识	30%	基本理论内容	教考分离、统一组织

（撰稿人：苑丽红　王　静）

高职学段：污染源在线监测技术课程标准

一、课程名称

污染源在线监测技术。

二、适用专业

既适用于中高职衔接的环境工程技术专业，又适用于高职的环境工程技术及相关专业。

三、课程性质

本课程是中高职衔接高职环境工程技术专业环境监测技术专业方向课程。

四、课程设计

本课程整体设计以"学生够用，工作实用"为原则，采取任务驱动教学模式，紧密结合污染源自动监测行业现状和实际工作情境进行课程教学设计。课程目的是使学生了解当前环境监测和环保设施监管技术的现状和发展方向，因此在课程设计时以拓展学生知识面为主，主要采取讲授和演示的方式进行，其间引导学生积极思考，培养学生主观能动性。同时，本课程应与学生自身的专业知识面相结合，培养其技能综合运用能力。

由于大多数学生在学习本课程前不具备相应的基础知识，课程设计时宜遵循以下过程：介绍课程—了解污染源自动监测系统—了解数据有效性审核流程—了解运行管理要求—了解运行工况分析和质量保证措施—完成资料整理。

五、课程教学目标

通过本课程的学习，达到如下目标：

（一）知识目标

（1）掌握污染源自动在线监测系统的基本结构和工作原理。
（2）熟悉污染源自动在线监测系统运营管理的基本内容。
（3）掌握污染源自动在线监测设备基本单元的工作原理、工作条件与适用范围。
（4）掌握污染源自动在线监测系统数据有效性审核的意义和审核办法。

（二）能力目标

（1）能主动思考，善于发现和解决问题，独立自主完成污染在线监测工作。
（2）能实事求是地完成污染源连续自动监测系统运营管理。

(三) 素质目标

(1) 具备能独立完成污染物治理设施的运营管理素质。
(2) 具备良好的表达与沟通能力。
(3) 具备良好的身体素质。
(4) 具备良好的职业道德，客观、实事求是的工作态度。

六、参考学时与学分

参考学时：108 学时。
参考学分：6 学分。

七、课程结构

课程结构见表 2-66。

表 2-66　污染源在线监测技术课程结构

序号	学习任务	职业能力	知识、技能、态度要求	教学活动设计	学时
1	污染源在线监测系统认知	02-01-11、34	(1) 了解在线监控系统在我国环境监测领域的发展现状 (2) 了解在线监测系统的组成和工作模式，使学生了解自动监测系统在环境监测领域中的地位 (3) 熟悉该系统的工作原理、过程和方法	按照"案例导入—任务呈现—启发讲解—师生互动—思考与讨论"5个步骤实施	4
2	烟尘烟气自动监测系统设备认知	02-01-11、02-02、02-04、06-03-01、06-03-03、08-01-06	(1) 了解烟尘烟气自动监测系统组成，设备的工作原理及选型方法 (2) 掌握气态污染物自动在线监测系统的结构与工作原理(抽取式、稀释式、直接测量式) (3) 熟悉颗粒物自动在线监测系统的结构、工作原理以及参数 (4) 了解自动在线监测数据采集系统 (5) 了解颗粒物标准分析方法及校准	(1) 按照"案例导入—任务呈现—启发讲解—师生互动—思考与讨论"5个步骤实施 (2) 根据任务，在教师引导下提出解决方案，进行评估总结 (3) 学生通过实验室实验操作，懂得相关仪器故障排除方法和技术 (4) 教师准备好相关教学材料，如图片、课件等，教学过程中体现以学生为主体，教师起引导、监督、评估作用	30

续上表

序号	学习任务	职业能力	知识、技能、态度要求	教学活动设计	学时
3	水污染源自动监测系统设备的操作与管理	02-01-02、02-01-11、03-03-10、07-03、12	(1) 了解水和废水系统组成，设备的工作原理及选型方法，介绍其运维管理内容，掌握水质监测分析方法 (2) 掌握水污染源自动在线监测仪器原理与操作，掌握水质在线自动监测仪器运营管理	(1) 按照"案例导入—任务呈现—启发讲解—师生互动—思考与讨论"5个步骤实施 (2) 根据任务，在教师引导下提出解决方案，进行评估总结 (3) 学生通过实验室实验操作，懂得相关仪器故障排除方法和技术 (4) 教师准备好相关教学材料，如图片、课件等，教学过程中体现以学生为主体，教师起引导、监督、评估作用	28
4	污染源自动在线监测系统的数据有效性审核	13-01-01、16-01-02、16-02-01	(1) 了解有效性审核的目的、组织方式及审核程序 (2) 了解企业现场核查内容和核查方法 (3) 了解结果评价的方式	(1) 按照"案例导入—任务呈现—启发讲解—师生互动—思考与讨论"5个步骤实施 (2) 根据任务，在教师引导下提出解决方案，进行评估总结	18
5	污染源自动监测设备运行质量和运行工况分析	06-03-01、06-03-02、06-03-03、06-03-04、07-03-01	(1) 了解运行质量的管理要求，正确分析系统的运行工况和质量控制要求 (2) 了解结合工况分析的系统评价方法	(1) 按照"案例导入—任务呈现—启发讲解—师生互动—思考与讨论"5个步骤实施 (2) 根据任务，在教师引导下提出解决方案，进行评估总结 (3) 学生通过实验室实验操作，懂得相关仪器故障排除方法和技术 (4) 教师准备好相关教学材料，如图片、课件等，教学过程中体现以学生为主体，教师起引导、监督、评估作用	8
6	污染源自动监测系统的比对监测	08-01-06、08-01-07、16-02-01、16-02-02、16-02-03	(1) 了解比对监测的意义及要求，了解比对监测所涉及的技术规范，掌握比对监测的频次和内容 (2) 了解比对监测评价方法，熟悉比对监测报告	(1) 按照"案例导入—任务呈现—启发讲解—师生互动—思考与讨论"5个步骤实施 (2) 根据任务，在教师引导下提出解决方案，进行评估总结	8

续上表

序号	学习任务	职业能力	知识、技能、态度要求	教学活动设计	学时
7	资料整理	05–03、16–01–02、16–03–01	掌握污染源自动监测数据有效性审核表格的填写规范和技术要求	（1）按照"案例导入—任务呈现—启发讲解—师生互动—思考与讨论"5个步骤实施 （2）根据任务，在教师引导下提出解决方案，进行评估总结	4
8	污染源自动在线监测法律法规与技术规范认知	18–01–01、18–02–01、18–02–02、18–03–01、19–01–03、34–02、34–07	（1）熟悉管理办法、技术规范，了解环境监察对污染源在线监测的要求与规管程序 （2）学会参照技术规范完成运营维护	（1）按照"案例导入—任务呈现—启发讲解—师生互动—思考与讨论"5个步骤实施 （2）根据任务，在教师引导下提出解决方案，进行评估总结	8
			合计		108

注："职业能力"填写的职业能力编码与"附录1　环境工程技术专业职业能力分析表"的编码对应。

八、资源开发与利用

（一）教材编写与使用

（1）教材应以完成任务的典型活动项目来驱动，采用递进或并列的方式来组织内容，使学生在各种活动中掌握实际操作。

（2）教材应密切联系实际，以学生为本，文字表述要简明扼要，突出重点，重在提高学生学习的积极性与主动性。

（3）建议根据课程的知识、技能、态度要求，结合学习任务的项目设置编写项目法教材。

（4）教材中的案例应精心选择，有代表性。

（二）数字化资源开发与利用

1. 多媒体教学

通过教学设计，合理选择和运用现代教学媒体，借助仿真软件、视频等各类电子技术辅助手段，尽量结合实际的工程案例图片、录像、视频等进行讲解授课，提高学生的感性认识和学习兴趣。

2. 网络资源的开发和利用

（1）积极利用现代化信息技术开发建立网络课程和手机APP，建立包括课程标准、教学方法与手段、学习项目、学习指南、教学用多媒体课件、考核项目及评分标准、案例分析、模拟试题、职业资格认证的标准规范和试题、在线学习等教学和学习资源，搭建起多维、动态、活跃、自主的课程训练平台，促进学生积极自主地完成课程的学习。

（2）充分开发和利用教育部环境工程技术专业教学资源库、污染源在线监测技术网络课程以及电子书籍、电子期刊、数字图书馆、专业网站等网络资源，促使教学内容从单一化向多元化转变，从而拓展学生知识和提高学生综合能力。

九、教学建议

（一）教学方法

（1）重点采用讲授法和举例法，介绍污染源自动在线监测系统现状及其特点，使学生明确学习对象。采用项目驱动和分组讨论的方法，结合实际案例，讲解污染源自动在线监测系统组成与工作原理，使学生掌握污染源自动在线监测系统及其组成部件的工作原理、工作条件、适用范围，能够依据企业生产工况，合理选择和正确评价污染源自动在线监测系统，初步形成将运行工况与污染源自动在线监测系统类型及运行条件相联系的思维模式。

（2）采用实践教学法完成污染源自动在线监测系统操作软件学习，使学生能够操作污染源自动在线监测系统计算机界面，依据计算机信息了解实际生产情况。

（3）课堂讲授与实践教学相结合，讲解标准分析方法，使学生了解污染源自动在线监测系统校准与比对监测的内容与方法，能够完成污染源自动在线监测系统校准与比对监测。

（4）讲解污染源自动在线监测系统质量保证计划，使学生明确污染源自动在线监测系统运营管理内容，采用项目驱动法引导学生完成质量保证计划书的框架制定。

（二）教学条件

（1）多媒体教室：电脑、投影仪、音响与网络。

（2）教学场地及设备：具有设施完备的固定化实验室，配备能满足本专业需要的主要监测项目（如水质五参数、COD、氨氮、总磷、总氮、重金属等）监测化验设备；污染源在线自动监测专用教学仪器，如水污染源在线监测模拟子站房，包括 COD 在线监测仪器、氨氮在线监测仪器、数据采集仪、流量计和测量槽以及在线监控平台等；烟尘烟气在线连续自动监测系统及操作软件。

十、教学评价

（一）考核方式说明

本课程采用过程性考核和终结性考核相结合的形式。过程性考核包括素质考核及任务考核，占本门课程考核的比例为60%。素质考核以小组学生的平时表现、工作态度、协作精神等方面作为评价标准,任务考核以学生完成每个工作任务的质量为标准。终结性考核采用笔试形式,占本门课程考核的比例为40%。

(二)考核标准(见表2-67)

表2-67 污染源在线监测技术课程考核标准

考核方式	考核内容	权重	考核内容	实施方法
过程性考核(60%)	素质考核	10%	迟到、早退与旷课情况	教师评价
		10%	学习态度、解决问题能力	小组自评+小组互评+教师评价
		10%	团结协作精神	小组互评
	任务考核	15%	任务完成情况	小组自评+小组互评+教师评价
		15%	工作过程情况	小组自评+小组互评+教师评价
终结性考核(40%)	课程内容	40%	基础知识	教考分离、统一组织

(撰稿人:钱 伟 董金华 潘 琼)

高职学段：环境工程施工课程标准

一、课程名称

环境工程施工。

二、适用专业

既适用于中高职衔接的环境工程技术专业，又适用于高职的环境工程技术及相关专业。

三、课程性质

本课程是高职环境工程技术专业环境治理技术专业方向课程。

四、课程设计

通过对环境工程技术专业的岗位工作任务与职业能力要求进行分析，本课程从职业岗位需求出发，以职业活动和工作过程为导向，整合知识内容。通过工作过程学习相关理论知识，既考虑到学生的职业岗位，又兼顾到学生今后的职业发展。教学过程中以学生为主体，以教师为主导开展，并将职业道德、职业素养等方面的内容融入教学活动中。

本课程采取任务驱动教学模式，学习任务如表 2-68 所示。

表 2-68 环境工程施工课程学习项目

序号	学习任务（或学习项目）	子任务（或子项目）
1	环境工程施工管理	（1）施工准备 （2）施工图纸的读图与施工计划的制定 （3）施工进度计划内容及施工进度的控制 （4）施工质量管理的内容及影响因素 （5）施工安全管理内容
2	土方工程施工	（1）认识土的分类、特点 （2）测量仪器的使用、施工测量放线 （3）挖方量的计算方法、土方回填 （4）坑壁支护 （5）基坑降水
3	地基及基础工程施工	（1）地基的承载力与地基变形的认知 （2）地基处理点 （3）桩的种类、施工过程与特点

续上表

序号	学习任务（或学习项目）	子任务（或子项目）
4	混凝土工程施工	（1）模板的装拆规范与安装验收要求 （2）钢筋的加工、绑扎与连接 （3）混凝土施工及验收规范
5	管道阀门工程	（1）不同材质管道的特点 （2）阀门基本知识；阀门的选用与安装 （3）熟悉管道工程施工技术规范
6	防腐工程	（1）埋地管道、钢结构、混凝土的防腐施工技术特点、质量要求 （2）熟悉防腐工程验收规范
7	环境工程的调试	（1）工程调试的条件 （2）调试准备计划的编写 （3）单机调试、单元调试、全线调试
8	环境工程的竣工验收	（1）工程竣工验收 （2）环保部门验收工作流程及要求 （3）整理工程竣工验收的相关资料
9	施工法律法规与合同管理	（1）建筑法的认知 （2）建设工程安全生产条例 （3）施工合同管理

五、课程教学目标

通过本课程的学习，达到如下目标：

（一）知识目标

（1）掌握环境工程施工管理基本知识（包括进度管理、质量管理、安全管理）。
（2）掌握施工技术基本知识、相关法律法规知识、环境工程安装调试与验收基本知识。

（二）能力目标

（1）能完成施工质量控制、施工进度控制、施工安全管理工作。
（2）能分析图纸、研读合同，指导施工，对工程进行调试、办理相关验收手续。

（三）素质目标

（1）具有自主学习、沟通交流、团队合作、解决问题、责任意识、改革创新的职业素养。
（2）具有刻苦耐劳的精神，在面对困难时有勇气克服的信心。

六、参考学时与学分

参考学时：90 学时。
参考学分：5 学分。

七、课程结构

课程结构见表 2-69。

表 2-69 环境工程施工课程结构

序号	学习任务	职业能力	知识、技能、态度要求	教学活动设计	学时
1	施工准备	05-01、31-05-01	（1）掌握施工准备的各项工作内容 （2）掌握施工图的正确看图程序和方法 （3）熟悉图纸自审和会审的程序	（1）分析项目任务 （2）讲授知识点 （3）设置图纸和设计方案 （4）组织学生识读图纸和工程设计方案 （5）总结点评	6
2	施工进度管理	30、29-03-02	（1）熟悉施工进度计划横道图的内容和绘制方法 （2）掌握影响施工进度的因素	（1）分析项目任务 （2）使用软件绘制施工进度横道图 （3）总结点评	4
3	施工质量管理	30、29-03-02	（1）熟悉质量验收规范 （2）掌握影响施工质量的因素	（1）分析项目任务 （2）编写施工技术交底 （3）总结点评	4
4	施工安全管理	09、30、34-08	（1）熟悉影响施工安全的因素 （2）熟悉安全技术交底的内容、要求	（1）分析项目任务 （2）施工安全事故案例分析 （3）编写施工安全交底 （4）总结点评	4
5	土方工程施工	05-04-01、05-04-03、05-04-04、26-02-02	（1）掌握水准仪、经纬仪等测量仪器的使用 （2）熟悉施工测量计划的内容 （3）掌握现场施工图放线程序和要求 （4）挖方计算 （5）熟悉坑壁支护的基本方法 （6）熟悉基坑排水的方法、土方回填的要求	（1）分析项目任务 （2）讲授知识点 （3）测量仪器的使用练习 （4）现场施工放线 （5）土方计算 （6）总结点评	8

续上表

序号	学习任务	职业能力	知识、技能、态度要求	教学活动设计	学时
6	地基及基础工程施工	26-02-02	（1）熟悉地基处理方法 （2）了解桩基础的施工及验收规范	（1）分析项目任务 （2）讲授知识 （3）地基处理施工方案编制 （4）总结点评	4
7	混凝土工程施工	30	（1）熟悉混凝土施工及验收规范 （2）熟悉混凝土施工技术交底的内容 （3）了解模板的装拆规范与安装验收要求 （4）了解钢筋的加工、绑扎与连接	（1）分析项目任务 （2）讲授知识 （3）混凝土试块的制作和抗压强度的测定实训 （4）总结点评	8
8	管道、阀门的选用与安装	07-01-03	（1）了解不同材质的管道的特点 （2）熟悉阀门基本知识，阀门的选用与安装 （3）熟悉管道工程施工技术规范	（1）分析项目任务 （2）讲授知识 （3）管道安装施工实训 （4）总结点评	6
9	防腐工程施工	30	（1）熟悉埋地管道、钢结构、混凝土的防腐施工技术特点、质量要求 （2）熟悉防腐工程验收规范	（1）分析项目任务 （2）讲授知识 （3）编写防腐工程施工方案 （4）总结点评	4
10	环境工程的调试	31	（1）熟悉工程调试的条件 （2）掌握调试准备计划的编写 （3）熟悉单机调试、单元调试、全线调试的内容与程序	（1）讲授知识点 （2）分析项目工作任务 （3）编写调试准备计划 （4）实训室现场调试，总结点评	4
11	环境工程竣工验收	24、27	（1）掌握工程竣工验收的程序 （2）熟悉环保部门验收工作流程及要求 （3）熟悉工程竣工验收的相关资料整理，具备与主管部门沟通能力	（1）分析工作任务 （2）讲授知识点 （3）填写验收报批材料 （4）模拟工程验收会议 （5）总结点评	4
12	工程施工法律法规与施工合同管理	29-03-01	（1）了解建筑法 （2）熟悉建设工程安全生产条例 （3）熟悉施工合同管理的内容	（1）讲授相关法律法规知识点 （2）施工合同纠纷案例分析	4

续上表

序号	学习任务	职业能力	知识、技能、态度要求	教学活动设计	学时
13	集中实训	05-02、29-03-02	（1）熟悉施工组织设计的内容和编制程序 （2）对合同和图纸进行分析 （3）培养沟通交流与团队合作的能力	（1）布置工作任务 （2）分析重点任务 （3）学习小组按实训要求编写相关工程的施工组织设计 （4）总结点评	30
合计					90

注："职业能力"填写的职业能力编码与"附录1　环境工程技术专业职业能力分析表"的编码对应。

八、资源开发与利用

（一）教材编写与使用

（1）教材应以完成任务的典型活动项目来驱动，采用递进或并列的方式来组织内容，使学生在各种活动中掌握实际操作。

（2）教材应密切联系实际，以学生为本，文字表述要简明扼要，突出重点，重在提高学生学习的积极性与主动性。

（3）建议根据课程的知识、技能、态度要求，结合学习任务的项目设置编写项目法教材。

（4）教材中的案例应精心选择，有代表性。

（二）数字化资源开发与利用

1. 多媒体教学

通过教学设计，合理选择和运用现代教学媒体，借助仿真软件、视频等各类电子技术辅助手段，尽量结合实际的工程案例图片、录像、视频等进行讲解授课，提高学生的感性认识和学习兴趣。

2. 网络资源的开发和利用

（1）积极利用现代化信息技术开发建立网络课程和手机APP，建立包括课程标准、教学方法与手段、学习项目、学习指南、教学用多媒体课件、考核项目及评分标准、案例分析、模拟试题、职业资格认证的标准规范和试题、在线学习等教学和学习资源，搭建起多维、动态、活跃、自主的课程训练平台，促进学生积极自主地完成课程的学习。

（2）充分开发和利用教育部环境工程技术专业教学资源库、环境工程施工网络课程以及电子书籍、电子期刊、数字图书室、专业网站等网络资源，促使教学内容从单一化向多元化转变，从而拓展学生知识和提高学生综合能力。

九、教学建议

（一）教学方法

（1）采用基于工作过程的项目导向、任务驱动等教学模式，通过任务（项目）来引导教学过程，通过给学生布置具体工作任务驱动学生自主学习。

（2）针对不同的教学任务采用课堂教学、现场教学、案例教学、分组教学、专题讲座等教学方法。

（3）充分利用信息化手段及各种优秀数字化资源辅助教学，充分利用校内外实训资源，对部分技术案例可在实际的行业企业中进行现场授课，采用真实情景下的教学模式。

（二）教学条件

（1）多媒体教室：电脑、投影仪、音响与网络。

（2）实训条件：土建施工实训室，工程测量仪器（水准仪、经纬仪等）。

十、教学评价

（一）考核方式说明

本课程考核采用过程性考核与终结性考核相结合的形式。过程性考核以教师评价为主、小组互评为辅，终结性考核采用考卷考试形式为主。

（二）考核标准（见表2-70）

表2-70 环境工程施工课程考核标准

考核方式	考核内容	权重	考核内容	考核方法
过程性考核（60%）	考勤	12%	迟到、早退、旷课情况	教师评价+小组互评
	学习态度	6%	学习态度积极、端正	教师评价+小组互评
	作业	6%	作业的质量，是否独立、按时完成	教师评价
	工作任务	18%	任务的完成情况、质量	教师评价+小组互评
	集中实训	18%	完成成果质量、在小组中的工作表现	教师评价+小组互评
终结性考核（40%）	课程内容	40%	基本概念、施工技术手段、施工管理方法等	教考分离、统一组织

附：土方工程施工学习任务设计鱼骨图（见图2-18）。

（撰稿人：罗恩荣　董金华）

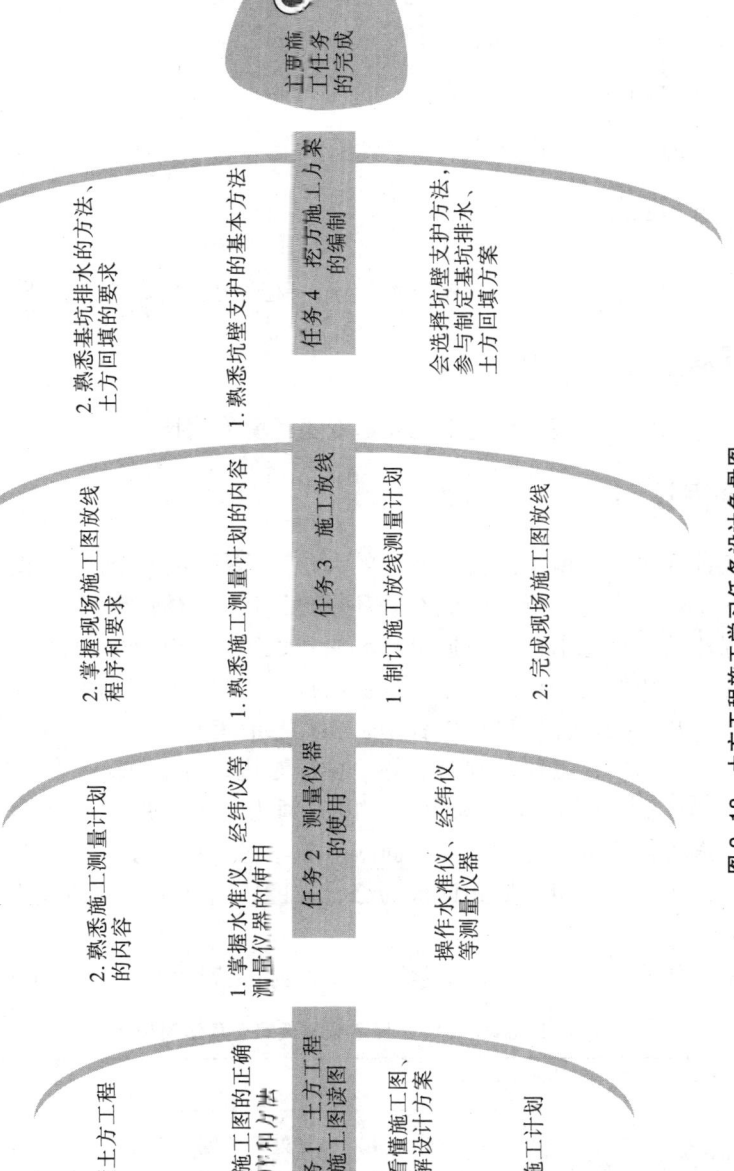

图 2-18 土方工程施工学习任务设计鱼骨图

高职学段：环境工程定额与预算课程标准

一、课程名称

环境工程定额与预算。

二、适用专业

既适用于中高职衔接的环境工程技术专业，又适用于高职的环境工程技术专业。

三、课程性质

本课程是中高职衔接高职环境工程技术专业环境治理技术专业方向课程。

四、课程设计

本课程设计通过对环境工程技术专业的岗位工作任务和职业能力要求进行分析，在此基础上选取了环保设施运行台账编制、环保建设工程招标书编制、环保建设工程投标书编制、环保建设工程总承包合同拟定、环保建设工程的财务及工程结算等5个典型工作任务为依托，将招投书的编制、综合单价的计算、投标书的计算、合同的拟定和工程结算等专业相关知识融入各个项目内容中，构建具有专业性、综合性和实用性的学习任务。每个学习任务以项目工作过程为引导，循序渐进，逐步深入，给学生提供充分的实践操作机会。教学过程中以学生为主体、以教师为主导开展"教、学、做"一体化教学，并将职业道德、算量计价规范等方面融入教学过程中，使学生通过项目实训，掌握专业理论知识，培养学生能算量和计价的综合技能，增强沟通表达能力、团队协作精神和操作规范意识。

本课程采取任务驱动教学模式，学习任务如表2-71所示。

表2-71 环境工程定额与预算课程学习项目

序号	学习任务（或学习项目）	子任务（或子项目）
1	环保设施运行台账编制	（1）台账处理数据收集 （2）台账处理数据上报
2	环保建设工程招标书编制	（1）编制项目编码 （2）招标书的编制 （3）招标流程

续上表

序号	学习任务（或学习项目）	子任务（或子项目）
3	环保建设工程投标书编制	（1）获取招投标文件 （2）了解客户意向造价需求 （3）清单、定额查询 （4）综合单价的计算 （5）规费的计算 （6）施工图纸的识读 （7）办理报批等政府流程
4	环保建设工程总承包合同拟定	（1）组织商务部门拟定合同 （2）组织商务谈判团队与客户谈判 （3）组织商务谈判团队与客户签约 （4）合同管理
5	环保建设工程的财务及工程结算	（1）工程结算的配合 （2）工程财务状况的认知

五、课程教学目标

通过本课程的学习，达到如下目标：

（一）知识目标

（1）了解台账处理的有关规范。
（2）了解清单计价规范的内容。
（3）掌握广联达计价软件的使用。
（4）掌握定额的套用和主材价格的查询。
（5）掌握投标书的完整模板。
（6）掌握合同的职责。
（7）掌握工程结算。

（二）能力目标

（1）能查阅相关定额和主材价格。
（2）能够使用广联达计价软件。
（3）能够套用定额，计算出综合单价。
（4）能够拟定合同，并明确各方职责。
（5）能够对工程进行结算。

（三）素质目标

（1）具有良好的信息保密意识、成本意识、奉献意识等职业意识。

（2）具有良好的沟通表达能力、团队协作精神、爱岗敬业的职业道德、吃苦耐劳的意志品质、组织管理能力等。

（3）具有再学习能力、查找资料能力、良好的计算机操作能力、严密的逻辑思维能力、制定完成工作任务的策略能力、解决问题与开拓创新等方法能力。

六、参考学时与学分

参考学时：36 学时。

参考学分：2 学分。

七、课程结构

课程结构见表 2-72。

表 2-72　环境工程定额与预算课程结构

序号	学习任务	职业能力	知识、技能、态度要求	教学活动设计	学时
1	环保设施运行台账编制	08-01-04、08-01-05、08-01-06、08-01-08、08-02-01、08-02-03、08-02-04、26-02-06	（1）熟悉工程相关标准规范 （2）熟悉处理处置工艺流程 （3）熟悉常见备品备件的规格、型号 （4）掌握巡检记录表、设备维护记录表、设备报废审批表的填写要点。 （5）掌握数据的分析方法 （6）掌握台账的制作方法	（1）分组合作 （2）下发任务书 （3）查找资料 （4）案例分析 （5）学生合作展示 （6）教师点评总结	8
2	环保建设工程招标书编制	24、25-03-05、25-03-06	（1）了解招标书的总体框架 （2）了解报批等政府流程 （3）提供设备材料清单 （4）熟悉建设工程工程量清单计价规范（GB 50500—2013） （5）掌握套用清单、清单编码 （6）团队合作能力 （7）交流沟通能力 （8）革新创新能力 （9）自主学习能力	（1）分组合作 （2）下发任务书 （3）查找资料 （4）案例分析 （5）学生合作展示 （6）教师点评总结	8

续上表

序号	学习任务	职业能力	知识、技能、态度要求	教学活动设计	学时
3	环保建设工程投标书编制	19-02、20-01、20-02、20-03、26-02-06、29-02	（1）对于技术方案的编制过程需要进行沟通 （2）会识读施工图纸、分析图纸 （3）会统计主要设备、材料，形成设备材料表 （4）掌握最新的广东省安装工程综合定额的组成和查询、套用 （5）掌握环保建设工程投标书的编制方法 （6）能吃苦耐劳的职业素养 （7）团队合作能力、交流沟通能力 （8）数字应用能力 （9）革新创新能力 （10）自主学习能力	（1）分组合作 （2）下发任务书 （3）查找资料 （4）案例分析 （5）学生模拟招投标现场活动 （6）教师点评总结	8
4	环保建设工程总承包合同拟定	20-03、29-03-02、29-03-06	（1）了解合同的框架结构及其相关的术语 （2）掌握合同中甲乙双方的责任和义务 （3）掌握合同的变更条件及其相关的法律法规 （4）能够很快找到合同的关键点 （5）能够明确甲乙双方的责任和义务 （6）明确合同中款项的支付最迟时间和采取的措施 （7）能吃苦耐劳的职业素养 （8）团队合作能力、交流沟通能力 （9）革新创新能力 （10）自主学习能力	（1）分组合作 （2）下发任务书 （3）查找资料 （4）案例分析 （5）学生模拟招投标现场活动 （6）教师点评总结	6
5	环保建设工程的财务及工程结算	29-03-02、33-01-02、33-02	（1）了解财务及工程结算的相关流程 （2）了解工程结算的规范 （3）掌握工程结算的计算 （4）掌握财务税收的征收团队合作能力、交流沟通能力 （5）革新创新能力 （6）自主学习能力	（1）分组合作 （2）下发任务书 （3）查找资料 （4）案例分析 （5）学生合作展示 （6）教师点评总结	6
	合计				36

八、资源开发与利用

（一）教材编写与使用

（1）教材的编写应贯彻"以职业能力培养为本位，以学生为主体，升学为导向"的理念，打破传统学科式教材编写框架，按照工作过程导向，以岗位工作任务为引领编制教学任务。通过对项目实施过程的控制、注意事项的讲解、实施方法的引导，实施"教、学、做"一体化，更加注重学生技能的形成过程，满足高职学生就业或升学的需要。

（2）教材以典型污水处理厂预算为单元，以岗位需求为任务驱动，融合大量企业案例，通过基础知识、案例模拟、实操训练等多种手段相结合的方式来组织编写。教材知识点的难易程度要与职业类学生学习能力相对应，再根据教材的课程体系，构建满足教学需求的实训条件和设施。

（二）数字化资源开发与利用

1. 多媒体教学

（1）利用现代信息技术开发建立课程网站，包括课程标准、教学方法与手段、学习项目、学习指南、教学用多媒体课件、考核项目及评分标准、案例分析、模拟试题在线学习等资源，搭建起多维、动态、活跃、自主的课程训练平台，让学生置身于网络实习平台中，积极自主地完成本课程的学习。

（2）充分利用广联达算量和计价软件，如"污水处理厂招投标书的编制""综合单价的计算""工程量清单综合单价分析表"等。

2. 网络资源的开发和利用

建设环境工程定额与预算网络课程，利用微信平台和二维码等信息技术发布任务，学生通过网络提前预习，课后同学们通过网络提出疑问和讨论交流；积极利用实际污水处理厂工程预算案例、电子期刊、数字图书馆、专业网站等网络资源，使教学内容从单一化向多元化转变，使学生知识和能力拓展成为可能。

九、教学建议

（一）教学方法

（1）讲授法：主要用于讲解各学习任务的相关知识点。
（2）任务驱动法：主要在各学习任务中引入项目，明确学习内容。
（3）示范教学法：主要运用于课程实训教学环节的操作演示。
（4）讨论法：主要运用于确定合同职责、招标书的确定、合同书的确定等。

（二）教学条件

（1）多媒体教室：学生每人自带一台电脑。
（2）广联达计价软件实训室：电脑50台，广联达计价软件50个节点。

十、教学评价

(一) 考核及方式说明

本课程终结性考核采用笔试形式,考核内容侧重于实践技能的操作和应用,占本门课程考核的比例为30%。过程性考核包括素质考核及任务考核,占本门课程考核的比例为70%。素质考核以小组学生的平时表现、工作态度、协作精神等方面作为评价标准,任务考核以学生完成每个工作任务的质量为标准。

(二) 考核标准(见表2-73)

表2-73 环境工程定额与预算课程考核标准

考核方式	考核内容	权重	考核内容	实施方法
过程性考核(70%)	素质考核	10%	迟到、早退与旷课情况	教师评价
		5%	学习态度	小组自评+小组互评+教师评价
		5%	协作精神	小组自评+小组互评+教师评价
	任务考核	5%	台账编制	小组自评+小组互评+教师评价
		10%	广联达软件的使用	教师评价
		10%	环保建设工程承包合同的拟定	小组自评+小组互评+教师评价
		15%	环保建设工程招投标书的编制	小组自评+小组互评+教师评价
		10%	环保建设工程的结算	小组自评+小组互评+教师评价
终结性考核(30%)	课程内容	10%	清单综合单价的计算	教考分离、统一组织
		10%	定额的使用	
		5%	清单的使用	
		5%	台账的编制	

附:环境工程定额与预算课程设计鱼骨图(见图2-19)。

(撰稿人:彭丽花 唐 菠)

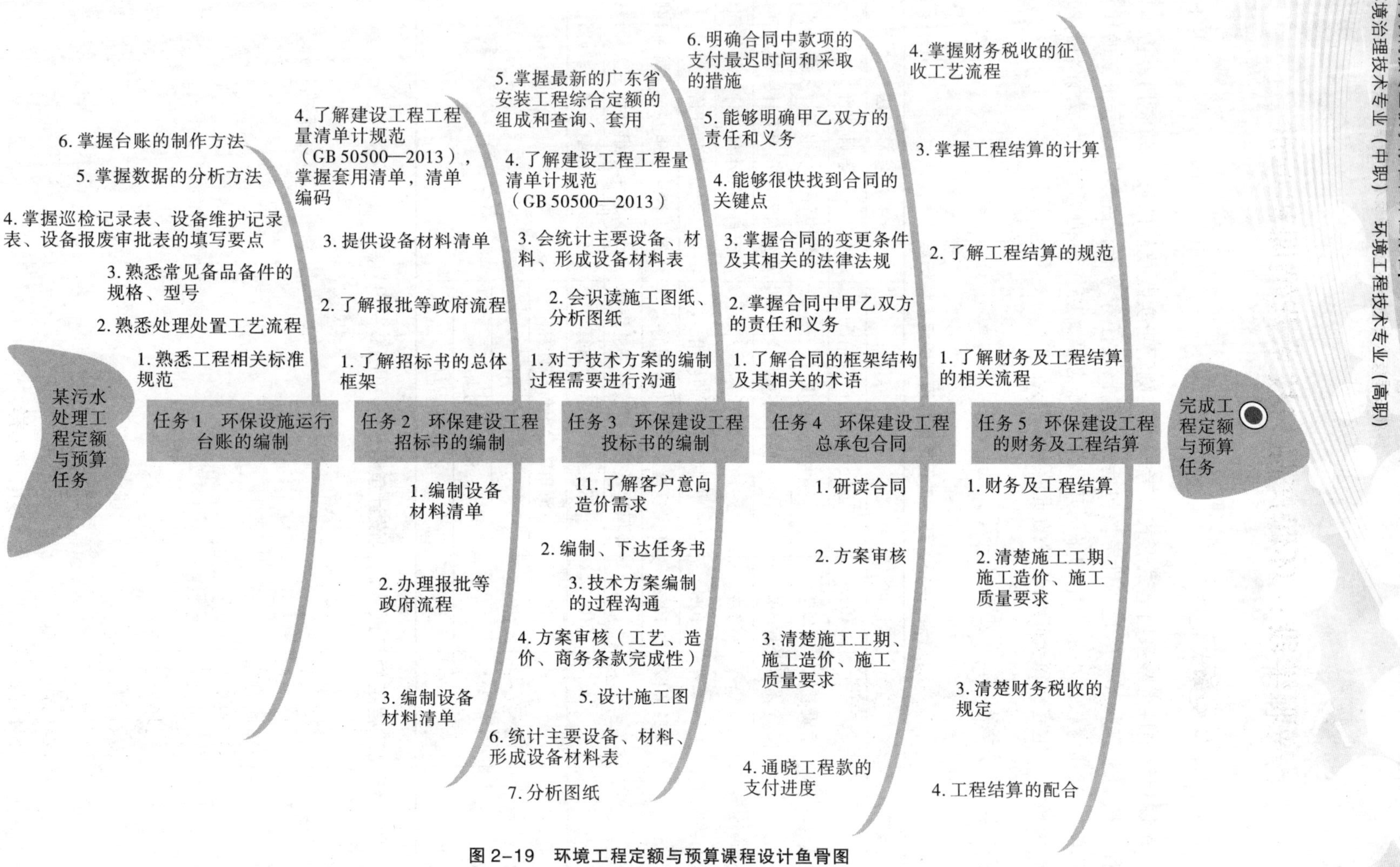

236 中高职衔接专业教学标准和课程标准：
环境治理技术专业（中职）　环境工程技术专业（高职）

某污水处理工程定额与预算任务

任务1　环保设施运行台账的编制
1. 熟悉工程相关标准规范
2. 熟悉处置工艺流程
3. 熟悉常见备品备件的规格、型号
4. 掌握巡检记录表、设备报废审批表的填写要点
5. 掌握设备维护记录表、设备数据的分析方法
6. 掌握台账的制作方法

任务2　环保建设工程招标书的编制
1. 了解招标书的总体框架
2. 了解报批等政府流程
3. 提供设备材料清单
4. 了解建设工程量清单计价规范（GB 50500—2013），掌握套用清单、清单套用费用编码

1. 编制设备材料清单
2. 办理报批等政府流程
3. 编制设备材料清单

任务3　环保建设工程投标书的编制
1. 对于技术方案的编制过程需要进行沟通
2. 会识读施工图纸、分析图纸
3. 会统计设备、材料，形成设备材料表
4. 了解建设工程量清单计价规范（GB 50500—2013）
5. 掌握最新的广东省安装工程综合定额的组成和查询
6. 明确合同中款项的支付最迟时间和采取的措施

1. 了解客户意向造价需求
2. 编制、下达任务书
3. 技术方案编制的过程沟通
4. 方案审核（工艺、造价、商务条款完成性）
5. 设计施工图
6. 统计主要设备、材料，形成设备材料表
7. 分析图纸

任务4　环保建设工程总承包合同
1. 了解合同的框架结构及其相关术语
2. 掌握合同中甲乙双方的责任和义务
3. 掌握合同的变更条件及其相关的法律法规
4. 能够很快找到合同的关键点
5. 能够明确甲乙双方的责任和义务
6. 明确合同中款项的支付最迟时间和采取的措施

1. 研读合同
2. 方案审核
3. 清楚施工工期、施工造价、施工质量要求
4. 通晓工程款的支付进度

任务5　环保建设工程的财务及工程结算
1. 了解财务及工程结算的相关流程
2. 了解工程结算的规范
3. 掌握工程结算的计算
4. 掌握财务税收的征收工艺流程

1. 了解财务及工程结算
2. 清楚施工工期、施工造价、施工质量要求
3. 清楚财务税收的规定
4. 工程结算的配合

完成工程定额与预算任务

图2-19　环境工程定额与预算课程设计鱼骨图

高职学段：环保产品与技术营销课程标准

一、课程名称

环保产品与技术营销。

二、适用专业

本课程既适用于中高职衔接的环境工程技术专业，也适用于高职的环境工程技术专业。

三、课程性质

本课程是中高职衔接高职环境工程技术专业环境治理技术专业方向课程。

四、课程设计

本课程设计通过对环境工程技术专业的岗位工作任务和职业能力要求进行分析，在掌握环保产品和技术相关专业知识的基础上，开设了环保产品与技术概述、产品与技术市场调研、产品与技术营销策划、相关财务分析与应用、相关政策与法规简述和商务礼仪与谈判沟通技巧六大项目为课程载体，将对环保产品与技术营销的政策支持、技术支持、市场调研、策划要点与战术实施技巧、财务分析、合同法等法律法规、商务礼仪、谈判与沟通技巧等方面的专业知识融合到各个项目内容中，构建具有专业性、综合性和实用性的学习任务。每个学习任务以项目工作过程为引导，循序渐进，逐步深入，给学生提供充分的实践操作机会。

五、课程教学目标

通过本课程的学习，达到如下目标：

（一）知识目标

（1）掌握环保产品工作基本原理。
（2）了解环保产品基本构成。
（3）掌握各项常用的环保技术。
（4）掌握调研方法。
（5）掌握调查问卷设计与分析。
（6）掌握调查报告的撰写方法。
（7）掌握市场营销的基本理论。
（8）掌握营销环境与市场需求调研策划。
（9）掌握市场竞争、营销策略与营销绩效调研策划。
（10）掌握环保产品与技术的市场细分。
（11）掌握环保产品与技术的目标市场选择。

（12）掌握环保产品与技术的市场定位。
（13）掌握产品、价格、渠道、销售促进策划。
（14）了解财务基础理论及分析方法。
（15）了解环保产品与技术的增值税和企业所得税税法优惠。
（16）了解环保产品与技术的其他扶持政策。
（17）了解环保产品与技术销售合同的相关法律及其应用。
（18）了解环保产品与技术招投标的相关法律及其应用。
（19）掌握商务礼仪与谈判沟通技巧。

（二）能力目标

（1）能从专业的角度介绍环保产品与技术。
（2）能撰写市场调查报告。
（3）能完成营销环境、市场需求、市场竞争、营销策略和营销绩效调研策划。
（4）能独立完成环保产品与技术营销策划方案。
（5）能进行商务谈判。
（6）能较好地运用环保设备营销的技能解决实际问题。

（三）素质目标

（1）具有良好的沟通表达能力、团队协作精神、爱岗敬业的职业道德、吃苦耐劳的意志品质、组织管理能力。
（2）具有再学习能力、查找资料能力、良好的计算机操作能力、严密的逻辑思维能力、制定完成工作任务的策略能力、解决问题与开拓创新等方法能力。

六、参考学时与学分

参考学时：64 学时。
参考学分：3.5 学分。

七、课程结构

课程结构见表 2-74。

表 2-74 环保产品与技术营销课程结构

序号	学习任务	职业能力	知识、技能、态度要求	教学活动设计	学时
1	环保产品与技术概述	18、22	（1）掌握环保产品工作基本原理 （2）熟悉常用的环保技术，了解生产型环保产品的类型与用途 （3）掌握消费型环保产品的类型与用途，具备从专业的角度介绍、评价和推荐环保产品与技术的能力	（1）分析项目任务 （2）讲授知识点 （3）分组点评预定环保产品与技术 （4）分组模拟专业对答 （5）点评总结	8

续上表

序号	学习任务	职业能力	知识、技能、态度要求	教学活动设计	学时
2	产品与技术市场调研	17、19	（1）理解市场调研策划的重要性 （2）掌握市场调研的主要内容、主要方法、调查问卷设计、数据整理的方法 （3）掌握调查报告的撰写方法 （4）掌握营销环境与市场需求调研策划 （5）掌握市场竞争、营销策略与营销绩效调研策划 （6）具有完成环保产品与技术的营销环境、市场需求、市场竞争、营销策略和营销绩效调研策划的能力	（1）分析项目任务 （2）讲授知识点 （3）分组完成预定环保产品与技术的市场调查问卷 （4）分组完成预定环保产品与技术的市场调查报告的撰写 （5）分组完成预定环保产品与技术的市场调研策划 （6）点评总结	12
3	产品与技术营销策划	19、22-01、22-02、22-03、22-05、28-01、28-03	（1）掌握环保产品与技术的市场细分 （2）掌握环保产品与技术的目标市场选择、市场定位 （3）掌握产品策划、价格策划、渠道策划、销售促进策划 （4）具有独立完成环保设备营销策划方案的能力	（1）分析项目任务 （2）讲授知识点 （3）分组完成预定环保产品与技术的营销策划 （4）点评总结	12
4	相关财务分析与应用	08、33-01	（1）具有判别会计要素类别的能力，理解经济业务对会计要素的影响 （2）能够简单核算营销活动引起的资金运动 （3）具有阅读简单的会计报表的能力 （4）能够初步分析财务状况与经营成果 （5）了解短期预算与业绩评价的方法	（1）分析项目任务 （2）讲授知识点 （3）分组完成预定环保产品与技术的财务分析 （4）点评总结	8
5	相关政策与法规简述	21-02-02、21-03-01、21-04、29-03	（1）了解环保设备的增值税税法优惠，会计算环保设备增值税 （2）了解环保设备的企业所得税税法优惠，具有计算环保设备企业所得税的能力 （3）了解环保设备的其他扶持政策 （4）了解环保设备销售合同的相关法律及其应用，具有应用合同法的能力 （5）了解环保设备招投标的相关法律及其应用，具有应用招投标法的能力	（1）分析项目任务 （2）讲授知识点 （3）分组完成预定环保产品与技术的相关政策与法规的应用 （4）点评总结	14

续上表

序号	学习任务	职业能力	知识、技能、态度要求	教学活动设计	学时
6	商务礼仪与谈判沟通技巧	21－02－01、34－01	（1）掌握常用的商务礼仪 （2）掌握常用的谈判与沟通技巧	（1）分析项目任务 （2）讲授知识点 （3）分组操练技巧 （4）点评总结	10
合计					64

注："职业能力"填写的职业能力编码与"附录1 环境工程技术专业职业能力分析表"的编码对应。

八、资源开发与利用

（一）教材编写与使用

（1）教材应以完成项目的典型活动项目来驱动，采用递进与并列相结合的方式来组织内容，使学生在各种活动中学会实际操作。

（2）教材应以学生为本，文字表述要简明扼要，内容展现要图文并茂、突出重点，重在提高学生学习的主动性和积极性。

（3）教材中的案例要具有可操作性。

（4）建议根据课程的知识、技能、态度要求，结合学习任务的项目设置编写项目法教材。

（二）数字化资源开发与利用

1. 多媒体教学

通过教学设计，合理选择和运用现代教学媒体，借助仿真软件、视频等各类电子技术辅助手段，尽量结合实际的工程案例图片、录像、视频等进行讲解授课，提高学生的感性认识和学习兴趣。

2. 网络资源的开发和利用

（1）积极利用现代化信息技术开发建立网络课程和手机APP，建立包括课程标准、教学方法与手段、学习项目、学习指南、教学用多媒体课件、考核项目及评分标准、案例分析、模拟试题、职业资格认证的标准规范和试题、在线学习等教学和学习资源，搭建起多维、动态、活跃、自主的课程训练平台，促进学生积极自主地完成课程的学习。

（2）充分开发和利用专业教学资源库、网络课程以及电子书籍、电子期刊、数字图书馆、专业网站等网络资源，促使教学内容从单一化向多元化转变，从而拓展学生知识和提高学生综合能力。

九、教学建议

(一) 教学方法

(1) 采用基于工作过程的项目导向、任务驱动等教学模式，通过任务（项目）来引导教学过程，通过给学生布置具体工作任务驱动学生自主学习。

(2) 针对不同的教学任务采用课堂教学、现场教学、案例教学、分组教学、专题讲座等教学方法。

(二) 教学条件

(1) 多媒体教室：电脑、投影仪、音响与网络。

(2) 实训条件：营销实训室。

十、教学评价

(一) 考核方式说明

本课程采用过程性考核和终结性考核相结合的形式。过程性考核包括素质考核及任务考核，占本门课程考核的比例为60%。素质考核以小组学生的平时表现、工作态度、协作精神等方面作为评价标准，任务考核以学生完成每个工作任务的质量和过程情况为标准。终结性考核采用期末笔试形式，考核内容侧重于产品与技术营销策划、商务谈判技巧及礼仪等，占本门课程考核的比例为40%。

(二) 考核标准（见表2-75）

表 2-75　环保产品与技术营销课程考核标准

考核方式	考核内容	权重	考核内容	实施方法
过程性考核（60%）	素质考核	10%	迟到、早退与旷课情况	教师评价
		10%	学习态度、解决问题能力	小组自评+小组互评+教师评价
		10%	团结协作精神	小组互评
	任务考核	15%	任务完成情况	小组自评+小组互评+教师评价
		15%	工作过程情况	小组自评+小组互评+教师评价
终结性考核（40%）	课程内容	40%	财务分析与应用、产品营销策划等	教考分离、统一组织

（撰稿人：刘浩宇　钟剑平）

附　　录

附录1　环境工程技术专业职业能力分析表

工作项目/ 职业素养	工作任务/ 职业素养分类		职业能力 （知识、技能、方法、工具、要求）		学习水平	
					中职 L_i	高职 L_j
01 废水处理运营	01-01	废水巡查	01-01-01	能记录巡检情况	L1	
			01-01-02	能发现异常情况并进行初步判断	L1	
			01-01-03	报告异常情况	L1	
			01-01-04	能判断设备运行工况是否处于正常状态		L2
			01-01-05	判断进水水质情况并做记录		L2
			01-01-06	能判断监控车间危废是否按照要求处理（不允许危废进入废水系统）并做记录		L2
			01-01-07	能处理废水排放各种异常情况（废水管脱落、废水混排、废水收集池提升泵自动控制等）并做记录		L2
			01-01-08	检查雨水排放系统，判断是否异常并做记录	L2	
			01-01-09	巡检整个废水排放系统，判断是否异常并做记录		L2
			01-01-10	懂得设备的运行原理		L3
	01-02	废水预处理	01-02-01	清理格栅系统	L1	
			01-02-02	处理废水pH异常		L2
			01-02-03	废水异常情况处理（不能超过水质接收标准范围）		L2
			01-02-04	掌握废水处理工艺流程，明白各操作单元之间的逻辑关系	L2	
			01-02-05	能快速测定重金属、pH、电导率等指标	L2	
			01-02-06	掌握运行参数（流量、药量）范围，能有效调整参数，使处理效果处于最佳范围		L2
			01-02-07	能完成沉淀池污泥排泥操作	L2	
			01-02-08	检查出巡查未发现的情况	L2	

续上表

工作项目/ 职业素养		工作任务/ 职业素养分类		职业能力 （知识、技能、方法、工具、要求）		学习水平	
						中职 Li	高职 Lj
01	废水处理运营	01-02	废水预处理	01-02-09	能及时、有效处理异常情况（小试不能达到要求、反应池参数不能达到要求、颜色异常等）		L2
				01-02-10	掌握废水小试方法，能完成废水小试试验，判断废水的处理方法与参数范围		L3
				01-02-11	完成操作平台5S管理		L2
		01-03	设备操作	01-03-01	能读懂设备使用说明书和操作规程	L1	
				01-03-02	具备电工基础知识	L1	
				01-03-03	能按照操作流程开机或停机	L1	
				01-03-04	能完成设备开机前准备工作（设备运行参数检查、运行工况检查等）	L2	
				01-03-05	能校正仪表仪器		L2
				01-03-06	记录设备操作情况及参数	L2	
		01-04	废水深度处理	01-04-01	能完成气浮系统操作	L2	
				01-04-02	能完成离子交换系统操作	L2	
				01-04-03	能完成电化学系统操作		L2
				01-04-04	能完成膜处理系统（超滤、纳滤反渗透、EDI等）操作		L3
				01-04-05	能判断异常情况，会处理常见异常问题并及时处理		L2
				01-04-06	及时上报不能处理的异常情况	L2	
		01-05	药品配制与投加	01-05-01	能描述药品的基本特性、功效	L2	
				01-05-02	能有效管理废水处理所用药剂		L2
				01-05-03	计算并记录药品投加量		L2
				01-05-04	能按正确的操作方法投加药品	L1	
02	中央控制室监控	02-01	监控处理过程	02-01-01	能界定污染物的基本性能与参数	L1	
				02-01-02	能确定设备运行参数（电压、电流、温度、润滑情况、压力、真空度等）	L1	
				02-01-03	能巡检现场，并判断运行状况		L2
				02-01-04	能判断水量、水体，以及污泥颜色、气味等性状变化	L2	
				02-01-05	巡视曝气、泥水分离、沉淀等运行情况	L2	
				02-01-06	能描述污水处理工艺流程和处理方法	L2	
				02-01-07	会操作现场设备	L1	
				02-01-08	能记录现场运行情况（手填记录表，如仪表设备参数等）	L1	

续上表

工作项目/ 职业素养	工作任务/ 职业素养分类		职业能力 (知识、技能、方法、工具、要求)		学习水平	
					中职 L_i	高职 L_j
02 中央控制室监控	02-01	监控处理过程	02-01-09	汇报不正常工况	L1	
			02-01-10	会查阅运行历史曲线	L1	
			02-01-11	会操作自动监控系统		L2
			02-01-12	能根据水量调度相关方协议，判断进水是否符合要求		L3
	02-02	调整运行参数	02-02-01	能按照操作规程进行设备、仪表等操作	L1	
			02-02-02	执行下达任务	L1	
			02-02-03	调整工艺参数（pH、DO、ORP、泥位、污泥回流比、MLSS、流量、加药量、污泥含水率、排泥频率等）	L2	
			02-02-04	调整设备运行工况	L2	
			02-02-05	填写运行记录表	L1	
			02-02-06	判断及处理污水处理异常情况		L2
	02-03	现场调度	02-03-01	合理调配处理水量		L2
			02-03-02	管理现场人员及设备		L3
	02-04	分析运行数据	02-04-01	熟练使用 Office 办公软件	L1	
			02-04-02	会运用统计分析方法分析数据		L2
			02-04-03	能判断水质指标是否处于正常范围		L2
03 设备维护与维修	03-01	设备仪器资料管理	03-01-01	能按照设备仪表资料分类管理要求进行设备仪器管理	L2	
	03-02	现场巡检	03-02-01	清理影响设备仪表运行的障碍物	L1	
			03-02-02	能确定设备仪表运行参数	L2	
			03-02-03	能排除设备常见故障		L2
	03-03	日常维护与保养	03-03-01	能判断设备仪表运行工况及运行状态		L2
			03-03-02	具备电工基础知识	L1	
			03-03-03	能完成设备润滑、加油、清洁等保养操作，会使用保养用品	L1	
			03-03-04	能读懂设备保养说明书	L2	

续上表

工作项目/ 职业素养	工作任务/ 职业素养分类		职业能力 （知识、技能、方法、工具、要求）		学习水平	
					中职 L_i	高职 L_j
03 设备维护与维修	03-03	日常维护与保养	03-03-05	会测量电流、电压、水位等运行参数	L2	
			03-03-06	确定设备仪表维护周期及内容	L2	
			03-03-07	明确设备保养项目、方法		L2
			03-03-08	制订设备维护保养计划并实施		L3
			03-03-09	记录保养情况	L1	
			03-03-10	在线监测设备的维护		L2
			03-03-11	组织完成突然停水停电的应急工作		L3
	03-04	维修	03-04-01	能熟练使用常见维修设备仪表	L2	
			03-04-02	记录设备维修维护情况	L2	
			03-04-03	能描述设备维修维护的操作规程	L2	
			03-04-04	能协助维修人员完成设备的拆装、更换		L2
			03-04-05	具备电工基础知识（维修电工证）		L2
			03-04-06	一般故障的辨识与排除，及时修复故障设备		L3
04 污泥脱水	04-01	操作压滤机	04-01-01	能阐述脱水机运行工况及要求	L2	
			04-01-02	会配制脱水药剂	L2	
			04-01-03	能根据运行状况控制滤饼含水率	L2	
	04-02	污泥浓缩	04-02-01	能按照操作规程操作	L1	
	04-03	维护压滤机	04-03-01	定期更换滤布	L2	
			04-03-02	保养清洗滤布		L2
05 填埋场监督管理	05-01	辅助制订计划与方案	05-01-01	熟练掌握CAD、土建、给排水、环境监测等方面基础知识		L2
			05-01-02	熟练掌握环境工程与运营设计规范		L3
			05-01-03	准确理解年度的计划与方案		L2
			05-01-04	熟悉行业规范和国家标准		L2
			05-01-05	计划与方案的修改与完善		L3

续上表

工作项目/ 职业素养	工作任务/ 职业素养分类	职业能力		学习水平	
		（知识、技能、方法、工具、要求）		中职 L_i	高职 L_j
05	05－02 指导计划与方案的执行	05－02－01	能概述计划与方案的内容		L2
		05－02－02	辨识现场实际情况与计划方案的差异性		L2
		05－02－03	执行运营技术要求		L2
		05－02－04	协调现场和组织分工		L3
		05－02－05	异常情况的汇报与及时处理		L2
	05－03 厂区巡查与监管	05－03－01	具备机动车驾驶证		
		05－03－02	熟练操作臭气监测仪器		L2
		05－03－03	准确记录日常运行数据		L2
		05－03－04	填写巡查日报表		L2
		05－03－05	撰写运营月报		L3
填埋场监督管理	05－04 测量绘图与现场放线	05－04－01	熟练操作全站仪、水准仪、经纬仪等测量仪器		L2
		05－04－02	熟练使用CAD及日常办公软件		L2
		05－04－03	制订测量计划与地形图更新		L2
		05－04－04	准确完成现场施工图放线		L2
		05－04－05	异常情况预警		L2
		05－04－06	数据分析与计算（库容、坡度、面积等）		L3
	05－05 现场监测	05－05－01	熟练操作空气质量检测仪器		L2
		05－05－02	熟悉环境监测标准与国家规范		L2
		05－05－03	撰写监测报告		L3
		05－05－04	环境污染异常情况预警与处理		L2
		05－05－05	配合环保部门例行监测		L2
	05－06 填埋作业	05－06－01	熟悉相关标准规范		L2
		05－06－02	熟悉填埋场结构		L2
		05－06－03	能制订填埋作业方案		L3
		05－06－04	能组织实施填埋作业		L2
		05－06－05	了解填埋作业机械使用、管理及维护		L2

续上表

工作项目/ 职业素养	工作任务/ 职业素养分类		职业能力 （知识、技能、方法、工具、要求）		学习水平	
					中职 Li	高职 Lj
05 填埋场监督管理	05-07	危险废物填埋预处理	05-07-01	掌握固化/稳定化原理、方法及工艺		L2
			05-07-02	能按要求配制固化剂		L2
			05-07-03	能进行固化操作		L2
	05-08	日常管理	05-08-01	制订日常管理方案		L3
			05-08-02	填埋场环境安全管理（水、气、噪声、土壤）		L2
			05-08-03	熟悉雨季填埋场管理，能做好雨污分流措施		L2
06 焚烧处理管理	06-01	系统运行	06-01-01	熟悉焚烧热解原理		L2
			06-01-02	熟悉系统工艺		L2
			06-01-03	读懂设计图纸（工艺图）		L2
			06-01-04	巡查系统运行情况		L2
			05-01-05	填写运行记录		L2
			06-01-06	分析整理生产数据		L2
			06-01-07	掌握碱液配制方法		L2
			06-01-08	掌握脱硫、除尘和二噁英的去除方法		L2
			06-01-09	准确读取压力表、差压变送仪、液位计、温度计的数值		L2
			06-01-10	控制燃烧质量和燃烧效率		L2
			06-01-11	编制烘炉停炉计划		L3
			06-01-12	现场5S管理		L2
	06-02	物料搭配	06-02-01	熟知热值、水分、酸碱度和灰分的概念		L2
			06-02-02	熟知不同炉型入炉要求		L2
			06-02-03	根据分析结果完成物料搭配		L3
	06-03	排放管理	06-03-01	烟气在线监测设备在线监测管理		L2
			06-03-02	熟知排放指标		L2
			06-03-03	定期巡查在线监测设备运行状况		L2
			06-03-04	组织完成监测任务		L3

续上表

工作项目/ 职业素养	工作任务/ 职业素养分类		职业能力 (知识、技能、方法、工具、要求)		学习水平	
					中职 L_i	高职 L_j
07 废气处理管理	07-01	废气处理系统操作	07-01-01	熟悉布袋除尘器、静电除尘器、吸收塔、吸附塔等设备与系统的操作方法		L2
			07-01-02	会仪器仪表的选型、安装、维护		L2
			07-01-03	会阀门的选型、安装、维护		L2
			07-01-04	会风机、水泵的维护保养		L2
			07-01-05	会操作系统的开关程序		L2
			07-01-06	掌握设备、仪表的操作注意事项		L2
			07-01-07	会使用脱硫剂、脱硝剂、活性炭、催化剂等		L2
			07-01-08	记录运行数据及分析记录		L2
			07-01-09	具有安全生产基本知识		L2
			07-01-10	具有职业卫生安全的知识,会使用个人防护用品(工作服、鞋、帽、呼吸机等)		L2
	07-02	日常管理	07-02-01	定期检查风机、水泵运行是否正常		L2
			07-02-02	目视检查阀门的运行情况		L2
			07-02-03	根据使用情况,定期更换循环液、活性炭、催化剂等耗材		L2
			07-02-04	检查设备运行变化情况		L2
	07-03	故障处理	07-03-01	能根据监测数据异常情况,排查原因		L3
			07-03-02	能处理简单故障		L3
			07-03-03	协助完成应急情况处理		L3
08 台账处理	08-01	数据收集	08-01-01	熟悉相关标准规范		L2
			08-01-02	熟悉应用办公软件		L2
			08-01-03	熟悉处理处置工艺流程		L2
			08-01-04	填写巡检记录表、设备维护记录表、设备报废审批表	L2	
			08-01-05	制定备品备件清单		L2
			08-01-06	能对数据进行分析		L2
			08-01-07	判断数据真实性、有效性和完整性		L2

续上表

工作项目/职业素养		工作任务/职业素养分类		职业能力（知识、技能、方法、工具、要求）		学习水平	
						中职 Li	高职 Lj
08	台账处理	08-01	数据收集	08-01-08	汇总运行及设备台账		L2
				08-01-09	汇总统计整理成册		L2
		08-02	数据上报	08-02-01	完成每月经营情况统计表		L2
				08-02-02	完成每年经营情况统计表		L2
				08-02-03	完成职能部门网上资料上报		L2
				08-02-04	报送至当地环保管理中心		L2
09	安全与健康管理	09-01	厂容厂貌管理	09-01-01	6S管理（整理、整顿、清扫、清洁、素养、安全）	L1	
		09-02	安全防护	09-02-01	熟悉各类安全法规和作业安全	L2	
				09-02-02	掌握用电、消防、防雷安全知识	L2	
				09-02-03	正确使用个人防护用品（安全帽、防毒面具、安全服、安全工具等）	L2	
				09-02-04	了解基本的现场应急事故处理方法	L2	
		09-03	职业卫生	09-03-01	识别有毒有害物品	L2	
				09-03-02	危化品的应急处置	L2	
				09-03-03	正确使用劳保用品	L2	
10	采样与现场检测	10-01	勘查现场	10-01-01	勘查现场情况	L1	
				10-01-02	熟悉采样相关技术规范	L1	
				10-01-03	使用导航定位仪和相机	L1	
				10-01-04	填写现场勘查表	L1	
		10-02	制订采样方案	10-02-01	使用办公软件	L1	
				10-02-02	熟悉采样相关技术规范	L1	
				10-02-03	组织语言	L1	
		10-03	准备采样器材	10-03-01	清洁采样器皿	L1	
				10-03-02	分类管理采样器材	L1	
				10-03-03	检查采样仪器完好性	L1	
		10-04	采集样品	10-04-01	熟悉采样相关技术规范	L1	
				10-04-02	正确使用采样仪器	L1	

续上表

工作项目/ 职业素养		工作任务/ 职业素养分类		职业能力 （知识、技能、方法、工具、要求）	学习水平	
					中职 Li	高职 Lj
10	采样与现场检测	10-04	采集样品	10-04-03 采取安全保护措施	L1	
				10-04-04 正确保存样品	L1	
		10-05	现场检测	10-05-01 熟悉现场检测相关技术规范	L1	
				10-05-02 正确操作现场检测仪器		L3
		10-06	填写记录表	10-06-01 规范书写	L1	
				10-06-02 填写现场采样记录表	L1	
				10-06-03 填写现场分析检测记录表	L1	
		10-07	运输样品	10-07-01 熟悉样品运输技术规范	L1	
		10-08	移交样品	10-08-01 填写样品移交单	L1	
				10-08-02 检查样品完好性	L1	
				10-08-03 核对样品数量	L1	
11	样品管理	11-01	检验及登记样品	11-01-01 掌握分析标准测试对样品的要求（数量、体积）	L1	
				11-01-02 样品编码（能将信息转为二维码等）	L1	
				11-01-03 使用 Excel 软件	L1	
				11-01-04 使用实验室管理软件		L3
		11-02	流转样品	11-02-01 检测前留存样品		L3
				11-02-02 掌握分样数量及发送部门		L3
				11-02-03 填写分样编号	L1	
				11-02-04 填写流转记录表	L1	
		11-03	保存样品	11-03-01 熟悉样品保存技术规范		L3
				11-03-02 掌握分区分类保存样品		L3
				11-03-03 确认保存样品仪器的完好性		L3
		11-04	处置样品	11-04-01 熟悉样品处置要求		L3
				11-04-02 定期清理处理样品	L1	
				11-04-03 特殊处理危废类样品	L1	L3

续上表

工作项目/ 职业素养	工作任务/ 职业素养分类	职业能力 （知识、技能、方法、工具、要求）		学习水平	
				中职 L_i	高职 L_j
12 分析检测	12-01 分析样品	12-01-01	掌握分析方法、步骤与注意事项		L3
		12-01-02	准确计量样品和配制试剂	L1	
		12-01-03	使用检测仪器		L3
		12-01-04	清洁整理分析所用的器皿	L1	
		12-01-05	防止环境、仪器设备和玻璃器皿交叉感染	L1	L3
		12-01-06	规范填写样品耗材及危化品的审批领用表	L1	
		12-01-07	判断药剂和耗材合格		L3
	12-02 填写原始记录	12-02-01	掌握原始数据填写要求	L1	
		12-02-02	规范书写	L1	
		12-02-03	填写分析检测原始记录表	L1	
	12-03 整理数据	12-03-01	确保数据输入的完整性与准确性	L1	
		12-03-02	处理异常数据		L3
		12-03-03	使用 Excel 软件	L1	
		12-03-04	填写数据计算公式		L3
		12-03-05	处理分析数据		L3
	12-04 报送数据	12-04-01	使用互联网通信	L1	
		12-04-02	收发邮件	L1	
		12-04-03	保证数据完整性	L1	
13 监测质量监督	13-01 监督采样现场	13-01-01	熟悉采样相关技术规范		L3
		13-01-02	监督现场采样和分析记录完整性与准确性		L3
		13-01-03	监督现场操作规范性		L3
		13-01-04	规范填写监督记录表		L3
	13-02 监督实验室分析	13-02-01	监督实验室分析检测技术规范		L3
		13-02-02	监督实验室环境、仪器设备、药品、耗材使用记录完整性和准确性		L3
		13-02-03	监督实验室分析员操作规范性		L3
		13-02-04	规范填写监督记录表		L3

续上表

工作项目/ 职业素养	工作任务/ 职业素养分类	职业能力 (知识、技能、方法、工具、要求)		学习水平	
				中职 L_i	高职 L_j
14 检测设备管理	14-01 验收仪器设备	14-01-01	核查仪器符合出厂设置技术参数		L3
		14-01-02	核查仪器设备符合合同技术要求		L3
		14-01-03	核查仪器及配件数量清单		L3
		14-01-04	规范填写验收记录表		L3
	14-02 校准仪器设备	14-02-01	制订和落实仪器校准计划		L3
		14-02-02	填写仪器校准申请表和费用报销单		L3
		14-02-03	校准仪器和设备		L3
		14-02-04	联络仪器校准单位		L3
		14-02-05	接收仪器,确保已校仪器的准确性		L3
		14-02-06	规范填写仪器校准记录表		L3
	14-03 维护保养仪器设备	14-03-01	掌握仪器保养的技术要求		L3
		14-03-02	定期检查仪器的稳定性和精密度		L3
		14-03-03	规范填写仪器保养记录		L3
		14-03-04	建立仪器设备维修方名录		L3
		14-03-05	规范填写仪器维修及费用申请表		L3
		14-03-06	联络维修方,跟踪维修进度		L3
		14-03-07	接收仪器,确保已修仪器的准确性		L3
	14-04 办理仪器设备的停用与报废手续	14-04-01	熟悉仪器停用与报废技术要求及流程	L1	
		14-04-02	填写仪器设备停用报废登记表	L1	
		14-04-03	落实仪器设备停用与报废处置	L1	
	14-05 负责仪器设备档案的收集、管理、归档	14-05-01	规范填写仪器设备档案记录	L1	
		14-05-02	建立仪器设备管理台账	L1	
		14-05-03	检查仪器归档资料完整性	L1	

续上表

工作项目/职业素养	工作任务/职业素养分类		职业能力（知识、技能、方法、工具、要求）	学习水平	
				中职 L_i	高职 L_j
15 仓库管理	15-01	制订采购计划	15-01-01 使用办公软件		L3
			15-01-02 熟悉药品、耗材、危化品管理规定		L3
			15-01-03 制定合格供应商名录		L3
	15-02	出入仓库管理	15-02-01 验收药品、耗材、危化品数量、型号、厂家和有效期等基本参数		L3
			15-02-02 建立出库登记制度		L3
			15-02-03 建立入库登记制度		L3
			15-02-04 使用仓管软件		L3
	15-03	使用监督管理	15-03-01 确保危化品入库、出库和使用符合双人双管要求		L3
			15-03-02 实行药品、耗材、危化品出入库严格登记制度和记录		L3
	15-04	库存整理	15-04-01 定期清点药品、耗材、危化品数量和有效期		L3
			15-04-02 统计分析药品、耗材、危化品使用分析情况		L3
			15-04-03 确保仓库保存环境条件		L3
16 在线监控数据的上报与归档	16-01	仪器与试剂的配对、校正	16-01-01 更换试剂		L3
			16-01-02 及时检查更新网上平台数据		L3
	16-02	仪器设备的环保比对	16-02-01 根据环保部门要求进行比对		L3
			16-02-02 领取比对合格证明		L3
			16-02-03 协助环保验收		L3
	16-03	备份及归档	16-03-01 备份及归档仪器设备储存数据		L3
17 调查市场	17-01	行业调研，界定行业分布	17-01-01 了解所属行业基本产品，技术工艺，污染物来源、种类、成分及浓度等特点	L2	L1
			17-01-02 能提炼相关调研的成果，形成书面报告	L2	L1
	17-02	同行竞争对手调查	17-02-01 熟悉对手的价格、处理能力、优势特点	L2	L1
			17-02-02 了解对手的客户来源、市场和客户的评价	L2	L1
			17-02-03 建立与对手的沟通渠道	L2	L1

续上表

工作项目/职业素养	工作任务/职业素养分类		职业能力（知识、技能、方法、工具、要求）	学习水平	
				中职 L_i	高职 L_j
17 调查市场	17-03	市场企业（目标客户）的直接调查	17-03-01 能进行重点产污企业行业界定	L2	L1
			17-03-02 能建立与环保相关产业的沟通渠道	L3	L2
			17-03-03 会建立与社会相关行业组织或协会的沟通渠道	L3	L2
	17-04	寻找项目信息	17-04-01 能敏感地捕捉并跟进市场信息	L3	L2
			17-04-02 掌握项目来源	L2	L1
			17-04-03 能熟练使用网络及社会网络关系	L3	L2
	17-05	客户渠道维护	17-05-01 能定期维护各种社会网络关系	L2	L1
			17-05-02 能不断挖掘新的渠道	L2	L1
	17-06	推进客户需求	17-06-01 能及时把握客户需要，推进签单的跟进进度	L2	L1
18 熟悉产品、技术	18-01	熟悉专业知识	18-01-01 熟悉污水、废气、固体废物、噪声的处理工艺，了解与之相应的工程中使用的通用设备和特殊设备的种类和数量、规格要求等	L2	L1
			18-01-02 熟悉各种危险品特性及应急方法，懂得职业防护	L1	L1
	18-02	熟悉法律法规	18-02-01 熟悉最新的环保法、合同法等相关法律	L1	L1
			18-02-02 知道政府的职能及办事流程	L1	L1
	18-03	熟悉标准规范	18-03-01 熟悉各类污染物排放标准、国家相关技术政策等	L1	L1
			18-03-02 了解相关环保设备的产品标准、规范	L1	L1
			18-03-03 熟悉企业资质标准	L1	L1
19 了解客户及其需求（工程客户）	19-01	了解处理规模和排放标准	19-01-01 会交流，通过交流获取环评报告及批复，清楚相应环境影响评价知识	L1	L1~L2
			19-01-02 掌握常见工艺原理、处理方法		L2
			19-01-03 能够界定行业区别（能够从行业角度分析其污染成分及浓度等特点），通过面谈、电话、传真、邮件等方式收集处理规模、排放标准等基础资料	L1	L1~L2
			19-01-04 会根据需要进行污染物样品取样，并送给相关部门进行污染物分析	L1	L1
			19-01-05 整理、汇报、讨论资料，制定项目提资单		L2~L3

续上表

工作项目/职业素养		工作任务/职业素养分类	职业能力（知识、技能、方法、工具、要求）		学习水平	
					中职 Li	高职 Lj
19	了解客户及其需求（工程客户）	19-02 了解客户意向造价需求	19-02-01	能通过交流，分析出客户对工程造价的潜在需求	L2	L2
			19-02-02	能收集客户情况，并能归纳总结出客户对工程、产品、服务的具体和特殊需求	L2	L2
		19-03 获取招投标文件	19-03-01	能通过网站、招投标公司获取项目招投标信息，并获取招投标文件	L1	L1
20	组织协调技术方案编制	20-01 编制、下达设计任务书	20-01-01	能熟练掌握 Word、Excel、CAD 等软件	L1	L1
			20-01-02	能准确、条理清晰地列出客户的具体需求信息	L2	L2
			20-01-03	能准确地向设计人员传达客户需求，并准确判断设计人员是否准确领会	L2	L2
		20-02 技术方案编制的过程沟通	20-02-01	了解设计人员采用何种工艺来满足客户的需求	L3	L2
			20-02-02	了解设计人员所设计的工艺路线、设备配置的档次，并判断其是否与客户需求一致	L3	L2
		20-03 方案审核（工艺、造价、商务条款完成性）	20-03-01	能审核方案的完成性和合理性	L3	L2
			20-03-02	能初步判定工程和产品的价格是否在客户的承受范围内	L2	L1
			20-03-03	对照招标文件，能审核设计文件各条款是否齐全，是否满足招标文件要求，偏离项在允许范围内，确保不废标	L1	L1
21	商务谈判	21-01 组织商务部门拟定合同	21-01-01	能准确将客户需求转达到商务部门，并确保商务部门充分理解	L2	L1
			21-01-02	能与商务部门共同完成合同拟定，并发给客户	L2	L1
			21-01-03	熟悉合同法、环保法等相关法律法规，懂法律风险规避	L2	L1
		21-02 组织商务谈判团队与客户谈判	21-02-01	能就合同内容充分与客户展开谈判	L3	L2
			21-02-02	具备法律知识，懂得规避合同风险，能协调和平衡公司与客户之间的不同诉求，提出合理化建议	L2	L1

续上表

工作项目/职业素养	工作任务/职业素养分类		职业能力（知识、技能、方法、工具、要求）	学习水平	
				中职 Li	高职 Lj
21	商务谈判	21-03 组织商务谈判团队与客户签约	21-03-01 熟悉公司及客户在合同签订方面的流程	L1	L1
		21-04 合同管理	21-04-01 熟悉公司内部合同归档及相关管理流程	L1	L1
22	客户拜访、现场勘察	22-01 向客户展示、介绍方案	22-01-01 熟练使用PPT等多媒体工具，制作PPT演示稿	L1	L1~L2
			22-01-02 能准确地提炼和概括出方案的重点和核心内容，将方案的技术优势等展示给客户，并判断出客户是否已经充分理解	L3	L2
			22-01-03 解答客户现场疑问并做好记录		L2
		22-02 引导并促成客户考察	22-02-01 通过交流，能促使客户外出考察	L3	L2
			22-02-02 能够安排考察，满足客户的需求，让客户充分认可	L3	L2
		22-03 客户现场勘察与指导	22-03-01 能根据技术及商务需要，搜集现场数据等信息，并且能根据需要判断是否需要技术人员到场	L2	L1
			22-03-02 必要时能指导客户按照提资单，收集相关现场数据及信息	L2	L1
			22-03-03 使用测距仪、经纬仪、pH计等工具		L2
		22-04 现场取样	22-04-01 熟悉取样的相关标准规范要求	L2	L1
			22-04-02 取样，并标识清晰、明确	L2	L2
			22-04-03 清楚样品的基本固定方法		L3
			22-04-04 能按照要求，及时送检并跟进相关检测结果		L3
		22-05 修改及提交方案	22-05-01 根据客户反馈意见修改方案		L2
			22-05-02 综合分析各方面因素，形成最终方案，签订合同		L3
		22-06 自我防护	22-06-01 能识别职业安全风险，会使用自我防护用品	L2	L2

续上表

工作项目/ 职业素养	工作任务/ 职业素养分类		职业能力 （知识、技能、方法、工具、要求）		学习水平	
					中职 Li	高职 Lj
23 客户服务	23-01	客户突发情况应急处理	23-01-01	掌握环境事故应急管理相关程序	L3	L1
			23-01-02	熟悉环境污染识别及防护方法；了解相关危险品的应急预案及应急措施	L3	L1
			23-01-03	懂汇报，会应急沟通与管理的常用方法	L2	L1
	23-02	协调三方（政府、客户及公司）	23-02-01	能平衡和协调好公司、客户及政府的需求，并提出合理化建议	L2	L2
			23-02-02	具有良好的客户服务精神，有良好的服务理念	L1	L1
			23-02-03	遵守公司制度和职业操守	L1	L1
	23-03	客户业绩考核	23-03-01	能设定自己的考核目标，并分步执行	L2	L2
24 办理报批等政府流程	24-01	准备报批文件	24-01-01	熟悉政府职能及办事流程	L1	L1
			24-01-02	熟悉报批文件内容及要求	L1	L1
	24-02	递交报批文件并跟进，获取最终报批意见	24-02-01	了解政府各部门职能及办事流程	L1	L1
			24-02-02	熟悉相关法律法规	L1	L1
			24-02-03	能及时跟进并反馈相关信息	L1	L1
25 方案设计	25-01	指导小试试验	25-01-01	编制试验计划，拟定试验工艺路线、步骤及参数等		L3
			25-01-02	跟踪观察试验状况、效果		L2
			25-01-03	分析试验内容，并得出试验结果		L3
	25-02	确定工艺路线	25-02-01	查阅相关行业资料，通晓相关排放标准及法律法规		L2
			25-02-02	清楚特征污染物种类，并确定浓度		L2
			25-02-03	通晓工艺原理、处理方法等		L2
			25-02-04	查找设计手册及专业工具书		L2
			25-02-05	分析所收集资料，确定工艺路线		L3
	25-03	编制方案	25-03-01	应用办公软件（Word、Excel、CAD、Visio等）		L2
			25-03-02	编辑方案文本（工艺参数计算、设备选型等）		L2
			25-03-03	绘制工艺流程图及高程图		L2

续上表

工作项目/ 职业素养		工作任务/ 职业素养分类		职业能力 （知识、技能、方法、工具、要求）	学习水平	
					中职 L$_i$	高职 L$_j$
25	方案设计	25-03	编制方案	25-03-04 绘制平面布置图		L2
				25-03-05 编制设备材料清单		L2
				25-03-06 协助报价		L2
				25-03-07 根据审核意见修改并完成最终方案		L2
26	设计施工图	26-01	设计准备	26-01-01 通晓项目合同内容		L2
				26-01-02 编制项目设计计划书		L2
				26-01-03 编制工艺设计计算书		L3
		26-02	绘制施工图	26-02-01 分析收集的资料，确定平面图、工艺高程图		L3
				26-02-02 具备基本的土建知识，编制土建设计条件		L2
				26-02-03 具备基本的电控方面的知识，编制电控设计条件		L2
				26-02-04 清楚常用设备、材料的结构及原理，编制非标设备设计条件		L2
				26-02-05 清楚相关设计规范，编制设计说明，绘制平面图、工艺高程图、单体图、管路图、系统图等		L3
				26-02-06 统计主要设备、材料，形成设备材料表		L2
27	项目施工及调试指导	27-01	指导施工	27-01-01 技术交底		L3
				27-01-02 协助施工过程问题解决		L2
				27-01-03 根据现场实际情况，编制设计变更		L2
				27-01-04 协助施工过程问题分析与总结		L3
		27-02	指导调试	27-02-01 协助编制调试方案、操作规程等		L3
				27-02-02 指导调试		L2
				27-02-03 协助分析与总结调试过程		L3
				27-02-04 协助项目验收，移交技术文件		L2
		27-03	技术文件归档整理	27-03-01 收集文档、图纸等，并分类整理归档		L2

续上表

工作项目/职业素养	工作任务/职业素养分类	职业能力（知识、技能、方法、工具、要求）		学习水平	
				中职 L_i	高职 L_j
28 公司其他技术支持	28-01 参与技术研发	28-01-01	使用文献检索工具，收集资料		L2
		28-01-02	使用计算机，精通各种办公软件		L2
		28-01-03	通晓国内外相关先进技术知识，清楚相关技术工具知识，了解环保行业特点和国内外发展动态		L3
	28-02 支持证书资质的申报	28-02-01	清楚申报工作相关政策与流程		L2
		28-02-02	为申报部门提供技术支持		L2
	28-03 主持及参与技术培训	28-03-01	积累日常项目设计经验		L2
		28-03-02	编写培训材料及考核办法		L2
		28-03-03	制作PPT培训演示稿		L2
29 合同和图纸的分析管理	29-01 建立工程档案	29-01-01	编制资料		L2
		29-01-02	使用基本的办公软件（Office等）、办公设备		L2
		29-01-03	熟悉项目概况		L2
		29-01-04	建立分类工程档案		L2
	29-02 分析图纸	29-02-01	识读图纸		L2
		29-02-02	通晓设计规范及施工规范		L2
		29-02-03	通晓标准（施工图集）		L2
		29-02-04	提出图纸中存在的与施工相关的问题		L2
	29-03 研读合同	29-03-01	清楚工程的相关法律法规		L2
		29-03-02	清楚施工工期、施工造价、施工质量要求		L2
		29-03-03	掌握合法索赔的相关知识及条款		L3
		29-03-04	掌握主合同和分包合同的相关关系		L2
		29-03-05	使用基本的办公软件（Office等）、办公设备		L2
		29-03-06	通晓工程款的支付进度		L2

续上表

工作项目/ 职业素养	工作任务/ 职业素养分类		职业能力 （知识、技能、方法、工具、要求）		学习水平	
					中职 Li	高职 Lj
30 工程施工管理	30-01	施工前准备工作	30-01-01	编制及组织评审施工组织设计		L2
			30-01-02	清楚工程测量方法		L2
			30-01-03	使用基本的办公软件（Office，进度编制软件）、办公设备		L2
			30-01-04	报批工程		L2
			30-01-05	协调施工单位和建设单位间的关系		L2
			30-01-06	组织图纸会审		L3
	30-02	土建工程	30-02-01	识读建筑结构施工图纸		L2
			30-02-02	通晓建筑结构施工及验收规范		L2
			30-02-03	具备土建施工员的能力（施工员职业培训上岗证）		L3
			30-02-04	协调现场施工与设计		L2
			30-02-05	组织各专业施工相互配合		L3
			30-02-06	清楚钢筋及混凝土的防腐方法		L2
			30-02-07	记录土建施工资料		L2
			30-02-08	进行现场签证及验收		L3
	30-03	工艺安装	30-03-01	识读工艺安装施工图纸		L2
			30-03-02	通晓设备安装施工及验收规范		L2
			30-03-03	具备机电施工员的能力（施工员职业培训上岗证）		L3
			30-03-04	组织各专业施工相互配合		L3
			30-03-05	清楚各种工艺设备的性能及使用方法		L2
			30-03-06	清楚各类管道及阀门的性能及施工方法		L2
			30-03-07	掌握各种成品保护的方法		L2
			30-03-08	记录工艺安装施工资料		L2
			30-03-09	进行现场签证及验收		L3

续上表

工作项目/ 职业素养	工作任务/ 职业素养分类		职业能力 （知识、技能、方法、工具、要求）		学习水平	
					中职 Li	高职 Lj
30 工程施工管理	30-04	电控安装	30-04-01	识读电气安装施工图纸		L2
			30-04-02	通晓电控安装施工及验收规范		L2
			30-04-03	通晓防雷接地的方法及要求		L2
			30-04-04	具备机电施工员的能力（施工员职业培训上岗证）		L3
			30-04-05	记录电控安装施工资料		L2
			30-04-06	进行现场签证及验收		L3
	30-05	安全管理	30-05-01	通晓施工安全的法律法规要求		L2
			30-05-02	建立现场安全巡视制度		L2
			30-05-03	交底施工安全		L2
	30-06	质量管理	30-06-01	通晓各专业图纸		L3
			30-06-02	具备质量管理员的能力		L3
			30-06-03	通晓质量验收规范		L2
			30-06-04	督促整改		L2
	30-07	进度管理	30-07-01	汇编施工进度计划		L2
			30-07-02	清楚进度控制的关键路线		L2
			30-07-03	使用进度编制软件		L2
			30-07-04	监督及汇报施工实际进度		L2
			30-07-05	制作进度的周报及月报		L2
31 工艺调试及培训	31-01	试车	31-01-01	掌握各种设备的使用方法及使用条件		L2
			31-01-02	掌握机械及电工的知识		L2
			31-01-03	判断简单故障原因		L2
	31-02	物化调试	31-02-01	掌握基础的化学知识		L2
			31-02-02	具备现场操作能力		L2
			31-02-03	识读工艺施工图纸及设计方案		L2
			31-02-04	小试简单污染物处理方法		L2
			31-02-05	维修简单的机电设备		L3

续上表

工作项目/职业素养		工作任务/职业素养分类		职业能力（知识、技能、方法、工具、要求）	学习水平	
					中职 L_i	高职 L_j
31	工艺调试及培训	31-03	生化培菌	31-03-01 掌握基础的微生物学知识		L2
				31-03-02 操作显微镜		L2
				31-03-03 通晓微生物生长的基本条件		L2
				31-03-04 识读工艺施工图纸及设计方案		L2
				31-03-05 处理生化异常情况		L3
				31-03-06 配合设计确定工艺参数		L3
		31-04	现场分析	31-04-01 检测常用的水质指标（COD、pH、微生物的检测）		L2
				31-04-02 记录和统计数据		L2
				31-04-03 使用基本的办公软件（Office）		L2
		31-05	系统运行	31-05-01 识读施工图纸及设计方案		L2
				31-05-02 使用办公软件，记录运行数据		L2
				31-05-03 判断工艺故障的原因及进行简单处理（加药量、进水量、供气量等）		L3
		31-06	操作人员培训	31-06-01 具有良好的表达能力		L2
				31-06-02 编辑简单的培训手册及运行手册		L3
				31-06-03 操作办公软件（PPT等）		L2
				31-06-04 编制现场管理规章制度		L2
32	工程验收及移交	32-01	主体试运行	32-01-01 运行设计方案及施工结果		L2
				32-01-02 清楚政府部门工作流程及要求		L3
				32-01-03 沟通协调主管部门		L3
				32-01-04 填写试运行报批资料		L2
		32-02	监测采样	32-02-01 通晓各种污染物的监测要求		L2
				32-02-02 沟通协调监测单位		L3
				32-02-03 了解监测工作流程及要求		L2
				32-02-04 通过监测结果判断项目是否达到设计要求		L2

续上表

工作项目/ 职业素养	工作任务/ 职业素养分类		职业能力 （知识、技能、方法、工具、要求）		学习水平	
					中职 L_i	高职 L_j
32 工程验收及移交	32-03	工程验收	32-03-01	运行设计方案及施工结果		L2
			32-03-02	清楚政府部门工作流程及要求		L3
			32-03-03	沟通协调主管部门		L3
			32-03-04	组织和协调工程验收会议		L2
			32-03-05	填写工程验收报批资料		L2
	32-04	工程移交	32-04-01	整理编制工程竣工资料		L2
			32-04-02	协调竣工图的编制		L2
33 财务及工程结算	33-01	财务	33-01-01	能根据合同约定和时间节点，及时收取相关应收账款	L1	L1~L2
			33-01-02	清楚财务税收的规定		L3
			33-01-03	能提前规避款项异常及坏账		L2
			33-01-04	针对收款异常情况，能根据实际提出合理的方法	L2	L2
			33-01-05	能及时收集和整理出与收款相关的资料和证明文件（交接单、发票、合同等）	L2	L2
			33-01-06	配合施工进度做好资金的签证使用		L3
	33-02	工程结算的配合	33-02-01	整理及移交签证资料		L2
			33-02-02	解释签证原因		L3
			33-02-03	通晓工程签证的相关要求		L3
			33-02-04	做好竣工图的签证		L2
34 职业素养	34-01	沟通交流	34-01-01	表达清晰准确	L1~L2	L1~L3
			34-01-02	主动与人交流	L1~L2	L1~L3
			34-01-03	快速理解并接纳客户要求		L1~L3
			34-01-04	准确如实反映现场运营问题并及时上报		L1~L3
			34-01-05	积极参加各种活动	L1~L2	L1~L3
			34-01-06	文明礼貌，懂沟通礼仪	L1~L2	L1~L3
			34-01-07	掌握沟通交流的技巧	L1~L2	L1~L3

续上表

工作项目/职业素养	工作任务/职业素养分类		职业能力（知识、技能、方法、工具、要求）	学习水平	
				中职 L_i	高职 L_j
34 职业素养	34-01 沟通交流	34-01-08	学会倾听	L1~L2	L1~L3
		34-01-09	拓展沟通平台	L1~L2	L1~L3
		34-01-10	具有亲和力、有乐观开朗的性格	L1~L2	L1~L3
		34-01-11	使用专业性词汇	L1~L2	L1~L3
		34-01-12	熟练使用标准普通话	L1~L2	L1~L3
	34-02 数字应用	34-02-01	使用Excel进行数据统计		L1~L3
		34-02-02	能使用量化指标		L1~L3
		34-02-03	具有数学基础		L1~L3
		34-02-04	使用计算机办公软件、专业数据平台	L1~L2	L1~L3
		34-02-05	熟练使用计算器及数据运算	L1~L2	L1~L3
	34-03 革新创新	34-03-01	善于发现问题，并提出合理化建议	L1~L2	L1~L3
		34-03-02	具有上进心和批判性思维	L1~L2	L1~L3
		34-03-03	善于总结	L1~L2	L1~L3
		34-03-04	学习行业新技术新工艺	L1~L2	L1~L3
	34-04 自主学习	34-04-01	主动学习本行业所需的法律法规、标准		L1~L3
		34-04-02	能够继续进修		L1~L3
		34-04-03	学习本专业相关的边缘科学		L1~L3
		34-04-04	主动考取相关的职业资格证书	L1~L2	L1~L3
		34-04-05	上进心强，有良好的职业生涯规划	L1~L2	L1~L3
		34-04-06	在工作中不耻下问	L1~L2	L1~L3
		34-04-07	了解专业的发展前景，掌握行业发展动态	L1~L2	L1~L3
	34-05 团队合作	34-05-01	积极组织及参与集体活动	L1~L2	L1~L3
		34-05-02	服从工作安排	L1~L2	L1~L3
		34-05-03	善于表达自己的意见	L1~L2	L1~L3
		34-05-04	具有集体荣誉感	L1~L2	L1~L3

续上表

工作项目/ 职业素养	工作任务/ 职业素养分类		职业能力 (知识、技能、方法、工具、要求)		学习水平	
					中职 Li	高职 Lj
34 职业素养	34-05	团队合作	34-05-05	有责任感，不推卸责任	L1~L2	L1~L3
			34-05-06	学会分工与合作	L1~L2	L1~L3
	34-06	解决问题	34-06-01	能独立思考	L1~L2	L1~L3
			34-06-02	善于使用各种资源解决问题	L1~L2	L1~L3
			34-06-03	执行力强	L1~L2	L1~L3
			34-06-04	具有良好的心态，迎难而上	L1~L2	L1~L3
			34-06-05	提出多种解决方案	L1~L2	L1~L3
			34-06-06	及时上报解决不了的问题	L1~L2	L1~L3
			34-06-07	具有协调能力和策划组织能力	L1~L2	L1~L3
	34-07	信息处理	34-07-01	进行文档分类	L1~L2	L1~L3
			34-07-02	使用沟通软件和办公软件	L1~L2	L1~L3
			34-07-03	利用互联网资源	L1~L2	L1~L3
			34-07-04	实时更新，及时共享	L1~L2	L1~L3
			34-07-05	熟练使用文献检索工具	L1~L2	L1~L3
	34-08	责任（安全）意识	34-08-01	有自我保护意识	L1~L2	L1~L3
			34-08-02	明确岗位责任，勇于承担	L1~L2	L1~L3
			34-08-03	熟悉行业的应急预案	L1~L2	L1~L2
			34-08-04	学会急救、自救方法	L1~L2	L1~L3
			34-08-05	能够发现安全隐患和不安全行为、因素，提出解决方案	L1~L2	L1~L3
			34-08-06	能够做好个人安全防护措施，会使用常规的消防器具	L1~L2	L1~L3
			34-08-07	关注职业健康	L1~L2	L1~L3
			34-08-08	熟悉安全作业流程、安全法规，严格按照操作规程操作	L1~L2	L1~L3
	34-09	外语应用	34-09-01	会查阅使用外语字典、翻译工具	L1~L2	L1~L3
			34-09-02	能看懂进口设备的英文说明	L1~L2	L1~L3
			34-09-03	熟悉英文缩写	L1~L2	L1~L3

续上表

工作项目/ 职业素养	工作任务/ 职业素养分类		职业能力 （知识、技能、方法、工具、要求）		学习水平	
					中职 Li	高职 Lj
34 职业素养	34-09	外语应用	34-09-04	具备基本的口语交流	L1~L2	L1~L3
			34-09-05	了解专业英语	L1~L2	L1~L3
			34-09-06	会使用与工作相关的英文软件	L1~L2	L1~L3
	34-10	其他	34-10-01	有责任心	L1~L2	L1~L3
			34-10-02	吃苦耐劳，能够承受压力	L1~L2	L1~L3
			34-10-03	有基本的职业道德，能够保守商业秘密	L1~L2	L1~L3
			34-10-04	保持身心健康	L1~L2	L1~L3
			34-10-05	做事有计划，不盲目	L1~L2	L1~L3

注："学习水平"中的中职 Li 的 i 对应职业生涯发展路径表中中职的发展层级，若是第Ⅱ层级，则用 L2 表示；若是第Ⅲ层级，则用 L3 表示。同理，高职 Lj 的 j 对应职业生涯发展路径表中高职的发展层级，若是第Ⅲ层级，则用 L3 表示；若是第Ⅳ层级，则用 L4 表示。此外，本科 Lb 的 b 对应职业生涯发展路径表中本科的发展层级，若是第Ⅳ层级，则用 L4 表示；若是第Ⅴ层级，则用 L5 表示。

附录2 项目结题证书

结题证书

项目类别：第二批中高职衔接专业教学标准和课程标准研制项目

项目名称：环境工程技术专业中高职衔接专业教学标准和课程标准研制

负 责 人：钟真宜　林桂炽　李苑彬

主要参加人：李慧颖　钟剑平　余小玉　夏志新　张　梅　马承荣　王玉俊　麦茵茵
李鸿涛

经评审，本项目验收结论为合格，准予结题，特发此证。

2017年3月28日

证书编号：ZGXJBZ201710